영적 위로

성 이냐시오가 안내하는 더 진전된 영의 식별

영적 위로

티모시 갤러허 지음
김영의 옮김 | 이냐시오영성연구소 감수

이냐시오영성연구소

SPIRITUAL CONSOLATION:

An Ignatian Guide for the Greater Discernment of Spirits

감사의 말

이 책을 쓰는 데에 많은 분이 여러 방식으로 동반해 주었습니다. 이 책을 쓰는 동안 다시 한번 제게 따뜻한 환대를 베풀어 주신 조셉 슈너 S.J.와 토론토 페드로 아루페 하우스의 예수회 공동체, 진심 어린 환영과 매일 구체적인 도움으로 집필을 지원해 주신 토론토 리지스 칼리지의 교직원들, 원고를 읽고 추천사를 써 주신 필립 엔딘 S.J., 원고 편집에 전문적이고 충실한 도움을 주신 클레어마리 하트, 문서 작성과 저작권 자료의 인용 승인을 받는 데에 귀중한 도움을 주신 캐럴 맥기네스, 그리고 개인적으로 응원해 주며 저술할 기회를 주신 관구장 윌리엄 브라운 O.M.V.에게 깊이 감사드립니다.

오랜 세월 동안 제게 이냐시오의 영의 식별 규칙의 둘째 세트를 가르쳐 주신 모든 분에게 감사 말씀을 드립니다. 이 규칙들을 체계적으로 연구한 줄스 토너 S.J.와 다니엘 힐 S.J.에게 누구보다 감사합니다. 제 연구는 힐의 영향을 더 많이 받았으니 그분에게 특히 많은 빚을 졌습니다. 이분들의 연구 기반이 없었다면 이 책도 쓰지 못했을 것입니다.

이 책을 쓸 때 원고를 읽어 주신 분들, 모린 케이시 S.N.D., 수전 듀머스, 하비 이건 S.J., 질 굴딩 I.B.V.M., 엘리자베스 케슬러, 퍼트리샤 라프리, 캐서린 매컬리, 거트루드 머호니 S.N.D., 알 스타키, 메리 로즈 설리번, 몬티 윌리엄스 S.J.에게 진심 어린 감사를 드립니다. 몇 달 동안 이분들의 통찰과 견해, 동반은 귀중한 격려의 샘이었습니다.

차례

서문

회의 하나가 막 끝나고 다음 회의가 시작되려는 참이었다. 나는 사무실에 앉아서 기다리고 있었다. 잠시 동안의 고요함 속에서 그전 며칠간 내 머리와 마음과 시간을 가득 채우고 있었던 여러 활동, 즉 사람들과의 교류, 기도하려는 노력, 각각 다른 단계에서 진행 중인 다양한 일들을 생각하다가 내가 행복해하고 있음을 깨달았다.

순간의 성찰로 나는 내 마음이 고양된 이유를 알게 되었다. 바로 전날, 잘 알고 지내던 단체로부터 주말 세미나를 지도해 달라는 초대를 받았었다. 그 일은 내가 좋아하는 일이었고 그 단체 사람들은 강의를 잘 받아들일 사람들이었다. 즉시 나는 이 기회 속에서 영적 결실을 맺을 많은 가능성을 보았다. 비단 그 단체만을 위한 영적 결실뿐 아니라 그 단체의 구성원들을 통해 다른 이들에게까지 전해질 영적 결실에 대한 가능성이었다. 게다가 이 초대를 받아들이면 아마도 앞으로 관련된 강의를 할 기회가 더 많이 생길 터였다. 이 일 자체의 장점과 그에 상응하는 내 마음속의 열정이 나로 하여금 이 초대에 응하는 쪽으로 기울게 만들었다.

그런데 생각하는 중에 망설임이 올라왔다. 이 단체가 요청한 주말 날짜가 다른 더 큰 규모의 사도직 프로젝트가 이미 예정된 몇 주 기간 중에 겹쳤다. 이 더 큰 프로젝트가 하느님에게서 비롯한 것임은 이미 많은 내적 외적 표지로 확인된 상태였다. 이 일 역시 다양한 사목 기회를 주는 것이었고 나는 그것에 감사하고 있었다. 나는 이미 약속한 일에 피해가 가지 않도록 하면서, 다시 말해 벌써 몇 주 동안 하느님의 부르심으로 여겼던 일에 대한 추진을 약화하지 않고 새로운 제안을 수락할 수 있을까?

새로운 초대에 대해 숙고할 때 느낀 내적 행복을 나는 어떻게 이해했어야 할까? 이 행복에 영적 의의가 있었을까? 나로서는 당연히 수락하고자 하는 초대이자 좋아하는 일에 대한 기꺼운 요청에 내가 인간적으로 반응한 것일까? 그것은 영적 위로(신앙에서 생긴 내적 열정이자 하느님의 영이 내 안에서 활동하신다는 표지)일까? 그리고 그것으로 하느님께서 내가 이 제안을 받아들이길 바라신다고 해석해야 하는 것일까? 몇 분의 시간이 고요히 흘렀지만, 나는 이 질문에 즉각적인 답을 찾을 수 없었다.

◆ ◆ ◆

영성 생활에는 더 크고 중요한 사안들이 있다. 이것은 그중 한 가지 사례일 뿐이다. 즉, 어떤 일에 착수하는 것이 우리 안에서 영적 기쁨을 일깨우는 경우에 이 기쁨, 하느님과의 행복한 친밀감은 언제나 이 일이 하느님의 부르심이라는 표지일까? 그렇지 않다면 우리는 이런 기쁨이 어떤 경우에는 하느님의 부르심의 표지이고 어떤 경우에는 그렇지 않은지 어떻게 구별할 수 있을까? 그리고 만일 어떤 특정 상황에서 그런 기쁨이 하느님께서 촉구하신다는 표지가 아니라면 우리는 그것을 어떻게 이해해야 하는가?

번창하는 교외 성당의 주임 신부가 있다. 그는 기도하는 사람이며 활력 넘치는 설교가이자 헌신적인 목자이다. 그의 지도 아래 본당이 새로워졌고 그의 사목을 통해 신자들은 중요한 영적 양분을 발견한다. 기도 중에 이 사제는 도심 빈민 지역의 본당에서 가난한 이들에게 봉사하는 데 점점 더 끌림을 느낀다. 그런 본당의 소외된 이들 속에서 그리스도를 섬긴다는 생각에 그의 마음에는 기쁨이 넘친다. 자신이 느끼는 영적 기쁨이 하느님께서 이 일을 자신에게 요청하심을 확인해 주는 것이라고 확신하여 그는 주교에게 소임지 이동을 청해야겠다고 생각한다.

바쁜 기혼 여성이 있다. 그는 몇 년 동안 신앙과 하느님에 대한 사랑을 키워 왔다. 사랑하는 주님에게 더욱 가깝게 끌리자 그의 마음은 점점 커지는 기쁨을 발견하였고 그의 인생은 값진 의미를 찾았다. 더욱 깊어지는 주님과의 일치로 말미암아 결혼 생활과 아이들과의 관계도 축복받았다. 그는 주말 피정을 가서 며칠 동안 성경과 함께하는 침묵 기도라는 복된 체험 속에서 주님과 깊은 차원의 만남을 갖는다. 이제 그는 매일 더 일찍 일어나 피정에서 했던 방식대로 서두르지 않고 깊이 기도하여 생생한 영적 에너지를 얻어서 주님과 가족들에게 헌신해야겠다고 생각한다. 그렇게 매일 기도할 생각을 하니 하느님 앞에서 내적 기쁨이 깨어난다.

소임 이동을 고려할 때 주임 신부가 느끼는 영적 기쁨은 하느님께서 그의 소임 이동을 바라신다는 명확한 표지일까? 그런 변화가 결국 그를 비롯하여 그 변화에 영향을 받을 모든 이에게 영적 이익을 가져다줄까? 이 바쁜 여성은 매일 더 일찍 일어나 자신이 그토록 축복받았다고 여기는 방법으로 기도해야 할까? 과연 이 새로운 행위로 그와 그의 가족은 더욱 주님 안에서 살게 될까? 이 사람들 그리고 비슷한 상황에 있는 다른 관대한 사람들은 이런 선택을 고려할 때 그들이 느끼는 영적 기쁨을 어떻게 이해해야 할까? 이냐시오식 표현을 쓰자면, 그들이 내적으로 체험하는 영적 위로의 움직임들이 무엇을 의미하는지 어떻게 **식별해야** 할까? 이 영적 위로는 하느님께서 무엇을 바라시는지에 대한 확실한 표지인가? 선택할 때 그들은 그 영적 위로의 인도를 받아야 할까? 이것이 이냐시오가 영의 식별 규칙의 둘째 세트에서 다루는 질문들이며, 이 책의 주제이다. 이 질문들이 선한 신자들에게 영향을 미친다는 바로 그 이유 때문에 여기에는 영적인 위험 부담이 크다. 그들의 공헌(혹은 공헌의 감소)은 교회의 삶에 매우 중요하다. 위와 같은 상황에서 그들이 행하는 식별은 그들 개인의 영적 안녕 spiritual well-being뿐 아니라 다른 많은 이들의 안녕에도 지대한 영향을 준다.

이냐시오의 영신수련에 대한 작업을 시작했을 때 나는 영신수련에서 가장 중요한, **영의 식별**, 즉 우리 마음속의 영적 움직임을 감지하고 파악하고 행동하는 과정을 확실하게 이해해야 할 필요성을 곧 인지했다. 이냐시오는 영신수련에서 이런 식별을 위한 지침을 두 세트 내놓는다. 나는 이냐시오의 영의 식별 규칙의 첫째 세트 열네 개의 규칙(영신수련 313-327번)에 초점을 두고 식별에 대한 연구를 시작했다. 결국 내가 가르치게 된 것도 그것에 관한 것이다. 열네 개의 규칙에서 이냐시오는 영적 위로와 영적 실망을 설명하고, 영적 실망(마음속에 하느님에게서 멀어진 느낌이 들고 영성 생활을 위한 에너지가 줄어드는 시기)을 극복하기 위한 실용적인 조언을 해 준다. 이 열네 개의 규칙을 익히고 다른 이들로 하여금 그것을 적용하도록 도운 경험으로 나는 열심한 신앙인들이 영적 실망에서 벗어나는 데에 그 규칙들이 강력하고 효과적임을 배웠다. 그 규칙들이 없었다면 영적 실망은 그들이 하느님과의 관계 속에서 성장하는 것을 방해했을 것이다.

하지만 열네 개의 규칙에서 영의 식별에 필요한 모든 것을 다루지는 않는다. 첫째 세트와 마찬가지로 둘째 세트의 여덟 개 규칙들(영신수련 328-336번)도 연구해야 한다. 이냐시오가 영의 식별 규칙의 첫째 세트에서 열심한 신앙인들이 **영적 실망**에서 해방되도록 이끈다면, 둘째 세트에서는 앞서 소개한 **영적 위로**에 관한 더욱 섬세하고 지극히 중요한 식별을 통해 그들을 인도한다. 하느님을 사랑하고 섬기고자 하는 관대한 사람들이 어떤 선택에서 기쁨의 영감을 받는다고 할 때, 그들은 자신의 영적 기쁨이 그 선택에 대한 하느님의 부르심의 표지라는 것을 어떻게 알 수 있을까?

내가 이 연구에 접근했을 때 나는 의욕을 가짐과 동시에 이 일에 요구되는 강도가 얼마나 클지 인지하고 있었다. 의욕을 가진 이유는 내가 이 규칙 여덟 개의 중요성을 숙지하고 있었고, 그 규칙들이 열심한 신앙인들로 하여금 영적 위로의 진위를 식별하도록 돕는 데에 매우 독특한 방식으로 효과적임을 알았기 때문이고, 노력이 요구됨을 인지한 것은 이 여덟 개의 규칙이 첫째 세트의 규칙들에서 다룬 식별보다 더욱 복잡한 식별을 다룬다는 것을 알았기 때문이다. 이냐시오가 명시한 것처럼 영의 식별 규칙의 둘째 세트는 첫째 세트보다 "더 섬세하고 높은 수준의 내용"(영신수련 9번)을 담고 있다. 이론과 실제에서 이 여덟 개의 규칙들을 완전히 이해하려는 과정은 힘들지만 축복받은 과정이었고 지금도 진행 중이다. 그것이 지금 이 책의 저술로 이어졌다.

이전의 책 『영의 식별—성 이냐시오가 안내하는 매일의 삶』에서 나는 영의 식별 규칙의 첫째 세트를 다루었다.[1] 이냐시오가 전제하길, 영의 식별 규칙의 둘째 세트를 적용하려는 사람들은 이미 첫째 세트의 규칙들을 숙지한 상태이다. 마찬가지로 이 책도 독자들이 이전 책에서 소개한 내용의 핵심을 파악했다는 것을 전제하고 있다. 완전한 설명을 위해 나는 첫 번째 책에서 이미 다룬 주제들을 여러 지점에서 복습할 것이다. 하지만 그렇다고 해서 그것이 영의 식별 규칙의 첫째 세트를 직접 살펴보는 것을 대신할 수는 없다.

나는 첫 책에서 썼던 이중 방법론을 이 책에서도 다시 한번 활용했다. 이냐시오가 규칙 텍스트에서 사용한 표현들을 면밀히 살피고, 사례를 통해 그 내용을 탐구하는 것이다. 이 규칙 여덟 개의 텍스트를 한 구절 한 구절, 또 어느 부분에서는 한 단어 한 단어 신중하게 읽다 보면 규칙들의 비범한 풍요로움이 특별히 효과적으로 드러난다.[2] 이

---

1 티모시 갤러허, 『영의 식별—성 이냐시오가 안내하는 매일의 삶』, 김두진 옮김, (서울: 도서출판 이냐시오영성연구소, 2023).

2 나는 이 접근 방식이 많은 열매를 맺게 한다는 것을 예수회원 다니엘 힐Daniel Gil,

여덟 개의 규칙은 첫째 세트의 규칙 열네 개처럼 주로 이냐시오 자신과 그가 도왔던 많은 이들의 영적 체험에서 탄생한 것이다. 규칙의 목적은 영적 체험을 식별하는 열심한 신앙인들을 돕는 것이다. 이냐시오의 간결하고 때로는 어려운 텍스트가 구체적 체험에 비추어 다루어지면서 생생해지고 영성 생활 속에서 적용할 수 있도록 풀이될 것이다.[3]

이 여덟 개의 규칙이 첫째 세트의 규칙 열네 개보다 "더 섬세하고 높은 수준의 내용"을 담고 있으므로 이 규칙들의 해석이 열네 개 규칙의 해석보다 훨씬 더 다양하리라고 예상할 수 있을 것이다. 문헌들을 조사해 보면 실제로 그렇다는 것이 드러난다. 이 책의 실용적 취지에 맞게 이 사안들은 본문에서 다루지 않고 주석에서 다루겠다.

앞서 내가 첫째 세트의 규칙들에 대해 저술한 것은 그 규칙들을 이미 다루고 있는 기존 책들 사이의 공백을 메우기 위해서였다. 규칙들을 허술하지 않게 소개하면서도 넓은 독자층이 **접근할 수 있도록** 하고, 그들이 그 규칙들에 담긴 지혜를 일상생활에서 적용할 수 있게 돕고자 저술한 것이다.[4] 둘째 세트의 규칙들의 성격이 "더 섬세"하다는

S.J.에게 배웠다. 그는 자신의 저서 *Discernimiento según San Ignacio* (Rome: Centrum Ignatianum Spiritualitatis, 1983)에서 이 방식을 쓰고 있다.

3 내 이전의 책들에서처럼 이런 사례에는 다양한 종류가 있다. 어떤 것들은 여러 영성가들의 글에서 그대로 가져왔고 어떤 것들은 우리가 이야기하는 규칙의 사례로 들기 위해 내가 지어냈다. 후자의 사례들은 특정 인물을 구체적으로 참고하지 않고 단지 이냐시오가 영의 식별 규칙의 둘째 세트에서 가정하는 종류의 체험을 반영하여 고안한 것이다. 따라서 내가 이 '인물들'에게 붙인 이름은 전적으로 임의적이다.

4 "식별 규칙에 대해 훌륭한 자료들이 이미 나와 있다. 하지만, 기존에 나온 자료들이 해결하지 못한 부분이 있어, 식별 규칙이 여전히 이해하기 어려운 것으로 남아 있고 거

점에서, 앞선 책처럼 본질적으로 완전하면서도 이해하기 쉬운 설명에 대한 필요성은 더욱 크다. 이 책의 목적은 둘째 세트의 규칙들의 복잡성을 명확하게 설명하여 그 필요성을 충족하는 것, 다시 말해 이 규칙들을 이해하기 쉬울 뿐 아니라 구체적으로 사용할 수 있도록 그 복잡성을 명확하게 제시하는 것이다.[5] 그와 같은 이해는 이 규칙들의 정확한 적용에 필수 전제조건이며, 이냐시오가 규칙들에서 설명하는 복잡한 영적 체험에서 식별을 가능하게 해 준다.[6]

의 활용되지 못하는 실정이다. 어떤 자료들은 이론적으로 광범위하고 철저하며 풍부하지만 바로 그런 이유로 전문가들만 볼 수 있다. 다른 자료들은 쉬워서 일반 독자들이 볼 수 있지만 이 규칙을 충분히 담기에는 너무 피상적이다. 이 책은 일반 독자도 쉽게 읽을 수 있으면서 또한 내용도 충실히 겸비하려고 노력하였다. 규칙마다 한 장(章)을 할애하여 깊이 있게 논의하였다. 이냐시오가 실제로 적은 원문과 원뜻을 존중하였고, 거기서 더 나아가거나 치장을 더하지 않았다. 이냐시오가 가르치는 방법을 존중하면서 설명을 장황하게 늘어놓거나 어렵게 만들지도 않았다. 이 규칙을 사례를 들어 설명할 텐데, 그렇게 하면 독자의 부담을 덜고 실제 경험을 통해 가르치는 바를 이해하게 되며 규칙의 의미와 용법을 분명히 알아듣게 될 것이다." 갤러허, 『영의 식별』, 36-37쪽.

5 나는 영의 식별 규칙의 둘째 세트에 관한 줄스 토너Jules Toner, S.J.와 다니엘 힐의 심도 있는 연구에 많은 빚을 졌음을 감사한 마음으로 밝힌다. 내가 풀어낸 해설은 특히 다니엘 힐의 해석적 접근과 분석을 많이 따랐다. 이 규칙들에 대한 두 사람의 주요 저술은 다음과 같다. Jules Toner, S.J., *A Commentary on Saint Ignatius' Rules for the Discernment of Spirits: A Guide to the Principles and Practice* (St. Louis: Institute of Jesuit Sources, 1982), 211-256, 291-313; Daniel Gil, S.J., *Discernimiento según San Ignacio: Exposición y comentario prático de las dos series de reglas de discernimiento de espíritus contenidas en el libro de los Ejercicios Espirituales de San Ignacio de Loyola (EE 313-336)* (Rome: Centrum Ignatianum Spiritualitatis, 1983), 266-389; 두 저술이 없었다면 이 책도 쓰이지 못했을 것이다.

6 영신수련이라는 맥락 안에서 그리고 영신수련 밖의 일상에서 이 규칙들을 영적 체험에 적용하는 것은 갤러허, 『영의 식별』, 35-36쪽 참조. "이냐시오는 지도자의 도움을 통해 피정자가 이 규칙을 스스로 적용할 수 있는 수준까지 발전해 가기를 희망했다. 그래서 피정이 끝나도 피정자가 활용 능력을 유지할 수 있기를 희망했다. 그렇기에 식별

이 책은 이냐시오식 영의 식별을 완전히 이해하려고 힘쓰는 모든 이를 위한 것이다. 식별을 완전히 이해하려면 영의 식별 규칙의 첫째 세트와 더불어 둘째 세트에 대한 탄탄한 지식을 갖춰야 함이 분명하다. 이 책에서는 자신이 사랑하는 주님을 섬김에 있어 "선에서 더 큰 선으로 향상"되고자 노력하는 사람들(영신수련 331번)과 그렇게 노력하는 과정에서 앞서 언급한 영적 위로에 관한 민감하고 지극히 중요한 식별에 직면한 사람들을 상정하고 있다. 이 책은 영적 지도자의 역할을 하는 이들과 이 "섬세한" 식별을 동반하는 이들을 위한 자료가 되도록 쓰였다. 그런 지도자들이 이냐시오의 둘째 세트의 규칙들을 현실에 적용할 수 있게 이해한다면 자신의 역할을 하는 데에 값진 도움이 될 것이다.

에 관한 규칙은 정식 피정 기간에만 사용하는 것이 아니다. 피정 이후에도 하느님을 찾는 모든 이의 모든 영적 체험에 계속 사용하는 것이다. 일단 이 규칙을 한번 배워 봤고 계속해서 능숙한 영적 지도자의 도움을 받으면, 열심한 신앙인들은 자신의 마음속에서 매일 일어나는 영적인 움직임을 파악하고 대처하는 데에 이 규칙만한 것이 없음을 알게 될 것이다." 미겔 앙헬 피오리토Miguel Angel Fiorito, S.J.는 이렇게 말한다. "이냐시오가 분명히 의도하는 것은 피정자들이 영신수련을 끝내고 일상으로 돌아갔을 때 계속해서 영신수련에서 배운 바에 따라 사는 것이다." *Discernimiento y lucha espiritual: Comentario de las reglas de discernir de la primera semana del libro de los Ejercicios Espirituales de San Ignacio de Loyola* (Buenos Aires: Ediciónes Diego de Torres, 1985), 10. 마누엘 루이스 후라도Manuel Ruiz Jurado, S.J.는 "영신수련 기간 동안의 응축된 영적 체험은 실생활에서 실천해야 할 것을 집중적으로 훈련하는 역할을 한다"고 단언한다. *El discernimiento espiritual: Teología, historia, práctica* (Madrid: Biblioteca de Autores Cristianos, 1994), 125. 마지막 두 개의 인용문에 관해서는 갤러허, 『영의 식별』, 35쪽, 각주 15번 참조. 존 벨트리John Veltri, S.J.에 따르면 "[식별을 위한] 규칙 두 세트 모두 피정 안과 밖 모든 곳에서의 영적 여정에 적용된다." *Orientations* (Guelph, Ontario: Guelph Centre of Spirituality, 1998), vol. 2, part B, 445. 영신수련과 유사한 상황에서 이 규칙들을 적용할 때 주의해야 할 점에 대해서는 Gil, *Discernimiento,* 15 참조.

이냐시오식 영의 식별을 계속 다루면서 해가 갈수록 나는 마음의 가난(마태 5,3)만이 그러한 식별을 가능하게 한다는 것을 점점 더 깨닫게 된다. "하늘이 땅 위에 드높이 있듯이 내 길은 너희 길 위에, 내 생각은 너희 생각 위에 드높이 있다"(이사 55,9). 이냐시오의 규칙들은 체험의 산물이다. 그리고 그 체험을 깊이 나눔으로써만 이냐시오 자신이 이해한 모든 것이 규칙의 간결한 텍스트 속에서 온전히 드러난다. 이 사실은 식별 전반에 대해서도 참이지만, 이냐시오의 영의 식별 규칙의 둘째 세트는 "더 섬세하고 높은 수준"의 내용이므로 더욱더 그러하다. 나는 하느님께서 우리 안에서 끊임없이 창조적으로 활동하시는 신비를 공경하는 마음으로 이 책을 쓰기 시작했다.

그러나 나는 무엇보다도 이 규칙들의 아름다움을 의식하며 이 일을 한다. 둘째 세트의 규칙 여덟 개는 "하느님의 더 좋은 아름다움, 은총"(제라드 맨리 홉킨스)에 초점을 맞춘다. 이 규칙들은 영적 위로, 즉 하느님의 포용적 사랑에 대한 기쁜 내적 체험에 관하여 이야기한다. 그것은 우리가 그 선물을 영적 생활 속에서 온전한 상태로 보존하도록 돕는 지침들이다. 이 규칙들을 이해하고 우리 삶에 적용하는 것은 그 아름다움을 감소시키지 않고 보존하며 자유롭게 하여, 그것을 주신 목적인 충만한 축복을 성취하게 한다. 우리가 이제부터 탐구할 여덟 개의 규칙 하나하나가 우리를 그 목표로 한 걸음 더 나아가게 할 것이다.

영의 식별 규칙의 둘째 세트 [7,8]

[328] 더 진전된 영의 식별을 통해 앞에서와 같은 효과를 얻기 위한 규칙들로서 제2주간에 더 적합하다.

7 전작인 『영의 식별』과 같은 방식으로 직접 번역했다. 어떤 방식을 사용했는지에 관해서 『영의 식별』, 39쪽, 주석 17번에 자세히 설명하였다. José Calveras, S.J., and Candido de Dalmases, S.J., eds, *Sancti Ignatii de Loyola Exercitia Spiritualia* (Rome: Monumenta Historica Societatis Iesu, 1969), 100:388-394에 수록된 자필본을 대본으로 삼았다. 이 스페인어 자필본이 이냐시오 자신의 표현을 우리에게 충실하게 전해 준다. 이 번역을 할 때 다른 영어 번역본도 참고하였다. 특히 Elder Mullan, S.J. (1914), Louis Puhl, S.J. (1951), Jules Toner (*Commentary*, 1982)의 번역을 참고하였다. 이 책 말미에 서지정보를 수록하였다. 이 책이 규칙에 담긴 이냐시오 자신의 표현을 자세히 독해하는 방식을 따르고 있으므로, 스페인어 원문을 가능한 한 그대로 전하는 데 목표를 두고 규칙을 번역하였다. 따라서 번역문에서 간혹 보이는 어색함은 이냐시오의 원문을 반영한 결과이다.

8 이 한국어 번역에서는 『로욜라의 성 이냐시오 영신수련』, 정한채 옮김, (서울: 도서출판 이냐시오영성연구소, 2019)과 『로욜라의 성 이냐시오 영신수련』, 정제천 옮김, (서울: 도서출판 이냐시오영성연구소, 2022)을 주로 따르되, 필요한 경우 수정 번역하였다 **(편집자 주)**.

[329] 규칙 1. 하느님과 그분의 천사들은 진정한 즐거움과 영적 기쁨을 주며 원수가 야기하는 모든 슬픔과 혼란을 없애는 활동을 하는 특징이 있다. 원수는 그럴싸한 이유들과 교묘하고 끈덕진 거짓들로써 이런 즐거움과 영적 위로를 거슬러 싸우는 특징이 있다.

[330] 규칙 2. 오직 우리 주 하느님만이 앞선 원인 없이 영혼에 위로를 준다. 왜냐하면 인간의 영혼에 드나들며 그 영혼을 내면에서 움직여 존엄하신 하느님에 대한 사랑으로 온전히 이끄는 것은 본래 창조주께만 고유하게 속한 일이기 때문이다. [앞선] '원인 없이'라고 한 것은 어떤 대상에 대한 감정이나 인식이 미리 주어져 있고 이에 대해 지성과 의지의 활동을 함으로써 위로가 오는 것이 아니라는 의미이다.

[331] 규칙 3. 선한 천사도 악한 천사도 [앞선] 원인이 있는 위로를 영혼에 줄 수 있지만, 그 목적은 반대이다. 선한 천사는 영혼의 유익을 위해서, 영혼이 성장하고 선에서 더 큰 선으로 향상되게 하려는 것이고, 악한 천사는 그와 반대로 결국은 그 영혼을 나쁜 의도와 사악함으로 끌어가기 위해서이다.

[332] 규칙 4. 악한 천사는 빛의 천사의 겉모습을 취하여 열심한 영혼에 맞추어 들어가서, 자신의 본모습대로 나오는 특징이 있다. 즉, 의로운 영혼에 맞추어 선하고 거룩한 생각들을 불어넣고서 그 뒤에 차츰차츰 자신이 숨겨 놓은 속임수와 사악한 의도로 그 영혼을 끌어들이면서 자신의 본모습을 드러내려 한다.

[333] 규칙 5. 우리는 생각의 진행 과정에 매우 주의를 기울여야 한다. 시작과 중간과 끝이 모두 선하고 모두 선으로 기울어 있다면 이는 선한 천사의 표지이다. 그러나 떠오른 생각들이 그 진행 과정에서 결국은 어떤 악한 결말에 이르거나, 산만해지거나, 이전에 구상한 것보다 덜 좋은 쪽으로 이끌거나, 이전에 누리던 평화와 안정과 침착성을 빼앗아 심약해지게 하거나 마음을 요동치게 한다면 이는 우리의 유익과 영원한 구원의 원수인 악한 영에서 나왔다는 분명한 표지이다.

[334] 규칙 6. 인간 본성의 원수가 뱀의 꼬리와 그가 유도하는 나쁜 결말로 인해 인지되고 알려졌을 때, 원수에게 유혹을 받은 사람은 원수가 불어넣었던 선한 생각들의 진행 과정을 즉시 돌아보는 것이 유익하다. 그 생각들이 어떻게 시작되었는지, 어떻게 원수가 자신이 누리던 감미로움과 영적 기쁨에서 차츰차츰 끌어내려 자신을 그 사악한 의도로 유인해 왔는지 살펴보는 것이다. 이는 이렇게 알게 되어 유의하게 된 경험을 바탕으로 장차 원수의 상투적인 속임수에서 자신을 지킬 수 있기 위해서이다.

[335] 규칙 7. 선에서 더 큰 선으로 나아가는 이들에게 선한 천사는 마치 스펀지에 물방울이 스며들듯이 감미롭고 가볍고 부드럽게 그 영혼을 건드리고 악한 천사는 마치 돌 위에 물방울이 튀듯이 거칠고 요란하고 불안스럽게 건드린다. 악에서 더 큰 악으로 나아가는 이들에게는 이 영들이 정반대의 방법으로 건드린다. 이는 영혼의 내적 태도가 위에 말한 천사들과 상반되는지 아니면 비슷한지에 따른 것이다. 즉,

서로 상반될 때에는 소란하고 표가 나게 요동치며 알아챌 수 있게 들어가지만 서로 비슷할 때에는 열려 있는 문으로 자기 집에 들어가듯이 조용히 들어간다.

[336] 규칙 8. 앞선 원인 없는 위로가 있을 때는, 이미 말했듯이 그것은 오직 우리 주 하느님에게서 오는 것이기 때문에 그 안에는 속임수가 없다. 그렇지만, 하느님께서 그런 위로를 주신 영적인 사람은 실제 위로의 시기와 그에 뒤따라오는 시기, 즉 이미 지나간 그 위로의 효과와 자취 덕택에 누리는 따스한 여운이 아직 남아 있는 시기를 더욱 깨어 주의 깊게 살펴보며 구별해야 한다. 왜냐하면 이 두 번째 시기에 우리는 흔히 자신의 습관적인 추론 방식과 자신의 관념과 판단에서 이끌어 낸 결론을 통해서, 혹은 선한 영이나 악한 영의 영향에 의해서, 우리 주 하느님에게서 직접 오지 않은 여러 가지 구상들과 생각들을 갖게 되기 때문이다. 그러므로 그것들을 전적으로 신뢰하여 행동에 옮기기 전에 미리 충분히 신중하게 성찰해야 한다.

도입

더 진전된 영의 식별

저는 늘 하느님께 말씀드렸습니다. 오 저의 하느님, 진정 당신께 듣고 싶습니다. 청하옵건대 겸손되이 여쭙는 제게 답해 주소서. 진리란 무엇입니까? 제가 있는 그대로 보게 하소서.

—리지외의 데레사

영적 위로는 언제나 선한 영에서 오는가?

1522년, 이제 로욜라의 이냐시오는 31세가 되었다. 병상에서 요양 중이던 이냐시오의 "눈이 조금 열리면서" 영들의 식별에 대해 처음 인식하게 되고 "어떤 공상은 씁쓸한 기분을 남기는데 다른 공상은 행복감을 준다는 사실을 경험으로 깨달아" 알게 된 그날부터 거의 1년이 흘렀다.[9] 이냐시오는 만레사에 도착해 있었다. 그가 나중에 이야기하길 그곳은 "하느님께서 학교 선생님이 아이를 다루듯이 그를 가르치셨

9 『로욜라의 성 이냐시오 자서전』(이하 『자서전』), 8번. 회복기 중 이냐시오의 이 체험에 대해서는 갤러허, 『영의 식별』, 46-55쪽 참조.

던"[10][11] 곳이다. 만레사에서 수개월은 그가 외곬으로 하느님을 찾고 기도 안에서 하느님과 심원한 만남을 가진 시간이었다. 분투의 시간과 깊은 은총의 체험을 통해 이냐시오는 사랑하는 주님께 헌신하고자 하는 마음을 키워 간다.

만레사에서 엄격하면서도 복된 몇 달을 지내는 동안, 이냐시오는 매일 일곱 시간씩 기도하고, 그의 도움을 청하는 사람들에게 영적 도움을 주고, 남은 시간에는 그날 앞서 묵상했던 하느님의 일들을 더 깊이 숙고한다. 저녁이 되면 쉴 준비를 한다. 그러던 그는 자신의 생각과 마음이 계속해서 하느님의 일들에 머물고 있음을 발견한다. 그는 다음과 같이 이야기한다.

> 그러나 자리에 들 때면 크나큰 깨달음과 크나큰 영적 위로가 여러 번 찾아왔다. 그래서 그나마 많지도 않은 수면 시간을 잊은 채 시간을 보내곤 하는 것이었다. 그가 이 같은 일을 거듭 숙고하면서, 하느님과 담화하는 데 하루 중 많은 시간을 들이기로 결정했는데 나중에 나머지 시간에도 그렇게 하고 있음을 떠올렸다. 그리하여 그러한 깨달음이 과연 선한 영에게서 오는 것인지 어쩐지 의심스러워졌다. 그는 마침내 그것들을 배척하고 정한 시간에는 잠을 자는 것이 아

---

10 『자서전』, 27번. Ignacio Iparraguirre, S.J., and Candido de Dalmases, S.J., eds., *San Ignacio de Loyola: Obras completas* (Madrid: Biblioteca de Autores Cristianos, 1982), 106을 저자가 번역함. 따로 명시되지 않은 한 이냐시오 저술에서 인용한 부분들은 모두 저자가 번역한 것이다.

11 이 한국어 번역에서는 『로욜라의 성 이냐시오 자서전』, (서울: 도서출판 이냐시오영성연구소, 2018)을 주로 따르되, 필요한 경우 수정 번역하였다(**편집자 주**).

무래도 좋겠다고 스스로 결론을 내리고는 그대로 실천했다.[12]

이냐시오는 이런 체험이 "여러 번" 찾아왔다고 말한다. 그리고 처음에는 그도 이런 영적 깨달음과 위로를 선한 영에서 오는 것으로 받아들이는 듯하다. 이것은 거룩한 생각이고 영적 위로인데 더 이상 무슨 식별이 필요하단 말인가?

하지만 마음속에서 점점 의심이 생긴다. 이런 영적 깨달음과 위로는 그 자체로 거룩한 것이긴 하지만 이미 길지도 않은 그의 수면 시간을 잡아먹는다. 그것이 결국 어떤 결과를 초래할지는 분명하다. 이제 선택할 일이 생긴다. 한편에서, 그 깨달음과 위로가 거룩하다는 것을 부정할 수 없다. 다른 한편에서는, 깨달음과 위로가 객관적 위험을 점점 키우고 있다. 이 둘 중에서 택해야 한다. 자신의 체험을 성찰하면서 이냐시오는 그것이 선한 영에서 오는 것일 리 없다고 결론짓는다. 그는 밤에 겪은 영적 체험이 진실로 선하고 거룩하다는 것을 결코 의심하지 않는다. 그보다 그의 식별은 체험의 내용 밖의 것, 즉 체험의 궁극적·객관적 결과에 근거한다. 결국 저 체험들이 우리를 인간적으로나 영적으로나 약해지도록 인도할 텐데 하느님께서 그것을 의도하실 리가 없다. 이런 이유로 이냐시오는 이런 영적 깨달음과 위로가 선한 영에서 비롯한 것이 아님을 감지하고 그것을 배척한다.

---

12 『자서전』, 26번. 이 체험에 대해서는 Leo Bakker, *Freiheit und Erfahrung: Redaktionsgeschichtliche Untersuchungen über die Unterscheidung der Geister bei Ignatius von Loyola* (Würzburg: Echter Verlag, 1970), 87-88 참조. 자서전에서 3인칭이 사용된 것은 이냐시오가 구술하는 것을 루이스 곤사우베스 다 카마라가 기록했기 때문이다.

유사한 체험… 그리고 유사한 식별

이냐시오가 영적 순례를 시작한 지 이제 3년이 흘렀다. 탐색과 성장이 계속되는 시간이었다. 그는 예루살렘 순례를 떠났다가 바르셀로나로 돌아와 학업을 시작하였다. 이 학업으로 그는 봉사하라는 하느님의 부르심에 응답할 준비를 더욱 잘 갖추게 될 것이다. 그런데 이냐시오가 라틴어를 공부하려 할 때 어떤 것이 학습의 진척을 방해한다. 그는 이 체험을 다음과 같이 회고한다.

> 다시 바르셀로나로 돌아온 그는 부지런히 공부를 시작했다. 그런데 한 가지 귀찮은 일이 생겨났다. 문법 공부를 시작하자면 암기하는 일이 필수인데, 하필이면 그때 영적 사정에 관한 새로운 깨달음과 새로운 희열이 덮쳐 와서 도무지 암기할 수 없을뿐더러, 아무리 애를 써도 그것들을 떨쳐 버리지 못했다.
>
> 그리하여 그는 이 일을 여러 번 생각하며 "기도하러 가서도, 미사 중에도 이처럼 생생한 통찰이 내게 일어나지 않는데." 하고 혼잣말을 했다. 그러자 차츰차츰 이것이 일종의 유혹임을 깨닫게 되었다.[13]

공부를 하던 중, 만레사에서 한밤중에 일어났던 깨달음과 위로에 필적하는 사건이 일어난다. 이냐시오는 자신의 학업이 하느님께서 뜻한 것임을 알아차리고 자신이 사랑하는 하느님을 충실히 따르려고 공

13 『자서전』, 54-55번.

부를 시작한다.[14] 그런데 언어 습득에 필요한 암기를 하려고 할 때면 하느님 안에서 "영적 사정에 관한 새로운 깨달음과 새로운 희열"을 경험한다. 그것은 영적 깨달음을 주고 기쁨 가득한 것임에도 자신이 학생으로서 정진하는 것을 명백히 방해한다.

만레사에서처럼 이 체험은 시간이 가면서 되풀이된다. 이번에도 처음부터 상황이 명확한 것은 아니다. 이냐시오는 이에 대해 "여러 번" 성찰해야 하고 이에 대한 영적 인식도 단지 "차츰차츰" 진행될 뿐이다. 여기에서도 이냐시오는 만레사에서처럼, 진정한 영적 깨달음과 위로—앞서 그랬던 것처럼 그는 이 체험의 영적 특성은 의심하지 않는다—그리고 그와 연결된 객관적 난관 사이에서 선택에 직면해 있다. 이냐시오가 영적 깨달음과 위로를 기꺼이 받아들인다면, 하느님의 뜻으로 알고 있는 학업의 정진에 방해가 될 것이다. 체험 자체와 무관한 외부적인 면까지 생각해 보면 의심은 더 굳어진다. 방금 언급한 객관적 난관이 전혀 없는 상태에서는, 기도나 미사 중일지라도 이처럼 생생한

---

14 예루살렘에 남고자 했던 이냐시오의 시도가 실패로 끝난 후 스페인으로 돌아온 사건에 대해서 달마세스는 이렇게 기록한다. "순례자는 자신이 중요한 선택을 내려야 하는 상황에 직면했음을 깨달았다. 성지에 계속 머물려던 계획이 좌절되었으니, 이제 무엇을 해야 할까? 돌아오는 여정이 길었기에 그는 이 질문을 마음속에서 곱씹을 시간이 아주 많았다. 드디어 결정이 내려졌다. 그의 이상이었던 '영혼을 돕기' 위한 능력을 갖기 위해서 그는 공부를 해야 한다는 것을 깨달았다. 그리고 그렇게 하겠다고 결심했다. 그의 나이 서른다섯이었다. 다른 모든 학생들처럼 그는 문법부터 시작해서 인문학이나 철학을 공부해야 할 것이었다. 그 당시 그의 계획은 그것 이상을 넘지 않았다. 하지만 '영혼을 돕기' 위한 학업의 결심에서 암시적으로나마 사제 성소를 발견하는 것이 터무니없지는 않다. 이냐시오는 사제 성소를 언제 처음 느꼈는지 전혀 밝히지 않았다. 학업을 처음 시작한 이 시기일 것으로 추측할 수 있다." Candido de Dalmases, S.J., *Ignatius of Loyola, Founder of the Jesuits: His Life and Work* (St. Louis: Institute of Jesuit Sources, 1985), 85. 『자서전』, 50번도 참조.

영적 인식이 일어나지 않기 때문이다.

따라서 이냐시오는 이런 영적 인식과 희열은 배척해야 하는 것들이라고 결론 내린다. "그러자 차츰차츰 이것이 일종의 유혹임을 깨닫게 되었다." 만레사에서 그랬듯 결정적 요인은 영적 체험의 내용이 아니라 영적 인식과 희열 자체와 별개인 외부의 것external에 대한 객관적 고찰이다. 이런 명확성에 도달하고 나서 이냐시오는 이 "영적 사정에 관한 새로운 깨달음과 새로운 희열"을 단호히 배척하고 라틴어 공부를 끈기 있게 계속하기로 다짐한다.[15] 이후 파리에서 학업 도중 비슷한 체험이 생길 때 그는 다시 한번 같은 방식으로 대응한다.[16]

영의 식별 규칙의 둘째 세트의 제목

이런 체험들은 이냐시오의 마음속에서 영들의 식별에 대한 중요한 문제를 감지하도록 만든다. **영적 실망**과 그에 관련된 생각들은 원수에게서 오는 것이며 배척해야 하는 것, 이것은 영의 식별 규칙의 첫째 세트의 주제다. 하지만 **영적 위로**는 선한 영이 우리를 인도하고 권고하는 때(첫째 세트의 규칙 5)가 아닌가? 선한 영에게서 영적 축복을 받

15 『자서전』, 55번.

16 "그가 강의를 듣기 시작했을 때 예전에 바르셀로나에서 문법 공부를 할 때 겪은 것과 똑같은 유혹에 다시 한번 부딪혔다. 강의를 들을 적마다 잡다한 영적 사정들이 머리에 떠올라 좀처럼 주의를 집중할 수가 없었던 것이다. 이렇게 해서는 학업에 전혀 진전이 어렵겠다고 깨달은 그는 선생을 찾아가, '연명할 빵과 물을 얻을 수 있는 한 강의를 빼놓지 않고 다 듣겠다'고 약속했다. 이 약속을 하고 난 후에는 엉뚱한 때에 덮쳐 오던 신심devotions이 사라지고 편안한 마음으로 공부에 몰두할 수 있게 되었다." 『자서전』, 82번.

아 열심한 신앙인들이 "선행에 있어서 진보"하는 때(첫째 세트의 규칙 2)가 아닌가? 방금 언급했던 것과 같은 체험들을 통해서 이냐시오는 이것이 항상 참이지만은 않다는 사실을 배운다. 그리고 영적 성장이 계속되는 동안에, 더 이상 단순히 영적 위로를 선한 영에게서 오는 것으로 받아들여서는 안 되고 그 자체를 신중하게 식별해야 할 때가 올 수도 있다는 것을 발견한다.

이것은 영의 식별에 막대한 영향을 미치는 사실이며 그렇기 때문에 열심한 신앙인들의 영성 생활에도 많은 영향을 준다. 영의 식별 규칙의 첫째 세트에서는 선한 영의 활동과 원수의 활동이 근본적으로 어떻게 대조되는지 파악함으로써 명확성을 획득했다. 그 차이란, **선한 영**은 **영적 위로**의 체험과 그것에서 비롯하는 생각들을 통해 인도하고, **원수**는 **영적 실망**의 체험과 그것에서 비롯하는 생각들을 통해 인도한다는 것이다. 첫째 세트의 규칙 14개에서 전제된 영적 상황의 경우, 주어진 체험이 진정한 영적 위로임을 아는 것만으로도 충분하다. 일단 이것이 명확하다면 식별 역시 명확해진다. 선한 영은 이 정감적 확신과 그것에서 비롯한 생각들 속에서 활동하고 있다.[17]

그렇다면 이냐시오가 만레사와 바르셀로나에서 가졌던 것과 같은 영적 체험은 무엇일까? 선한 영에서 기인한 것 같지 않고("그리하여 그런 깨달음이 과연 선한 영에게서 오는 것인지 어쩐지 의심스러워졌다") 오히려 그

---

17 이냐시오는 그의 규칙에 따라 식별할 때 식별에 능한 사람과의 지속적인 소통을 전제하고 있다. 첫째 세트의 규칙 5에서 이냐시오는 "위로 중에 주로more 선한 영이 우리를 인도하고 권고한다"라고 말한다. "주로"의 의미에 대해서는 갤러허, 『영의 식별』, 191쪽, 각주 90번 참조. 첫째 세트의 규칙 10과 11에서 주는 조언도 명심해야 한다.

자체로 유혹인("그러자 차츰차츰 이것이 일종의 유혹임을 깨닫게 되었다") 영적 위로의 체험에 대해서는 무슨 말을 해야 할까? 영성 생활 중 언제 이런 일이 생길까? 열심한 신앙인들은 모두 신앙생활 중에 이런 체험을 하게 되리라 예상해야 할까? 그렇지 않다면 어떤 이들이 어느 시점의 영적 여정에서 이런 체험들에 주의해야 할까? 이런 영적 위로의 체험이 실제로 생긴다면 그들은 어떻게 명확성을 찾아야 할까?

영의 식별 규칙의 첫째 세트로는 이 명확성을 찾지 못하리라는 것은 즉시 알 수 있다. 이 첫째 세트에서는 유혹이 영적 위로에서 생기지 않고 영적 실망에서 생긴다. 그리고 영적 여정이 어느 정도 진전된 단계일 경우, 영적 위로 자체가 유혹이 되기도 할 때, 이 규칙들은 완전히 침묵한다. 새롭고 더욱 복잡한, 첫째 세트의 규칙들 너머에 있는 어떤 것이 영의 식별에 개입한 것이다. 열심한 신앙인들이 진정으로 선한 영에서 온 영적 위로와 유혹인 영적 위로를 식별하려면 이제 한층 더 진전된 안내가 필요하다.

이냐시오는 영의 식별 규칙의 둘째 세트에서 이 길잡이를 제공한다. 그것이 이 책의 주제이다. 첫째 세트에서처럼(영신수련 313번) 그는 짧고 함축된 제목(영신수련 328번)으로 둘째 세트를 시작한다.

다음은 더 진전된 영의 식별[18]을 통해 앞에서와 같은 효과를 얻기 위

---

18 스페인어 원문은 mayor discreción de espíritus이다. 영어권의 대표적인 영신수련 전문가들은 이를 다음과 같이 번역한다: 'greater' discernment of spirits (E. Mullan, T. Gallagher), 'a more subtle' discernment of spirits (D. Fleming), 'a more probing' discernment of spirits (G. Ganss), 'more accurate' ways of discerning spirits (J. Toner), 'a more advanced' discernment of spirits (M. Ivens).

한 규칙들로서 제2주간에 더 적합하다.

영의 식별 규칙의 둘째 세트를 시작하는 제목에는 세 가지 중요한 확언이 담겨 있다. 이 규칙들은 첫째 세트의 규칙들과 **같은 효과**를 얻기 위한 것이고, 첫째 세트의 규칙들에 따른 식별보다 **더 진전된 식별**을 다루고 있으며, 이냐시오가 **제2주간**이라고 명명한 특정한 영적 상황에 있는 이들을 향하고 있다는 것이다.[19] 이 확언을 각각 살펴보면

여기에서 볼 수 있듯이, discreción de espíritus를 영문으로 discernment of spirits(거의 같은 표현인 discerning spirits)로 번역하는 데 대체로 일치하며 우리말로는 '영의 식별'로 번역할 수 있다. 그러나 'mayor'는 영어권 전문가들이 다양하게 번역하고 있음을 알 수 있다. 이는 mayor에 딱 맞는 영어 단어를 찾을 수 없을 뿐 아니라, 이를 문자 그대로 번역하기보다는 영의 식별 규칙의 전체 구조와, 특히, 이냐시오가 영의 식별 규칙을 첫째 세트(영신수련 313-327번)와 둘째 세트(영신수련 328-336번)로 나누어 순차적으로 제시하는 의도를 감안하여 번역할 때 그 의미를 보다 정확하게 전달할 수 있기 때문이다.

이 책에서는 mayor를 '더 진전된'으로 번역하였다. 혹은 '더 확장된' '더 세밀한' '더 섬세한' '더 정교한' 등으로 번역하는 것도 이냐시오의 의도를 잘 반영할 수 있다고 본다. 어떤 번역이건 이냐시오의 의도를 온전히 담을 수는 없지만, '더 뛰어난' '더 높은' '더 탁월한' 등의 번역은 상대적으로 오해의 소지가 더 크다고 본다. 자칫 영의 식별 규칙의 첫째 세트가 둘째 세트에 비해서 상대적으로 질이 떨어진다거나 허술하며 영의 식별 규칙의 첫째 세트와 둘째 세트 간에 가치의 차이나 질적인 차등이 있는 듯한 뉘앙스를 주기 때문이다.

이냐시오는 영의 식별 규칙을 영의 식별 규칙의 첫째 세트(제1주간에 더 적합한 규칙)와 둘째 세트(제2주간에 더 적합한 규칙)로 나눠 순차적으로 제시하는데, 이는 영신수련 9번과 10번에서 언급되어 있는 바와 같이 피정자(수련자)가 처한 영적 상황과 필요에 맞게 도움을 주려는 실천적 이유에서 기인하는 것이다. 영의 식별 규칙의 둘째 세트는 영의 식별 규칙의 첫째 세트를 온전히 전제로 하면서, 영적 위로에 대한 식별과 관련해서 '더 진전된' 내용을 제시하여 영적 위로를 '더 섬세하고 세밀하게' 식별할 수 있도록 돕는 데 초점을 둔다(**감수자 주**).

19 Gil, *Discernimiento*, 277 참조. 힐은 여기서 제목을 구성하는 세 가지 요소에 주목하고 그것들을 살펴본다.

뒤잇는 여덟 개 규칙의 이해를 돕는 단단한 기초가 될 것이다.

"같은 효과를 얻기 위한 규칙들"

이냐시오에 따르면 영의 식별 규칙의 둘째 세트의 목적은 첫째 세트의 목적과 같다. 앞선 열네 개의 규칙과 마찬가지로 이 여덟 개의 규칙 역시 "영혼 안에 일어나는 여러 움직임을 … **감지하고 파악하여** 선한 것들은 **받아들이고** 악한 것들은 **배척하기** 위한 규칙들이다"(영신수련 313번). 이 규칙들은 첫째 세트의 규칙들과 "**같은 효과**를 얻기 위한" 것이므로 영의 식별 규칙의 첫째 세트를 지배했던 틀이 둘째 세트에도 변함없이 유효하다. 이 세 가지 틀은 다음과 같다.

감지하라

파악하라

행동하라(받아들이기 또는 배척하기)

영적 위로와 영적 실망 사이에서의 식별이든(영의 식별 규칙의 첫째 세트), 아니면, 우리가 만레사와 바르셀로나에서 보았던 이냐시오처럼, 선한 영에서 비롯한 영적 위로와 그렇지 않은 영적 위로 사이에서의 식별이든(영의 식별 규칙의 둘째 세트), 열심한 신앙인들은 자신 내면의 영적 움직임을 **감지**하고, 이 움직임들이 선한 영에서 오는 것인지 원수에게서 오는 것인지 **파악**하려고 해야 하며, 그에 따라 **행동**에 옮겨서

선한 영에서 온 것은 받아들이고 원수에게서 온 것은 배척해야 한다.[20]

한 예로 앞서 인용한 만레사에서의 체험에서 이냐시오는 실제로 이 식별의 3단계를 밟는다. 그는 자신 내면의 영적 체험을 충만히 **감지**한다. "크나큰 깨달음과 엄청난 영적 위로가 여러 번 찾아왔"으며 그리고 그가 감지한 영적 체험을 **파악**하려고 성실하게 노력한다. "이 같은 일을 거듭 숙고하면서", "떠올렸다", "의심스러워졌다", "스스로 결론을 내리고는." 마침내 이냐시오는 "그것들을 배척하는 것이 아무래도 좋겠다고" 결정하고 "그대로 실천"하여 단호히 **행동**에 옮긴다. 이냐시오의 바르셀로나 체험을 돌아보면 이와 똑같은 3단계가 있었음을 알 수 있다. 따라서 영의 식별 규칙의 첫째 세트든 둘째 세트든 식별에 관한 근본적 틀(감지하고 파악해서 행동에 옮기기)은 변하지 않는다. 둘째 세트의 규칙 여덟 개도 첫째 세트의 규칙들과 "같은 효과를 얻기 위한 규칙들"이다.

"더 진전된 영의 식별을 통해"

그런 다음 이냐시오는 영의 식별 규칙의 둘째 세트에는 첫째 세트보다 "**더 진전된** 영의 식별"이 포함되어 있다고 말한다. 이 "더 진전된 식별"은 구체적으로 무엇으로 구성되어 있을까? 한 사람이 체험한 두 가지 영적 상황을 비교해 보면 각 규칙 세트에 따른 전형적인 식별을 설명할 수 있을 것이다. 그리고 그렇게 함으로써 둘의 차이를 알아낼

20 갤러허, 『영의 식별』, 58-75쪽 참조.

수 있을 것이다. 첫 번째 영적 상황에서는 첫째 세트의 규칙 14개에 묘사된 식별의 실례를 보여 주고, 두 번째 영적 상황에서는 둘째 세트의 규칙 여덟 개 특유의 "더 진전된 식별"을 소개해 줄 것이다.[21]

첫 번째 영적 상황: 영의 식별 규칙의 첫째 세트

대학에 들어가기 전까지 퍼트리샤에게 신앙생활이란 가족과 함께 주일 미사에 가고 가끔 교리 수업을 듣는 것이었다. 대학 공부를 위해 집을 떠나 있을 때 그는 미사에 참례하거나 하느님에 대해 의식적으로 생각하던 것을 그냥 그만두게 되었다. 퍼트리샤는 지적이고 호감형이었으며 활발했다. 그리고 바쁜 대학 생활을 즐겼다. 하지만 주위에서 일어나는 방종한 행위 중 일부를 따라 하는 자신을 발견할 때나 전에 지녔던 도덕적 기준이 다소 낮아진 것을 깨달을 때면 가끔 곤혹스러웠다. 친구들, 분주함, 웃음소리 한가운데에서도 마음속 어딘가는 너무나도 공허했다(첫째 세트의 규칙 1).

어느 날 저녁 퍼트리샤는 친구 두 명이 심각한 교통사고를 당해 중태에 빠졌다는 소식을 들었다. 이 사건은 그에게 엄청난 영향을 미쳤다. 그날 저녁 그는 자신의 인생을 진지하게 되돌아보았고 자신이 변화하고 싶어 한다는 것을 깨달았다. 친구들에게는 알리지 않은 채 퍼트리샤는 교내 성당의 주일 미사에 참례하기로 결심했다. 그 주 주일,

---

21 "첫 번째 영적 상황"과 "두 번째 영적 상황"이라고 부르는 것은 이 상황들을 *primera época espiritual*과 *segunda época espiritual*로 칭한 힐을 따른 것이다. Gil, *Discernimiento*, 26-27, 50-51, 279 참조.

신자들과 함께 성가를 부르고 기도를 하면서 그녀는 평화를 새로이 감지했고 삶의 의미를 찾을 수 있으리라는 새로운 희망을 느꼈다(첫째 세트의 규칙 2).

퍼트리샤는 성경 한 권을 구해서 매일 읽기 시작했다. 친구들에게는 여전히 아무 말 없이 매주 주일 미사를 참례했다. 기도 생활이 깊어짐에 따라 퍼트리샤는 둘이 얼마나 대조적인지를 점점 더 크게 감지하였다. 겉으로는 도덕적 제약도 하느님도 없는 방종한 생활을 친구들과 계속 함께했지만, 하느님에 대한 믿음의 삶이 매일 자신 안에서 숨어 자라고 있음을 알았다. 그는 이 두 생활이 양립할 수 없고 그 대조를 해결할 명확한 결정을 계속 피할 수 없다는 것도 알고 있었다.

어느 주일, 퍼트리샤는 미사 후 경당에 남아 있었다. 그날은 평상시보다 기도가 유난히 더 어려웠다. 하느님께서 멀리 계신 것 같았고 기도할 마음도 전혀 생기지 않았다(첫째 세트의 규칙 4: 영적 실망).

경당 안의 고요함 속에서 퍼트리샤는 자신 앞에 놓여 있는 다음 순서에 대해 고민했다. 하느님에 대한 믿음이 이제 그에게 중요하고 더는 그리스도의 가르침과 대조되는 삶을 살 수 없다고 친구들에게 터놓는 것이었다. 이 일의 무게가 퍼트리샤의 마음을 내리눌렀다. 퍼트리샤는 친구들에게 이런 확신에 대해 이야기하면 비웃음 살 것을 알고 있었다. 그를 구식에다 죄의식에 사로잡힌 사람이라고 생각할 것이며 다른 학생들에게도 이런 평판을 퍼뜨릴 것이었다. 퍼트리샤는 그 결과로 또래 가운데 혼자가 될까 봐 두려웠다. 게다가 하느님의 사랑을 느낄 수 없었던 그 일요일 아침, 친구들도 잃고 하느님 사랑 체험도 잃은 채로 홀로 남겨지지 않을까 하는 또 다른 두려움이 생겨났다. 경당에 앉아 생각할 때, 새로운 신앙생활을 위한 결단력 있는 선택을 하기가 너무나 어려워 보였다(첫째 세트의 규칙 2).

이런 두려움으로 마음이 짓눌린 퍼트리샤는 성경책을 펼쳐 방금 참례했던 주일 미사의 복음을 다시 읽었다. 예수님이 물 위를 걸으시는 이야기였다(마태 14,22-33). 특히 베드로의 체험이 그의 마음을 크게 건드렸다. 자신의 체험과 너무나 비슷한 것 같았다. 베드로가 물 위에서 예수님을 향해 내딛던 최초의 걸음들, 그리고 그에 이어 자신이 직면한 난관을 보았을 때의 두려움. 퍼트리샤는 베드로가 공포에 질려 울부짖고, 예수님이 즉각 구원의 응답을 하시고, 예수님이 베드로에게 "이 믿음이 약한 자야, 왜 의심하였느냐?"(마태 14,31) 하고 물으시는 부분을 읽어 내려갔다. 이런 말씀이 경당에 앉아 있는 퍼트리샤의 마음에 그대로 들려왔다. 그는 두려움 없이 새로운 신앙의 삶을 살 수 있는 힘을 달라고 주님께 도움을 청했다. 퍼트리샤가 기도하는 동안 그의 마음속에서는 하느님의 도움이 있다면 자신 앞에 놓인 단계를 밟을 수 있으리라는 새로운 희망이 떠올랐다. 또 퍼트리샤는 교목 사제에게 자신의 고민을 이야기하기로 결심하고 그날 오후에 전화하기로 마음먹었다(첫째 세트의 규칙 13). 희망에 차 강해진 마음으로 그는 기도를 마쳤다(첫째 세트의 규칙 3: 영적 위로).

이 영적 상황에서 커다란 걸림돌은 **영적 실망**과 그것에서 비롯하는, 원수가 부추기는 생각들이다(첫째 세트의 규칙 4와 5). 만일 퍼트리샤가 일요일 아침 느꼈던 영적 실망에서 일어난 생각들이 자신을 인도하도록 내버려 두었다면 더 이상 진보하지 못했을 공산이 크고, 어쩌면 이미 밟았던 단계조차 포기했을 수도 있다. 이런 영적 상황에서는 **영**

의 식별 규칙의 첫째 세트의 지혜가 절대적으로 필요하다. 이냐시오에 따르면 바로 이렇게 "영적인 일에 익숙하지 못하고 … 세상사, 세상 명예로 말미암은 수치심과 염려 등, 우리 주 하느님을 섬기기 위해 더 나아가는 데 장애물들로 인해 확연하게 그리고 드러나게 유혹을 받고 있다면"(영신수련 9번) 영의 식별 규칙의 첫째 세트가 크나큰 가치를 발휘한다.

이것이 주일 아침 퍼트리샤에게 일어난 상황이다. 그는 아직 영적인 일에 그다지 익숙하지 못한 데다가 실제로 "확연하게 그리고 드러나게" 유혹을 받고, 영적 실망의 시기 동안에는 도저히 극복할 수 없는 것처럼 보이는 "장애물들"에 대한 생각으로 낙담한다. 하느님을 섬기기 위해 더 나아가고자 하는 생각은 "세상사, 세상 명예로 말미암은 수치심과 염려"로 가득 찬 것 같다. 이냐시오가 이야기한 것처럼 퍼트리샤는 영의 식별 규칙의 첫째 세트와 그것이 주는 권고가 이 영적 상황에서 영적 실망을 이겨 내는 데 더할 나위 없이 값진 도움을 준다는 것을 발견하게 될 것이다.

이 첫 번째 영적 상황을 영신수련의 용어로는 **제1주간** 체험이라고 한다(영신수련 4, 313번). "피정자가 제1주간의 수련을 하는 동안"(영신수련 9번) 원수는 흔히 영적 실망과 장애물들을 통해서 낙담시키려고 시도한다고 이냐시오는 우리에게 말한다. 이 시기는 피정자가 자신의 죄성에서 해방되고 사랑 안에서 그리스도를 구원자로서 만나도록 마련된 기도 단계이다. 이냐시오에 따르면 이런 사람들은 열심히 "정화의 생활"(영신수련 10번)을 하며, "자기 죄를 깊이 **정화**하고, 우리 주 하느님을 섬기는 데 선에서 더 큰 선으로 **나아가는** 사람들"이다(첫째 세트의 규칙 2). 퍼트리샤나 그처럼 이렇게 계속 정화하고 하느님을 섬기는 데에 성장을 추구하는 사람들은 자신이 이런 첫 번째 영적 상황에 처할 수 있음을 예상해도 될 것이다.

그렇다면 식별의 이 첫 번째 상황에서 매우 필요한 것은, **영적 실망**(퍼트리샤가 경당에 앉아 있을 때 느낀 내적 중압감과 진보를 포기하려는 생각들)의 시기에는 **원수**의 활동을 감지하고 파악해서 **배척**하고, **영적 위로**(퍼트리샤가 미사 후 주일 복음을 읽으면서 느낀 새로운 희망과 그가 계획한 새로운 영적 단계들)의 시기에는 **선한 영**의 활동을 감지하고 파악해서 **받아들이는** 것이다. 퍼트리샤의 상황과 같거나 비슷한 상황에 있으면서 영의 식별 규칙의 첫째 세트에 따라 식별을 수행하는 이들은 신앙과 봉사의 삶 속에서 꾸준히 성장해 나갈 것이다.

열심한 신앙인들은 잘 알고 있겠지만 첫째 세트의 규칙들에 따른 식별을 충실히 사는 것은 전혀 간단한 일이 아니다. 그런 식별을 위해서는 멈추지 않는 영적 감지가 필요하고, 영적 위로와 영적 실망을 분별하는 역량도 있어야 한다. 더 나아가 이런 내적 움직임에 대한 응답으로 영적 행동을 취해야 한다. 위로의 시기에는 선한 영의 권고를 적극적으로 받아들이고, 영적 실망의 시기에는 원수의 제안에 적극적으로 저항해야 한다. 이냐시오는 영적 실망에 저항하기 위한 다양하고 구체적인 방법들을 제시한다. 영적 실망이 오기 전에 채택한 영적 구상들을 고수, 기도, 묵상, 성찰, 적절한 보속 행위, 영적 위로의 시기 동안 실망에 대비하는 준비, 영성이 뛰어난 사람과의 대화, 그리고 이 밖에도 많은 방법을 이냐시오는 첫째 세트의 규칙들(규칙 5-14)에서 내놓는다.

그런데 영적 위로의 시기에 선한 영이 주는 희망찬 격려와, 영적 실망의 시기에 원수가 주는 비관적인 제안 사이의 뚜렷한 **대조**는, 식별하는 사람이 그 두 영의 전술을 구별하는 데에 무척 큰 도움이 된다. 하지만 그 대조가 두 번째 영적 상황에서는 더 이상 유효하지 않을 것이다.

두 번째 영적 상황: 영의 식별 규칙의 둘째 세트

대학 경당에서의 특별했던 주일 아침 이후 10년이 지났다. 그동안 퍼트리샤는 용기와 헌신으로 새로운 신앙생활을 해 왔다. 교목실 공동체에 활동적으로 참여하고 매일 기도하기 시작했으며 학생 피정에도 참가하고 교목 신부와의 정기적인 면담도 계속했다. 퍼트리샤의 삶은 신앙의 성장을 통해 새로운 의미를 얻었고, 하느님의 사랑이 그에게 점점 더 실체화되었다. 깊어지는 그의 신앙심은 다른 사람에게 봉사하고자 하는 열망을 일깨웠고, 퍼트리샤는 가난한 이들을 위한 다양한 봉사 활동에 참여했다. 퍼트리샤의 삶에서 또렷이 드러나는 목적의식과 기쁨이 다른 이들을 끌어당겼고 그는 조용하지만 영향력 있는 주님의 사도가 되었다.

대학을 졸업하고 6년 후 퍼트리샤는 신앙생활을 함께 하던 사람과 결혼했고 그들은 지금 아이 둘을 두었다. 3년 전, 퍼트리샤는 가계에 보태기 위해 파트타임으로 일을 시작했다. 퍼트리샤는 그동안 내내 매일 기도를 계속했고 본당에서도 열심이었으며 무엇보다 가난한 이들을 위해 적극적으로 봉사했다. 전에 대학에서도 그랬던 것처럼 그는 혜택 받지 못한 사람들을 돌보면서 특별한 방식으로 그리스도와 만났다. 봉사 활동으로 몇 시간을 보낸 후 가족에게 돌아갈 때면 자주 자신의 신앙심이 더욱 굳건해졌음을 깨달았고 남편과 아이들 속에서 그리스도를 더욱 생생히 감지했다.

어느 주일 퍼트리샤는 남편이랑 아이들과 함께 미사에 참례하고 있었다. 그날 복음은 도움이 필요한 이들 가운데 계시는 그리스도(마태 25,31-46)에 대해 말했고, 퍼트리샤는 "너희는 … 내가 나그네였을 때에 따뜻이 맞아들였다"(마태 25,35)라는 구절이 특히 마음에 와닿았다. 그 주 초에 그는 시에서 전쟁으로 파괴된 제3세계 난민들을 곧 받아들일 것이고 그들을 도울 자원봉사자가 절실히 필요할 것이라는 소식을 들었다. 그 주 내내 퍼트리샤는 이에 대해 기도했고 자신이 이 프로젝트를 도울 수 있을지 고민했다. 퍼트리샤와 남편은 주 중에 이것을 논의했지만 결론에 이르지 못했다. 퍼트리샤가 이 새로운 봉사 활동을 시작하고도 계속 파트타임 일을 유지할 수 있을지 명확하지 않았다. 두 사람은 의논했지만 가정의 재정적 요구와 그토록 곤경에 빠진 이들에 대한 봉사 사이에서 어떻게 균형을 잡을 수 있을지 확신할 수 없었다.

그 주일에 "너희는 … 내가 나그네였을 때에 따뜻이 맞아들였다"라고 예수님의 말씀이 선포되는 것을 들었을 때 퍼트리샤는 주님의 현존과 영적 기쁨이 마음속에서 샘솟는 것을 느꼈다. 그는 이것이 주님께서 자신에게 직접 하시는 말씀이며 난민에 대한 자신의 결정에 관련한 말씀이라고 느꼈다. 곤궁에 처한 난민들 안에 계신 그리스도를 맞이하는 생각은 그에게 내적 기쁨을 주었고 이 봉사에 대한 열망이 마음속에서 달아올랐다. 이 봉사 활동을 하는 수개월 동안 파트타임 일을 포기하는 데 따르는 희생도 이로 인해 이뤄질 선에 비하면 소소해 보였다. 마음속에서는 여전히 복음 말씀이 들렸고 퍼트리샤는 이렇게 희생을 함께 나눔으로써 가족이 주님 안에서 훨씬 더 가까이 결속될 수 있으리라고 생각했다.

퍼트리샤가 주일 미사 중에 체험한 것을 우리는 어떻게 이해해야 할까? 더 구체적으로 말하자면, 퍼트리샤가 체험하는 영적 움직임들과 그로부터 시작된 생각들을 어떻게 식별해야 할까?

퍼트리샤는 복음 말씀을 들으며 분명히 **영적 위로**를 체험한다. 마음이 달아오르고 하느님 안에서 기쁨에 차며, 복음에 영감을 받아 타인에게 봉사하려는 생각들이 마음속에서 일어나는 것이다. 이런 영적 위로가 난민을 위해 봉사하라고 하느님께서 그를 부르신다는 확실한 표지일까? 난민에 대한 봉사를 위해 퍼트리샤가 파트타임 일과 그 일이 집에 가져다주는 재정 기여의 포기를 정말로 하느님께서 바라실까? 이것이 과연 모든 관련자들, 즉 퍼트리샤, 남편, 아이들, 난민들을 위한 더 큰 선으로 이어질까? 오히려 퍼트리샤와 그의 가족에게 스트레스와 갈등을 일으켜 결국에는 그들이 사는 신앙과 봉사의 삶을 약하게 만들지는 않을까? **이 상황에서** 이냐시오가 우리에게 말한 영의 식별 규칙의 첫째 세트, 위로 중에는 선한 영이 우리에게 권고하고 실망 중에는 원수가 그렇게 한다는 규칙(첫째 세트의 규칙 5)에 따라 퍼트리샤의 영적 위로와 거기서 발생하는 생각들을 식별하는 것으로 충분할까?

우리가 살펴보았듯 어떤 사람이 "영적인 일에 익숙하지 못하고" 영성 생활의 초기 단계에 있는 경우, 원수의 전술은 영적 실망을 통해 그 사람을 낙담시키고, 그에게 "우리 주 하느님을 섬기기 위해 더 나아가는 데 장애물들"을 보여 주며, "확연하게 그리고 드러나게" 해로운 제안을 하는 것이다(영신수련 9번). 주일 아침 대학 경당에서의 학생 퍼트리샤가 바로 이러한 사람이다.

하지만 열심한 신앙인들이 영성 생활에서 상당히 성장한 상태고 그들이 하느님의 사랑에 깊이 뿌리를 내린 경우, 원수는 그들을 속이기 위한 노력으로 새로운 전술을 동원한다고 이냐시오는 말한다. 영적 실망의 시기에도 꿋꿋이 버티는 것에 오래 익숙한 사람들은 원수의 해로운 제안에 쉽사리 굴복할 가능성이 적다. 바로 이 순간,[22] 즉 영적 실망이라는 공격이 가끔이라도 계속될 가능성이 높을 것 같은 이때 원수는 다른 전술을 도입한다. 이런 사람들에게 "인간 본성의 원수는 보통 … **선을 가장하여** 유혹"(영신수련 10번)한다고 이냐시오는 적고 있다. 10년 후 주일 아침 미사에서 선포된 복음을 묵상하던 퍼트리샤에게도 이 일이 일어날 가능성이 있다.

어떤 이들은 선을 가장한 원수의 유혹을 받을 수도 있다는 것은 영성 생활에서 중요한 통찰이다. 하느님을 깊이 사랑하는 이들은 영적 여정을 걷는 중에, **선하고 거룩한 것들**에 대한 어떤 끌림을 감지하고 파악하여 배척해야 하는 시기를 맞을 수 있다. 그 끌림을 따라갈 경우 그들은 하느님께서 진짜로 부르신 선하고 거룩한 것에서 산만하게 벗

---

22 "우리 삶의 여정에는 과거와 현재의 일들이 용서와 치유를 통해 다루어져야 하는 순간들이 항상 있다. 영원하신 왕의 부르심(영신수련 제2주간)을 관상 중인 피정자는 오래 전에 제1주간 정화의 단계를 거쳤겠지만, 어느 정도의 치유와 정화는 늘 필요하고 여전히 영적 실망에 취약하다." John Veltri, S.J., *Orientations*, 1998, vol. 2, part B, 448.

어날 것이다.

이냐시오가 이것을 두고 왜 첫째 세트의 규칙들보다 "더 진전된 영의 식별"이고 "더 섬세하고 높은 수준의 내용"이라고 말했는지 바로 알 수 있다. 첫 번째 영적 상황과 그에 따른 첫째 세트의 규칙들(대학 시절 퍼트리샤의 체험)에서 열심한 신앙인들은 **대조되는** 움직임들과 그에 연관된 생각들을 식별해야 한다. 그것들이 영적 위로인지 영적 실망인지 식별하는 것이다. 두 번째 영적 상황과, 더 발전한 영적 성장에 따른 둘째 세트의 규칙들(10년 후 퍼트리샤의 체험)에서 열심한 신앙인들은 **비슷한** 움직임들과 그에 연관된 생각들을 식별해야 한다. 이때는 진정으로 선한 영에게서 오는 영적 위로인지, 선한 영이 아닌 것에서 오는 기만적인 영적 위로인지 식별하게 된다. 기만적인 영적 위로를 따른다면 결국 영적으로 해를 입게 될 것이다.

이렇게 섬세한 식별이 꼭 필요한가?

이 두 번째 영적 상황의 정교한 식별이 진정 얼마나 필요한 것인지 의문이 생길 수 있다. 퍼트리샤가 현재 하고 있는 방식으로 사랑과 봉사의 생활을 계속할 것인지 아니면 파트타임 일을 그만두고 난민을 위한 봉사를 시작할 것인지, 두 가지 선택지 모두 선하고 거룩하다. 두 경우 모두 하느님은 사랑과 섬김을 받으실 것이다. 그런데 어느 것을 택해도 선하고 거룩한 두 가지 선택 사이에서 그렇게 섬세하게 식별할 필요가 있을까?

이제 영의 식별 규칙의 둘째 세트를 설명하면서 보겠지만 이냐시오의 답은 명백히 '그렇다'이다. "선을 가장"하여 주님의 열심한 사도를 유혹하는 원수의 전술은 올바로 식별하지 않으면 강하게 악영향을 끼치고 매우 파괴적이다. 선하고 열심한 신앙인들이 훌륭한 의도와 기쁜 마음으로 선하고 거룩한 것들을 택했지만 오히려 자신은 물론 자신과 영적 안녕이 연관된 이들에게까지 심각한 영적 손상을 입히는 경우가 얼마나 많은가?[23] 이냐시오에 따르면 이렇게 헌신적이고 열정적으로 그리스도를 따르는 사람들 안에서 "인간 본성의 원수는 **보통** … 선을 가장하여 유혹"한다.

이제 다시 돌아가서 결혼한 퍼트리샤가 주일 복음이 봉독되던 중 겪은 체험을 살펴보면 이 의미가 더욱 명확해질 것이다. 우선 그 순간 퍼트리샤가 느끼는 영적 위로와 난민을 위한 봉사로의 끌림이 진정으로 선한 영에서 오는 것이라고 가정해 보자. 이 경우 우리는 이 봉사로 인해 하느님과 가족에 대한 퍼트리샤의 사랑이 커지리라 예상할 수 있다. 그가 파트타임 일을 포기하는 것이 가족에게는 희생으로 느껴지겠지만 식구들은 그로 인해 복음적 단순성Gospel simplicity을 더욱 깊이 인식하게 되고 삶을 더욱 풍부히 교감하게 될 것이다. 퍼트리샤의 봉사를 통해 난민들 역시 도움이 필요한 때에 은총을 받게 될 것이다. "너희는 … 내가 나그네였을 때에 따뜻이 맞아들였다." 이런 열매들은 퍼트리샤가 주일 미사에서 체험한 영적 위로와 난민을 위한

---

23 선을 지향하지만 해를 초래하는 선택들이 모두 식별을 위한 둘째 규칙 세트의 특정한 맥락 속에 드는 것은 아니다. 이 규칙들에서 이냐시오는 영적 위로라는 특정 맥락과 두 번째 영적 상황이라는 특정 범주에 속하는 이들의 삶에서 나타나는 선택들을 살펴본다. 이들이 어떤 사람들인지는 곧이어 다룰 것이다. 이 책의 결론 각주 180번(221쪽)도 참조.

봉사로의 끌림이 실제로 선한 영에서 왔음을 명확히 확인해 준다고 할 수 있다.

하지만 퍼트리샤의 영적 위로와 난민을 위한 봉사에 대한 끌림이 진정으로 선한 영에서 오는 것이 아니고 "선을 가장"하여 유혹하는 원수에게서 오는 것이라 생각해 보자. 이 경우, 난민을 위해 일하기로 한 퍼트리샤의 결정은 매우 다른 양상으로 펼쳐질 것이다. 처음에는 퍼트리샤와 그의 가족이 난민에 대한 봉사에서 기쁨을 찾을 수도 있겠지만, 여러 달이 지나면서 긴장이 생겨날 것이다. 난민과 일하면서 퍼트리샤는 점점 지치고 결과적으로 전보다 기도에 소홀해지고 아이들이 필요로 할 때 함께 있어 주는 것도 전보다 줄고 남편과의 소통도 줄어들 수 있다. 일찍이 퍼트리샤의 파트타임 일 덕분에 줄었던 재정적 스트레스가 이제 다시 생기고 가정생활에 긴장이 더해질 수도 있다. 이런 긴장이 계속될 경우 궁극적으로 퍼트리샤와 그의 가족이 영적으로 퇴보할 가능성이 명백히 높다.[24] 둘째 세트의 규칙들에 따른 식별은 퍼트리샤가 그런 모든 영적 손상을 피하고 내적으로 그토록 열망하는 봉사와 사랑 속에서 확실히 진보할 수 있게 해 줄 것이다.

영의 식별 규칙의 둘째 세트에서 설명하는 "더 진전된 식별"은 성령께서 로욜라의 이냐시오를 통해 교회에 주신 헤아릴 수 없이 값진 가르침이다. 이 선물은 수 세기를 지나 오늘날까지 주님의 수없이 많은 제자들을 축복해 왔다. 이 더 진전된 식별을 통해 퍼트리샤 같은 열심한 신앙인들은 하느님을 섬기는 확실한 길을 찾게 될 것이고 그럼으로

24 이냐시오는 이런 상황을 둘째 세트의 규칙 5에서 다룬다. 이 책 5장에서 살펴볼 것이다.

써 교회와 세계에는 점점 더 축복이 될 것이다.

"영신수련 제2주간에 더 적합하다"

제목 끝 부분에서 이냐시오는 영의 식별 규칙의 둘째 세트를 충실히 적용하는 데에 매우 중요한 문제를 단도직입으로 다룬다. 정확히 **누구에게** 이 규칙들이 적용되는가? 이 규칙의 가르침을 적용함으로써 어떤 사람이 이익을 얻을 것인가? 그리고 어떤 사람이 그렇지 않을 것인가? 열심한 신앙인들은 자신의 영적 체험이 과연 이냐시오가 이 규칙들에서 설명한 체험인지 어떻게 알 것이며, 따라서 이 규칙들이 자신의 체험에 정말로 적용되는지 어떻게 알 수 있을까? 이 질문은 이냐시오가 말하는 "더 진전된 식별"을 논의할 때 이미 나왔다. 제목을 마무리하는 말에서 이냐시오는 간단명료하게 이에 대한 답을 제시한다.

이냐시오는 실제 상황에서 열심한 신앙인들이 역량 있는 영적 지도자의 도움을 받으며 답을 찾을 것으로 가정한다(영신수련 8번).[25] 이냐시오는 영들을 식별할 때 그런 영적 동반이 항상 있을 것이고 따라서 다음 질문에 대해서도 그럴 것이라고 상정한다. 현재의 내 영적 체험이 둘째 세트의 규칙들에서 조망하는 체험이고 그 규칙들을 적용해서 식별해야 하는가? 이 현실적인 전제 조건을 염두에 두고 이 질문에 대한

25 힐에 따르면, 영의 식별 규칙의 첫째 세트가 필요한 체험을 한 피정자와 둘째 세트가 필요한 체험을 한 피정자를 정확하게 구분할 줄 아는 능력은 그 자체로 "영신수련을 주는 사람의 가장 중요한 행위들 중 하나다." Gil, *Discernimiento*, 271. 영신수련 8-10번 참조. 또한 힐은 이렇게 설명한다. "영신수련 일러두기 6-10번은 특별히 이렇게 규칙이 두 종류 있음을 이해시키기 위한 지침이다." *Discernimiento*, 268.

일반적인 원칙을 세워 보자.

영신수련 제2주간의 영적 상황에 있는 사람

이냐시오는 시작부터 이 문제를 다루면서 영의 식별 규칙의 둘째 세트가 "**제2주간**에 더 적합하다"고 말한다. 영신수련에서 제2주간은 피정자가 그리스도의 생애에 대한 비교적 긴 관상을 통해 "조명의 생활에서 수련을 하는"(영신수련 10번) 시기이다. 피정자는 이냐시오가 "선택election"이라 칭한, 하느님 뜻을 식별하여 선택하기 위한 준비로 이 수련을 한다.

이들은 영신수련 제1주간의 기도인 "정화의 생활"(영신수련 10번)을 이미 체험한 바 있다. 하느님의 은총으로 그들은 죄를 극복하는 데에 효과적으로 진보하였고 그들의 마음은 이제 구세주를 찾을 준비가 되어 있다. 사랑으로 응답하고자 하는 내적 열망을 그분의 사랑이 일깨운 것이다(영신수련 53번).

이들은 자신이 사랑하는 주님을 더 깊이 알고 더 가깝게 따르려고 적극적으로 힘써 노력한다(영신수련 104번). 그들은 영신수련 제2주간의 특징적인 수련들, "영원한 왕이신 그리스도의 부르심"(영신수련 91-98번), "두 개의 깃발"(영신수련 136-147번), "세 가지 부류의 사람들"(영신수련 149-157번), "세 가지 방식의 겸손"(영신수련 165-168번)에서 설명하는 영적 자세를 이미 완전히 자기 것으로 만든 상태다. 이 대표적 수련들이 나타내듯 이들은 하느님의 뜻을 자신의 삶 속에 포용하기를 깊이 열망한다. 이들은 세상에서 그리스도의 구원 사업에 적극적으로 투신하려 하며, 그리스도의 부르심을 따르는 자신의 자유를 약화할 수 있는 어떠한 애착도 놓아 버릴 준비가 되어 있다. 이들은 하느님께서 원하실 경우 그리스도께서 직접 사신 가난과 겸손의 삶에 동참할 내적 자세마저 갖추었다. 영신수련 제2주간의 영적 상황에 있는 사람들의 영적으로 풍요로운 모습이 이 전형적인 이냐시오식 수련에서 어느 정도 선명하게 드러난다.[26] 이런 사람들, 이런 영적 자세를 갖춘 사람들에게 영의 식별 규칙의 둘째 세트와 그 규칙들에 의한 "더 진전된 식별"은 매우 큰 도움이 될 것이라고 이냐시오는 이야기한다.[27]

---

26 영신수련 제2주간의 영적 상황에 있는 사람의 이런 모습은 이냐시오가 영의 식별 규칙의 둘째 세트에서 사용하는 표현에 의해서도 한층 더 확인된다. 그는 이 사람을 "열심한 영혼devout soul"(규칙 4), "의로운 영혼just soul"(규칙 4), "영적인 사람spiritual person"(규칙 8)이라고 표현한다.

27 영의 식별 규칙의 둘째 세트가 적용되는 영신수련 제2주간의 영적 상황에 있는 사람을 설명하는 문헌들은 다음과 같다. Michael Buckley, S.J., "The Structure of the Rules for Discernment of Spirits," *The Way Supplement* 20 (1973): 32; Maureen Conroy, R.S.M., *The Discerning Heart: Discovering a Personal God* (New York: Paulist Press, 1993), 48; John English, S.J., *Spiritual Freedom: From an Experience of the Ignatian Exercises to the Art of Spiritual Guidance* (Chicago: Loyola Press, 1995), 176-177; David Lonsdale, S.J., "The Serpent's Tail," *The Way Supplement* 52 (1985): 66-67; Manuel Ruiz Jurado, S.J., *El discernimiento espiritual: Teologia, historia, prática* (Madrid: Biblioteca de Autores Cristianos, 1994), 240. 루이스 테이시도르Luis Teixidor는 다음과 같은 점에 주목한다. 이냐시오가 영의 식별 규칙의 첫째 세트가 적용되는 사람들을 "자기 죄를 깊이 정화하고 우리 주 하느님을 섬기는 데 선에서 더 큰 선으로 나아가는 사람들"(첫째 세트의 규칙 2)이라고 표현한 것과 비교해 보면, 둘째 세트를 적용하는 이들에게는 대단히 높은 수준의 영적 성장이 전제되어 있음을 분명히 보여 준다는 것이다: Luis Teixidor, S.J., "La primera de las reglas de discreción de espíritus más propias de la segunda semana," *Manresa* 8 (1932): 30. 마이클 카인Michael Kyne, S.J. 역시 너무 성급하게 영신수련 제2주간의 영적 상황에 있는 사람으로 추정하지 말라는 유용한 경고를 덧붙인다: "Discernment of Spirits and Christian Growth," *The Way Supplement* 6 (1968): 23.

대학 시절의 퍼트리샤는 분명히 그런 사람이 아니다. 그는 아직 한참 "정화의 생활"을 살고 있고 방금 설명한 영신수련 제2주간의 특징인 깊이 뿌리내린 내적 자세를 얻지 못했다. 하지만 10년 후의 퍼트리샤는 이냐시오가 영의 식별 규칙의 둘째 세트에서 상정한 유형의 사람이라고 해도 무리가 아니다. 수년간 퍼트리샤는 어떤 중대한 죄와도 거리를 두며 지냈다. 그는 이 세상에서 그리스도의 구원 사업에 동참할 방법을 열렬히 찾고 실제로 자신의 결혼 생활, 가정생활, 사회 참여를 통해서 적극적으로 그렇게 한다. 퍼트리샤의 커다란 갈망은 이 세상에서 하느님을 더 잘 사랑하고 섬기는 방법을 찾는 것이다. 따라서 10년 후의 퍼트리샤는 당연히 둘째 세트의 규칙들에서 조망하는 "선을 가장한" 원수의 속임수에 주의를 기울일 필요가 있다.

그렇다면 정식 이냐시오식 피정에서든 일상에서든, 어떤 사람이 정말로 영신수련 제2주간의 영적 상황에 있는 사람인지 아닌지 올바르게 인식하는 것이 둘째 세트의 규칙들을 제대로 적용하는 데에 반드시 필요한 첫 단계이다. 여기에는 영적 지혜가 필요하다. 이 사람이 진정 영신수련 제2주간의 영적 상황에 있는 사람이라고 성급하고 경솔하게 가정한다면 둘째 세트의 규칙들에서 설명하고 있지 않는 영적 체험에 그것을 적용하게 될 수 있다. 그리고 어떤 열성적인 사람이 실제로 영신수련 제2주간의 영적 상황에 있는 사람인지 충분히 고려하지 못할 경우에는 그 사람이 둘째 세트의 규칙들의 귀중한 도움을 받지 못하여 선을 가장한 속임수에 노출될 수도 있다. 두 경우 모두 영적 피해를 입을 가능성이 명확히 있다. 이 문제가 둘째 세트의 규칙들에 따른 식별에 매우 핵심적인 것이므로 우리는 그에 대한 사례를 반복해서 살펴보고 논의하면서 여덟 개의 규칙을 탐구할 것이다.

각 규칙 세트를 적용하기에 적합한 영적 상황

앞서 말한 것처럼 둘째 세트의 규칙 여덟 개가 모든 사람에게 적용되는 것은 아니다. 첫째 세트와 둘째 세트는 각각 특정한 영적 상황에 적용되고 그 영적 상황이 아닌 경우에는 적용되지 않는다. 퍼트리샤의 두 가지 영적 체험을 다시 한번 살펴보면 이런 원칙과 그 실제 적용 방식이 더 명확해질 것이다.

첫 번째 영적 상황에서 대학 시절의 퍼트리샤는 **영적 실망**과 거기서 비롯한 생각들을 통해 원수에게 "확연하게 그리고 드러나게" 유혹을 받는다. 이 첫 번째 상황에서, 영적 실망을 극복하는 데 목적이 있는 **첫째 세트의 규칙들**의 가르침이 식별에 필요하고 또 **충분하다**. 퍼트리샤를 포함하여 영적 실망이라는 시험trial을 치르는 모든 이가 첫째 세트의 규칙들에 따라 자신의 영적 체험을 식별한다면, 원수의 속임수를 안전하게 통과해 나아갈 것이고 계속해서 "우리 주 하느님을 섬기는 데 선에서 더 큰 선으로 나아가"게 될 것이다(첫째 세트의 규칙 2).

첫 번째 영적 상황의 퍼트리샤, 그리고 그처럼 영적 실망을 통해 원수의 유혹을 받은 모든 이에게는 둘째 세트의 여덟 개 규칙이 필요하지 않다. 사실 이냐시오는 그런 사람들에게 둘째 세트의 규칙들에 관해서 이야기하는 것이 그들에게 해로우리라고 말한다(영신수련 9번). 다시 말해, **첫 번째** 영적 상황에 있는 사람들에게 **둘째** 세트의 규칙들과 거기에서 설명하는 "선을 가장한" 원수의 속임수에 대해 이야기한다면 단지 그들을 혼란스럽게만 할 것이다. 대학 시절의 퍼트리샤처럼 첫 번째 영적 상황에 있는 사람들은 영적 위로에서 생기는 선하고 거룩한 끌림과 생각들을 **의심해서는 안 된다**. 이 시기는 선한 영이 그들을 인도하고 그들에게 권고하는 시기이다(첫째 세트의 규칙 5). 따라서 퍼트리샤는 두려움 없이 그리스도를 따르겠다는 자신의 새로운 결의, 교목 신부와 이야기해야겠다는 결심, 그리고 주일 미사 후 학교 경당에서 기도할 때 영적 위로에서 일어난 다른 건전한 충동들의 선함을 의심해서는 안 된다. 선한 영은 영적 위로의 시기 중에 있는 그에게 명확한 권고를 주고 있다. 그리고 이 인도는 어떤 망설임 없이 따라도 좋은 것이다.[28]

하지만 **두 번째 영적 상황**에서는 많은 것이 달라진다. 대학생 퍼트리샤는 진실하지만 우유부단하고 영적인 일에 익숙하지 못한 사람이었지만 이제 더는 그런 사람이 아니다. 그는 영적으로 성장했고 지금은 주님의 열렬한 제자가 되었으며, 하느님의 사랑에 깊이 뿌리내리고 다른 이들에게 사랑으로 봉사하는 데에 정력적으로 헌신한다. 영적 상황에 이런 변화가 생기는 경우 원수는 그에 맞게 전술을 바꾼다고 이냐시오는 우리에게 말한다. 이제 원수는 주로 영적 실망의 시험을 통해서가 아니라 **선하고 거룩한 것**이지만 **하느님께서 그에게 바라지 않는 것**에 대한 끌림을 통해서 그를 속이려 시도한다. 그리고 퍼트

---

28 다시 한번 강조하지만 영의 식별 규칙의 첫째 세트에 따른 것이든 둘째 세트에 따른 것이든, 영의 식별은 모두 적절한 영적 지도를 전제로 한다. 대학생 시절의 퍼트리샤가 영적 체험에 대하여 교목 신부와 이야기하기로 한 것은 현명한 결정이다. 이 책의 도입의 각주 25번도 참조.

리사가 그것을 따라가는 경우 종국에 그것은 그에게 영적 손상를 입힐 것이다. 그렇다면 이런 **두 번째** 영적 상황에서는, 영적 실망을 통한 원수의 속임수를 극복하기 위한 **첫째** 세트의 규칙들이 아무런 도움이 되지 않을 것임이 분명하다. 두 번째 영적 상황, 즉 원수가 "선을 가장하여" 지극히 열심한 신앙인들을 속이려는 상황에서는 식별에 새로운 안내가 필요하다. 그래서 이냐시오는 이 새로운 필요성에 맞춘 영의 식별 규칙의 둘째 세트를 제시한다.[29]

이냐시오는 짧은 제목에서 식별을 위한 규칙의 둘째 세트의 핵심적인 바탕, 즉 그것이 첫째 세트와 어떻게 비슷하고 어떻게 다른지, 그리고 정확히 누구에게 적용하는 것인지 그 개요를 서술하였다. 명확하게 해야 할 부분이 분명 여전히 많다. 여덟 개의 규칙에서 이냐시오가 그 명확성을 줄 것이다. 이제 우리가 할 일은 그 규칙을 하나씩 숙고하는 것이다. 다음 장에서 그중 첫째 규칙을 살펴보겠다.

---

29 두 번째 영적 상황에 있는 사람, 영신수련 제2주간의 영적 상황에 있는 사람이 어느 순간 첫 번째 영적 상황으로 되돌아갈 가능성도 있다. 이 경우 영의 식별 규칙의 둘째 세트가 아닌 첫째 세트가 다시 한번 적용될 것이다. John Veltri, *Orientations*, 1998, vol. 2, Part B, 445-448 참조. 그리고 앞에서도 언급했지만 두 번째 영적 상황에 있는 사람들이 영적 실망도 어느 정도 계속해서 체험할 가능성이 높다. 이런 일이 일어날 때 그들이 해야 할 일은 첫 번째 영적 상황을 통해 이미 숙지한 방식으로 그런 실망에 저항하는 것이다.

1장

새로운 영적 상황 속의 대조적인 영들(규칙 1)

당신의 종도 기도하며 앉아 있을 때 자신의 열정 속에서 빛나고 사랑합니다. 그의 마음은 변화됩니다. 그는 불타오릅니다. 실로 그는 맹렬한 갈망 속에서 확장됩니다.

—리처드 롤Richard Rolle[30]

두 번째 영적 상황에서 활동하는 영들

이냐시오는 영의 식별 규칙의 둘째 세트를 시작하면서 영들이 두 번째 영적 상황에 접어든 열심한 신앙인들 속에서 어떻게 영향을 미치는지 기술한다. 이냐시오는 영신수련 제2주간의 영적 상황에 있는 이 사람들에게 영들이 다음과 같은 방식으로 활동한다고 말한다.

[329] 규칙 1. 하느님과 그분의 천사들은 진정한 즐거움과 영적 기쁨을 주며 원수가 야기하는 모든 슬픔과 혼란을 없애는 활동을 하

30 14세기 영국 은수자, 신비가, 저술가(**편집자 주**).

는 특징이 있다. 원수는 그럴싸한 이유들과 교묘하고 끈덕진[31] 거짓들로써 이런 즐거움과 영적 위로를 거슬러 싸우는 특징이 있다.

이 규칙 1에서는 영적 행동을 위한 지침을 주기보다는 첫째 세트의 규칙들 앞부분(첫 번째 세트의 규칙 1과 2)에서처럼, 대조되는 영들이 둘째 세트의 규칙들에서 상정하는 새로운 영적 상황에서 어떻게 작용하는지 명확하게 밝힌다. "하느님과 그분의 천사들은 … **특징이 있다**", "원수는 … **특징이 있다**." 이 규칙은 두 부분으로 구성되었다. 앞부분에서는 관대하고 열심한 사람들에게 **하느님**과 **그분의 천사들**이 어떤 특징적인 방법으로 일하시는지에 대해서, 뒷부분에서는 이런 이들을 속이는 **원수**의 전술에 대해서 묘사한다.

"진정한 즐거움과 영적 기쁨"

이냐시오에 따르면, 이렇게 지극히 열심한 신앙인들에게 "하느님과 그분의 천사들"이 하는 특징적인 활동은 "진정한 즐거움과 영적 기쁨을 주는" 것, 혹은 규칙 뒷부분의 비슷한 표현을 빌리자면, "즐거움과 영적 위로"를 주는 것이다.[32] 이 기쁜 영적 위로는 "원수가 야기하는 모든 슬픔과 혼란"을 없애 버린다. 하느님과 그분의 천사들은 어떤 것을

---

31 assiduas falacias를 갤러허는 persistent fallacies로 번역했다. persistent에는 '지속적이다'라는 의미와 '집요하다'는 의미가 모두 포함되어 있어 이 두 가지 의미를 다 담을 수 있는 '끈덕진'으로 옮겼다(**감수자 주**).

32 둘째 세트의 규칙 1에 대한 내 해설은 *Discernimiento,* 282-286에서 힐이 논의한 내용을 기반으로 한다.

주는데, 이는 또 다른 것을 **없애 버린다**. 하느님과 그분의 천사들은 **영적 위로**라는 선물을 내리는데 그 선물의 기쁨이 원수가 이 사람들의 마음속에 슬며시 불어넣은 그 **모든 슬픔과 혼란**을 없애 주는 것이다.

첫 번째 영적 상황(대학 시절의 퍼트리샤)의 사람들 안에서든 두 번째 영적 상황의 지극히 열심한 신앙인들(10년 후의 퍼트리샤) 안에서든, 하느님의 일하심은 두 경우 모두 본질적으로 같다. 영적 여정을 시작하는 단계(첫 번째 영적 상황)든 아니면 이들이 하느님을 섬기는 데에 더욱 깊이 뿌리를 내린 나중 단계든(두 번째 영적 상황), 하느님과 그분의 천사들은 **영적 위로**를 주어 마음을 기쁨으로 채우고 정신에 복된 명확성을 전하며, 원수가 야기한 영적 실망의 지배를 깨뜨려 버린다.[33] 이냐시오는 이런 영적 위로가 "혼란을 몰아내어 주님의 온전한 사랑으로" 이끌며 "우리가 따라가야 할 길을 알려 주고 열어" 준다고 말한다.[34]

우리는 이 규칙에서 이냐시오가 영의 식별 규칙의 첫째 세트에서처럼 단순히 "선한 영"에 대해서 이야기하는 것이 아니고 "하느님과 그분의 천사들"에 대해 이야기하고 있음을 알 수 있다. 당장 자세한 설명은 하지 않지만 그는 영적 위로의 원천을 두 가지로 구분한다. 모든 영적 위로는 궁극적으로 모든 은총의 근원이신 하느님에게서 온 것이지만, 이냐시오는 특정한 영적 위로의 체험이 어떻게 주어졌는지에 따라, 즉 하느님에게서 직접 온 것인지 아니면 하느님에게서 왔지만 그분의 천

33 "하느님과 그분의 천사들은 계속해서 위로를 준다. 왜냐하면 악한 영에게는 이것이 일시적인 전술이겠지만 하느님께는 그렇지 않기 때문이다. 하느님은 구원자이시며 위로자이시다." Gil, *Discernimiento*, 284.

34 이냐시오가 테레사 레하델Teresa Rejadell에게 보낸 편지, 1536년 6월 18일.

사들의 중재를 거친 것인지에 따라 그 체험들을 구분한다. 이것은 나중에 이냐시오가 둘째 세트의 규칙 2와 3에서 다시 살펴볼 실질적인 이유 때문이다.[35]

"그럴싸한 이유들과 교묘하고 끈덕진 거짓들"

반면, 원수는 "이런 즐거움과 영적 위로를 거슬러 싸우는 특징이 있다." 영의 식별 규칙의 첫째 세트에서처럼 둘째 세트에서도 원수는 하느님께서 영적 위로를 통해서 주신 선물을 무효화하기 위해 전력을 다한다. "이런 즐거움과 영적 위로를 거슬러 **싸운다militate**"는 구절에서 이냐시오가 선택하는 동사는 사람들을 속이려는 원수의 활동의 위력을 나타낸다.[36]

따라서 원수의 **궁극적인 목적**은 첫 번째 영적 상황이든 두 번째 영적 상황이든 여전히 변함이 없다. 하느님께서 주신 영적 위로라는 선물을 가로막고 주님을 사랑하는 이들에게 영적 위로가 약속하는 성장을 방해하는 것이다. 하지만 두 번째 영적 상황에서 원수의 **전술**은 이러한 사람들의 더 깊어진 영적 성장에 맞게 달라진다(대학 시절의 퍼트리샤와 10년 후의 퍼트리샤 사이의 변화). 이제 원수는 첫 번째 영적 상황

---

35 이냐시오의 경우와 천사가 영적 움직임을 일으키는 부분에 관해서는 갤러허, 『영의 식별』, 91, 96쪽 참조. 천사의 역할을 전통적인 가르침과 약간 달리 이해하는 내용에 관해서는 Joseph de Guibert, S.J., *The Theology of the Spiritual Life* (New York: Sheed and Ward, 1953), 130-145 참조.

36 "싸우다militate"라는 단어는 두 개의 깃발에 대한 묵상(영신수련 136-147번)과 영의 식별 첫째 세트의 규칙 14에서 이냐시오가 묘사한 원수의 활동을 상기시킨다.

에서처럼 더 이상 영적 실망을 통해 활동하지 않는다. 이냐시오에 따르면 원수는 그 대신 "**그럴싸한 이유들과 교묘하고 끈덕진 거짓들**로써" 하느님과 그분의 천사들이 지극히 열심한 이 신앙인들에게 주시는 즐거움과 영적 위로를 거슬러 싸운다.[37]

---

37 둘째 세트의 규칙 1에 관한 어려운 질문을 여기서 언급해야겠다. 첫째 세트의 규칙 2에서 이냐시오는 하느님을 향해 나아가는 이들 안에서 대조되는 영들이 어떻게 활동하는지에 대해서도 이야기한다. 원수는 슬픔과 혼란을 주고(영적 실망) 선한 영은 용기와 힘을 준다는 것이다(영적 위로). 이냐시오는 둘째 세트의 규칙 1에서도 원수가 야기하는 슬픔과 혼란(영적 실망)에 대해, 그리고 하느님과 그분의 천사들이 주는 진정한 즐거움과 영적 기쁨(영적 위로)에 대해 이야기하는데, 그렇다면 이 두 가지 규칙은 어떻게 다를까? 이냐시오는 첫째 세트의 규칙 2에서 이미 말한 것을 둘째 세트의 규칙 1에서 단순히 되풀이하는 것인가? 이 문제는 이냐시오가 식별에 관한 나머지 규칙들을 작성한 후 나중에 첫째 세트의 규칙 1과 2를 추가했다는 사실(갤러허, 『영의 식별』, 89-90쪽, 각주 42번 참조)에서 더욱 복잡해진다. 그렇다면 둘 중 한 규칙이 다른 규칙을 반복한 것이라면 사실상 첫째 세트의 규칙 2가 그보다 먼저 쓰인 둘째 세트의 규칙 1을 반복한 것이 된다. 누가 보아도 복잡한 이 문제에 주석자들도 답이 갈린다. 어떤 이들은 둘째 세트의 규칙 1을 본질적으로 첫째 세트의 규칙 2가 반복된 것으로 보되, 둘째 세트의 더욱 섬세한 식별을 소개하는 추가적인 뉘앙스를 담고 있다고 본다(둘째 세트의 규칙 1에서 이냐시오는 "진정한" 즐거움에 대해 말하는데 이는 "거짓" 즐거움도 있을 수 있음을 암시한다. 그는 첫째 세트에서처럼 "선한 영"에 대해서 말하는 것이 아니라 "하느님과 그분의 천사들"에 대해서 말한다. 첫째 세트의 규칙 2의 "거짓 이유"는 둘째 세트의 규칙 1에서 조금 더 섬세해져 "그럴싸한 이유"가 된다. 이 밖에도 섬세해진 부분들이 있다). 어떤 이들은 영의 식별 규칙의 둘째 세트의 맥락과 이 규칙들이 설명하는 "더 진전된 식별"이라는 관점에서 둘째 세트의 규칙 1을 바라본다. 이 해석에서는 둘째 세트의 규칙 1이 첫째 세트의 규칙 2의 반복이 아니다. 그것은 오히려 둘째 세트에서 가정된 (원수가 선을 가장하여 영신수련 제2주간의 영적 상황에 있는 사람들을 속이려 드는) 특정한 영적 상황과 관련되어 있다. 둘째 세트의 규칙 1은 반대되는 영들이 이 새로운 상황에서 어떠한 특징을 가지고 활동하는지 명확하게 함으로써 둘째 세트를 소개한다. 내가 둘째 세트의 규칙 1을 해석하는 방법은 이 후자의 방법이며 나는 그 맥락을 늘 염두에 두고 있다. 이 질문에 대한 약간 다른 논의에 대해서는 Miguel Angel Fiorito, S.J., *Buscar y hallar la voluntad de Dios: Comentario práctico de los Ejercicios Espirituales de San Ignacio de Loyola* (Buenos Aires: Ediciones Diego de Torres, 1989), 2:122-123를

이냐시오가 여기에서 사용하는 단어들은 원수가 이 지극히 열심한 신앙인들을 속이고자 일으키는 생각들의 본질을 세밀하게 묘사한다. 원수는 선하고 거룩한 것을 선택할 "이유들"을 제안하는데 그릇된 어떤 것을 진리로 가장하여 거기에 감춘다. 그것은 단지 **그럴싸한** 이유들일 뿐이다.[38] 이 제안에는 복잡하고 정교한 특성이 있다. 그것은 **교묘**하여 열심한 이들이 자신도 모르게 걸려들 수 있다.[39] 마지막으로,

---

참조. 피오리토는 해당 쟁점을 언급하고 질문을 열어 놓는다. Gil, *Discernimiento,* 282-286도 참조. 힐은 둘째 세트의 규칙 1에 대해, 아직 두 번째 영적 상황은 아니지만 그 경계에 있는 식별의 과도기적인 상태로 해석한다. 여기에서 원수는 영적 위로를 거슬러 싸울 때 더는 영적 실망을 통해서 하지 않고 "그럴싸한 이유들과 교묘하고 끈덕진 거짓들"을 통해서 한다. Toner, *Commentary,* 213, 225에서 토너는 둘째 세트의 규칙 1을 확실히 두 번째 영적 상황이라고 보고 이 "그럴싸한 이유들과 교묘하고 끈덕진 거짓들"을 원수의 기만적인 영적 위로에 의해 주어진 "생각들"로 해석한다. 이 "생각들"에 대해서는 이냐시오가 둘째 세트의 규칙 4-6에서 설명한다. 그리고 Green, *Weeds among the Wheat,* 127에서 그린은 둘째 세트의 규칙 1을 두고 "위로와 실망에 대한 일반적 규범"의 반복으로 해석하면서 "중요한 단어 하나"가 덧붙여졌다고 설명한다. 하느님께서 주시는 기쁨에 "진정한"이라는 수식어가 추가되었다는 것이다. 이는 이어지는 규칙들에서 이야기하는 "거짓" 즐거움을 주는 원수와 대조가 된다. 이렇게 다양한 해석은 이냐시오의 둘째 세트의 규칙 1의 해석이 그만큼 어렵다는 증거이다.

38 이와는 대조적으로 이냐시오가 첫째 세트의 규칙 2에서 언급한 비교적 정교함이 떨어지는 "거짓" 이유들에 대해서는 갤러허, 『영의 식별』, 109-112쪽 참조. 이냐시오는 다른 문헌에서 "하나의 진리 혹은 여러 진리를 암시하거나 제안해 놓고 결국 한 가지 거짓말을 갖고 나서서 우리를 그 안에 얽어매는 것"이 원수의 방식이라고 단언한다. 이냐시오가 프란치스코 보르하에게 보낸 편지, 1549년 7월 27일.

39 이런 교묘함의 예시에 관해서는 Bernard of Clairvaux, *Sermons on the Song of Songs,* 64, 3 참조. 여기서 베르나르도는 영적으로 진보하는 한 수도승에 관하여 이야기한다. 그는 은총이 특별히 넘침을 느껴서 대중에게 설교하기 위해 수도원을 떠나고자 한다. 그는 자기가 구상 중인 변화를 설명하려고 성경에서 다양한 말씀을 찾아 "이유들"로 활용한다. 베르나르도는 이 수도승이 성경을 이용하는 것이 어째서 참된 것이라기보다 "교묘한" 것인지 보여 주며, 이 경우에 "선의 겉모습을 가장한 악(*malum sub specie boni*)"을 정당화하기 위해 성경이 이용되고 있다고 말한다.

이 생각들은 겉으로 보기에는 참되나 실제로는 **거짓들**이며, 식별하지 않는다면 열심한 신앙인들의 의식 속에서 집요하게 되살아날 것이다. 그것들은 **끈덕진** 거짓들이다.[40] 몇몇 사례들을 살펴보면 두 번째 영적 상황에 있는 사람들의 영성 생활 속에서 이런 기만적인 추론이 어떻게 나오게 되는지 분명해질 것이다.

참된 이유들인가 그럴싸한 이유들인가?

찰스는 재무 분야에 전문적인 이력을 가진 기혼자다. 그의 삶의 중심에는 신앙이 자리해 왔다. 하느님의 사랑은 그에게 매우 실체화되었고 그 사랑에 응답하고자 하는 커다란 열망이 마음속에서 깨어나 있었다.

몇 년 동안 충실히 기도 생활을 하고 본당에서 적극적으로 봉사 활동을 하던 중, 하느님께서 그를 부제직으로 부르신다고 느껴지는 순간이 왔다. 찰스의 아내와 자녀들은 이 소명을 지지했고 찰스가 부르심을 따르는 과정에서 교회에 새로이 관여함으로써 자신들도 영적으로 성장하게 되었음을 알게 되었다. 찰스는 2년 전 신학 공부를 마치고

40 원수는 "하느님을 찬양하고 섬기는 데에 있어 겉보기에는 현실적이지만 실제로는 비현실적인 장점이거나 혹은 현실적인 단점을 제안한다. … 원수가 획책한 진리는 균형 잡힌 진리에서 서서히 분리되고 그리하여 원수는 자신에게 사로잡힌 포로를 일종의 파괴적인 집착으로까지 이르게 만든다. 영적 위로가 되는 생각들로부터 시작하여 개념적, 공상적, 감정적으로 연계되는 난해한 과정을 통하여 원수는 그가 그릇된 판단을 내리도록 이끈다. 혹은 원수는 더욱 합리적이고 겉보기에 논리적인 일련의 추론 과정을 선동하는데, 어떤 단어나 개념을 모호하게 사용하거나, 사실이나 원칙을 잘못 가정함으로써 이 추론 과정에 오류를 일으킨다." Toner, *Commentary*, 225.

부제품을 받았다.

서품 후 찰스는 근처 성당의 부제로 부임했다. 본당 주임 신부는 그를 따뜻하게 환영해 주었고 본당 전례 위원회의 책임자 직무를 맡아 달라고 부탁했다. 찰스의 전문 경력을 아는 주임 신부는 그에게 본당 재정관리 위원회도 맡아 달라고 요청했다. 찰스는 기꺼이 동의했고 두 분과 모두 해야 할 일이 많다는 것을 곧 깨달았다. 그의 전문 지식은 거액의 본당 채무를 줄이기 위한 새롭고 효과적인 노력에 크게 도움이 되었다. 또한 찰스는 본당에서 창의적인 모금 운동을 이끌어 오랫동안 필요했던 성당 건물의 보수를 가능하게 하였다. 미사에 대한 그의 사랑과 전례 위원회에서의 유능한 지도도 결실을 맺어 본당의 주일 미사 전례는 점점 더 준비가 잘 갖추어졌다. 미사에 참례하는 신자의 수가 점차 늘었고 본당에는 새로운 활기가 돌았다.

여러 달이 지나 찰스는 얼마 안 되는 수의 젊은이들만 본당 생활에 참여한다는 사실을 예리하게 알아차렸다. 그는 주임 신부와 이에 대해 의논하였고 주임 신부는 청년들을 대상으로 한 새로운 계획을 찾아보라고 권했다. 찰스는 본당에서 청년회를 시작했고 그것이 착실하게 발전하는 것을 보며 기뻐했다. 그 모임은 청년들 사이에서 진정으로 요구되었던 것을 명확히 충족시켰고, 찰스의 활동적인 리더십은 점점 더 많은 사람들을 모임으로 끌어들였다. 회원들 중 일부는 매주 성경 공부를 요청하기도 했다. 청년회 지도부의 도움을 받으며 찰스는 주말 피정 프로그램을 만들기도 했다. 그 피정은 참가자들에게 영적으로 유익했다. 청년회는 지역 봉사 활동에 참여할 가능성을 탐색하기 시작했다.

찰스가 청년 사목에 점점 더 신경을 쏟자 그만큼 전례 위원회나 재정관리 위원회에는 시간을 내기가 어려워졌다. 전례 위원회와 재정관리 위원회의 위원들은 그의 리더십이 없어서 아쉬워했고 두 분과 모두 일의 진척이 느려지기 시작했다.

지금 찰스는 자신이 관여하는 본당 내 사도직 활동에 대해 성찰하고 있다. 그는 본당 재정과 전례에서 자신이 맡았던 기존의 역할을 유지하면서 그와 동시에 확장 중인 청년 사목까지 지도할 수 없다는 것을 알고 있다. 찰스는 처음에 본당 신부가 어떻게 자신에게 본당 전례와 재정을 도와달라고 부탁했는지 기억하고 있으며 두 분과에서 자신이 본당에 더할 나위 없이 귀중한 공헌을 했음을 알고 있다. 그래도 그는 본당의 미래가 젊은이들에게 있다고 생각한다. 그가 젊은이들을 더욱 많이 끌어들일 수 있다면 본당은 전례에 신선한 활기를 얻을 것이고 본당을 재정적으로 뒷받침할 새 세대도 확보할 것이다. 찰스는 자신의 에너지를 분산하지 않고 젊은이들에게 전념할 수 있도록 본당 전례 위원회와 재정관리 위원회에서 맡은 직책에서 내려오게 해 달라고 청해야겠다고 결론 내린다. 사목 활동의 이 새로운 주안점을 숙고할 때 찰스는 주님 안에서 기쁨과 함께 마음이 점점 뜨거워짐을 느꼈다. 하느님께서 그가 이 일에 발을 내딛기를 진정으로 바라신다고 확인해 주는 영적 위로 같았다.

이 지점에서 우리는 질문을 던지게 된다. 찰스가 주님 안에서 느낀 기쁨이 하느님과 그분의 천사들이 주신 "진정한 즐거움과 영적 기쁨"일까? 따라서 그것은 사목 활동을 변경하도록 하느님께서 그를 부르신다는 표지일까? 혹시 이 변화에 대한 찰스의 생각들이 하느님께서 바라시는 것의 진정한 표시가 아니라 "그럴싸한 이유들"은 아닐까? 이 구체적인 상황에서, 본당의 전례적 재정적 요구에 대해 찰스가 할 수 있는 가장 효과적인 공헌이 진정 청년들에게만 전적으로 집중해서 일하는 것일까? 혹시 여기에 하느님에게서 기인하지 않은 교묘함이 있지는 않나?

찰스는 분명히 주님을 깊이 사랑하는 사람이다. 그는 여러 해에 걸쳐 영적으로 성장해 왔으며, 늘 기도하고, 교회 안에서 섬기는 데 열렬히 헌신하며, 진심을 다해 하느님의 뜻을 찾는다. 그러므로 찰스는 두 번째 영적 상황에 있는 사람일 가능성이 있다. 똑같이 분명한 것은 본당 청년 사목에 더욱 전적으로 관여하겠다는 구상이 선하고 거룩한 일이라는 사실이다. 그렇다면 찰스는 식별할 때 둘째 세트의 규칙들의 지혜를 숙고하는 것이 좋을 것이다. 이 규칙들은 그에게 다음과 같이 충고할 것이다. 사목 활동의 변경을 염두에 두며 숙고할 때 느끼는 영적 기쁨은 하느님께서 실제로 그 변화를 바라신다고 확인하는 데에 충분하지 않다는 것이다. 더 나아가 그 규칙들은 그가 변화를 구상한 동기가 된 이유들을 면밀히 숙고해 보라고 조언할 것이다. 이 이유들은 본당에서 필요로 하는 것이라는 객관적 진실에 근거를 확실히 두고 있나? 이 이유들은 찰스가 본당에 봉사할 가장 효과적인 방식을 보여 주는 타당한 표시인가? 아니면 그것들은 오히려 "그럴싸한 이유들"로서, 부분적으로만 옳을 뿐이고 그렇기 때문에 이 특정 상황에서 찰스를 엉뚱한 데로 이끌지 않는가? 이 이유들이 참되기보다 교묘하지는 않은가? 찰스가 이냐시오의 둘째 세트의 규칙 1에 유의한다면, 자신과 본당에 상당한 결과를 초래할 수 있는 변화를 구상하기 전에, 이런 질문들을 고려할 필요성을 의식하게 될 것이다. 또한 앞서 말한 바대로 찰스가 그것을 실행하기 위한 적극적인 방편을 취하기 전에, 이 사안을 역량 있는 영적 지도자와 상의하는 것이 바람직할 것이다.

진짜 하느님의 부르심인가?

선하고 거룩한 것을 선택함에 있어 원수가 쓰는 **거짓들**의 **끈덕진** 속성은 거룩한 본당 사제로서 풍요로운 결실을 맺었던 요한 비안네(1786-1859)의 삶의 일면에서도 잘 나타난다. 깊이 기도하는 사람이자 신자들을 극진히 사랑했던 요한 비안네가 이냐시오가 말하는 영신수련 제2주간의 영적 상황에 있는 사람의 전형에 속한다는 사실에는 의문의 여지가 없다. 그가 41년간 사목했던 성당은 영적 쇄신의 중심지로 변하여 그야말로 수천 명의 사람들이 끝도 없는 순례 행렬을 이루며 모여드는 곳이 되었다. 그들은 이 거룩한 사제가 집전하는 성찬례에 참례하고 그의 가르침을 듣고 그에게 직접 고해성사를 보기를 간절히 바랐다.

하지만 그런 세월 내내 이 하느님의 사람은 자신의 본당을 떠나 트라피스트 수도회나 카르투시오 수도회에 들어가 온전히 기도와 보속에 전념할 수 있기를 끊임없이 갈망했다.[41] 그는 이런 의향 때문에 본

---

41 이 일화와 뒤이은 상세한 이야기는 다음 문헌에서 가져왔다. Francis Trochu, *The Curé D'Ars, St. Jean-Marie-Baptiste Vianney (1786-1859) according to the Acts of the process of Canonization and numerous hitherto unpublished documents* (London: Burns Oates & Washbourne, 1951), 339-361.

당을 떠난 적이 세 번(그중 한 번은 일주일 이상) 있었지만 매번 돌아왔다. 주교의 요청으로, 또는 그저 자신이 그토록 깊이 사랑했던 이들의 울부짖음에 응답하고자 돌아온 것이다. 어떤 사람은 관상 생활에 대한 요한 비안네의 갈망이 세 가지 동기가 합쳐져서 배태된 것이라고 증언한다. 사목자로서의 책임과 자신의 부족함에 따른 고통스러울 정도의 통렬함, 스스로 칭한 "자신의 보잘것없는 인생"을 속죄하고자 하는 열망, 쉴 새 없는 직무상의 요구에서 자유로워져서 마침내 그토록 심원히 사랑하는 하느님과 함께 기도 안에서 침잠할 수 있기를 바라는 깊은 갈망이 그것이다.[42] 이것은 끊임없이 밀려드는 사목의 직무에 직면한 사람으로서는 인간적으로 당연한 바람이었고, 하느님과 깊이 일치하고자 하는 성인으로서는 영적으로 복된 갈망이었다.[43]

또 다른 사람의 증언에 따르면 요한 비안네는 "이 열망에 무언가 무절제한 면이 있음을 인정했"고 원수는 "그것을 이용해 그를 유혹했다. 요한 비안네는 열망을 억누르고 그것에 저항했지만 평생 이 끌림에 대항하여 싸워야 했다."[44] 실제로 요한 비안네는 사제로서의 일생 내내 고독과 기도의 삶을 끊임없이 동경했다.

그는 주교가 본당에 사목 방문을 올 때마다 수도원에 입회할 수 있도록 허락을 구했다. 그런 기회가 있을 때면 희망이 솟구치곤 하였고 열렬히 기도하면서 자신의 청원이 수락되게 해 달라고 하느님께 애원

42 아르스의 시장 프로스페르 데 가레트Prosper des Garets, ibid., 342-343.

43 "그에게 그 희망은 필요한 것이었다." 데 가레트 부인의 증언, ibid., 340.

44 모냉 신부, ibid, 342. "11살 때부터 나는 고독 속에서 살게 해 달라고 하느님께 간구해 왔지만 내 기도는 전혀 응답받지 못했습니다!" 1843년 요한 비안네가 프로스페르 데 가레트에게 한 말, ibid., 339.

하곤 했다.[45] 주교의 방문을 바로 앞둔 어느 날 제의실에서 요한 비안네를 만난 또 다른 사람의 목격담에 따르면, 주임 신부가 "빛이 날 정도로 행복해" 하며 자신이 곧 다시 한번 말씀드릴 청원에 대해 이야기했다고 한다.[46] 생애 마지막 몇 주까지도 요한 비안네는 계속해서 고독과 기도의 삶에 전념할 자유를 청했다.[47] 이 41년 동안 대대로 교구 주교들은 하느님께서 그를 통해 수천 명의 사람들 안에서 일하시는 특별한 선을 감지했고, 고독의 삶에 대한 요한 비안네의 갈망에서는 하느님의 뜻을 결코 인지하지 못했다.[48]

주님께 마음을 다해 지극히 헌신하는 제자, 선하고 거룩한 것을 선택하려는 선하고 거룩한 이유들, 그 선택을 생각할 때의 영적 기쁨(그는 "빛이 날 정도로 행복해" 했다), 그런 기쁨을 불러일으키는 선택에 관한 식별의 질문들. 이는 이냐시오가 둘째 세트의 규칙들에서 조망하

45 "주교의 방문을 며칠 앞두고는 보속 행위도 늘어났다. 그는 청원을 올리기 전에 기도하고 울고 한숨짓고 단식했다. 주교가 보이자마자 그는 그렇게 번번이 부서지곤 했던 희망이 새롭게 되살아남을 느꼈다." Ibid., 341.

46 피에르 오리올, ibid., 341-342.

47 요한 비안네의 장례 미사 강론에서 드 랑갈르리 주교는 요한 비안네가 그의 삶이 2주도 안 남았을 때 마지막으로 이것을 어떻게 청했는지 이야기하였다. Ibid., 342.

48 이에 관해서는 우리가 살펴보았듯, 이 갈망이 하느님의 뜻이 진정으로 반영된 것이 아니라는 요한 비안네 자신의 깊은 인식에 그들도 동의한다. 아르스의 시장과 형제지간인 장펠릭스 데 가레트는 얼마나 많은 사람들이 요한 비안네에게 다가와 그의 성무로부터 도움을 받으려고 하는지 이렇게 기록한다. "순례자 무리는 1830년부터 서서히 증가하였고 1845년에는 절정에 달했다. 그 당시 매일 도착하는 사람들의 수가 삼사백 명이나 되었다." Ibid., 280. 한 지역 주민이 대중교통수단으로 아르스에 오는 사람들의 수를 바탕으로 계산했더니, 요한 비안네 생애 중 마지막 한 해(1858-1859)에만 10만에서 12만 명 사이의 사람들이 성당에 와서 요한 비안네의 사목적 도움을 찾았다고 한다. Ibid., 281.

는 바로 그 영적 상황으로 보인다. 요한 비안네에게 고독에 대한 열망을 불어넣는 생각들이 **끈덕지다**는 점에서 많은 것을 알 수 있다. 요한 비안네 자신도 이 열망에 "무언가 무절제한 면"이 있고 원수가 그것을 이용하여 "그를 유혹"한다는 점을 인정하지만—다시 말해 그런 고독 안에서 진정으로 하느님을 가장 잘 섬길 수 있으리라는 자신의 인식에 **거짓들**이 있다는 것—그럼에도 사제 직무를 수행하는 내내 이런 갈망은 끈덕지게 계속된다. 원수는 거짓 이유들을 통해 열심한 신앙인들을 부추겨 하느님께서 그들에게 진짜로 원하시는 바와는 뚜렷이 다른 어떤 선하고 거룩한 것을 좇게 만든다. 규칙 1에서 이냐시오는 거짓된 이유들의 특성인 끈덕짐을 경계하라고 우리에게 경고한다.

이 이야기에는 더 중요한 교훈도 담겨 있다. 이런 체험은 삶의 거룩함, 삶의 지극히 거룩함조차도 영들의 식별에 대한 필요성을 없애지는 않으며, 오히려 바로 그 선이야말로 이냐시오가 영의 식별 규칙의 둘째 세트에서 말하는 "더 진전된 영들의 식별"을 필요로 함을 시사한다. 열심한 신앙인들이 이 필요성을 겸손하게 인식하고 그런 식별에 늘 개방되어 있다면, 그것이 영적 결실을 맺는 내적 자세이다(야고 4,6). 이 더 진전된 식별을 통해 삶의 그 선이 하느님의 뜻에 단단히 닻을 내린 채 유지될 것이다.

요한 비안네의 체험은 둘째 세트의 규칙들에 의한 식별이 교회의 공동체적 삶에서 왜 그토록 중요한지 명확히 보여 준다. 요한 비안네가 고독한 삶(그 역시 선하고 거룩한)에 대한 끈덕진 갈망을 따랐다면 그의 41년간의 본당 사목으로 축복받은 수많은 사람들은 어떻게 됐을까? 이와는 반대의 경우를 생각해 보자. 관상 생활에 봉헌된 삶을 살면서 전구 기도로 교회를 더 튼튼하게 하고 있는 여성이 있다. 그가 봉쇄 수도원을 나가 자신의 기도 지향의 요구에 실제 활동으로 응함으로써 이룰 선익을 생각할 때 위로를 찾는다면 어떻게 될까? 이 새로운 선하고 거룩한 것에 대한 선택이 교회에 영향을 끼치지는 않을까? 이런 생각들이 진정 하느님에게서 오는 것인지 혹은 "그럴싸한 이유들과 교묘하고 끈덕진 거짓들"은 아닌지 신중하게 식별할 필요는 없을까?

이 장의 앞부분에 나왔던 찰스의 예를 살펴보자. 본당에 쇄신의 불꽃을 일으킨 재정관리와 전례 위원회의 직무를 그가 그만둔다면 (비록 이 선하고 거룩한 일을 젊은이들을 위한 다른 선하고 거룩한 일과 맞바꾸는 것이기는 하지만) 본당에서 한창 고양되던 영적 에너지는 어떻게 될까? 본당의 영적 선익을 위해서는 찰스가 결정을 내리기 전에 이 "더 진전된 식별"의 문제가 제기되어야 한다. 퍼트리샤가 난민들을 위한 봉사를 시작한다면 퍼트리샤와 가족들, 그리고 지역 교회의 다른 이들은 어떤 영향을 받게 될까? 그의 결정이 다른 사람들에게 끼칠 영향도 둘째 세트의 규칙들에 따른 식별의 중요성을 다시 한번 분명히 보여 준다. 이들 일화는 교회의 공동체적 삶에서 일어나는 수많은 비슷한 상황 중 몇몇 예일 뿐이다.

둘째 세트의 규칙들 중 규칙 1에서는 지극히 열심한 신앙인들이 두 번째 영적 상황에 놓였을 때 영들이 어떻게 활동하는지 묘사하고 있다. 하느님과 그분의 천사들은 "진정한 즐거움과 영적 기쁨을"을 주지만, 원수는 이와 반대로 "그럴싸한 이유들과 교묘하고 끈덕진 거짓들"을 써서 관대한 이 사람들이 선한 일이기는 하지만 하느님께서 진정으로 바라시는 것과는 다른 일을 선택하게 하여 결과적으로 교회의 삶을 약화한다. 선하고 거룩한 것을 선택하도록 자신의 마음을 기울게 하는 영적 에너지가 하느님에게서 오는지 원수에게서 오는지 이들은 어떻게 알 것인가? 앞으로 이어지는 7개의 규칙에서 이냐시오가 이에 대한 답을 줄 것이다. 그는 하느님에게서 온 것이 틀림없다는 표지가 담긴 영적 위로에 대한 체험으로 규칙 2를 시작한다.

2장

영적 위로가 확실히 하느님에게서 온 경우(규칙 2)

벌판을 가로지르며 사막을 배회할 때
바위 뒤에서 갑자기 발견한
작은 산쑥에서는 불이 타오르며
빛을 내고 춤을 추었다. 놀라움에 차 우선
침묵으로 예배한 뒤 나는 소리 높여 찬양했다.
—제시카 파워스Jessica Powers[49]

인간의 모든 노력을 초월하는 선물

1941년 당시 41살이었던 줄리앵 그린이 자신의 일기에 15살 때 겪은 영적 체험을 이야기한다.

어느 겨울날 저녁의 기억이 어떤 사건보다도 더 또렷이 내 마음속에 새겨져 있다. 그 일은 내가 『잔해』에서 묘사한 적 있는 민박집에서

49 20세기 미국의 시인이자 가르멜회 수녀(**편집자 주**).

일어났다. 아버지와 나는 같은 방을 쓰고 있었다. 나는 침대에 누워 있었고 아버지는 기도하고 계셨다. 갑자기 나는 말로 표현할 수 없는 행복, 나를 나 자신에게서 떼어 놓아 자유롭게 하는 영적 행복에 휩싸였다. 몇 분 동안 내 영혼은 하느님 안에 완전히 잠겨 있었다. 내게 무슨 일이 벌어지고 있는지 말로는 할 수 없었을 것이다. 하지만 내 생각은 평소처럼 여기저기 떠돌기는커녕 전에는 전혀 경험해 보지 못한 일종의 황홀경 안에서 가만히 멈추어 섰다. 이 묘사할 수 없는 것을 묘사해 보려고 사용하는 바로 그 단어들은 내 기억을 혼란하게 만들 뿐이다. 아니, 꼭 그렇지만은 않다. 내 기억 속에 살아 있는 것은 지극히 안전하다는 느낌—그 느낌이 아직도 조금 남아 있다—, 영혼이 주님의 전능한 날개 밑에서 편히 쉴 때 만끽하는, 표현할 수 없는 평화다.[50]

50 *Diary* 1928-1957, ed. Kurt Wolft, trans. Anna Green (New York: Harcourt, Brace & World, 1964), 112. 1941년 5월 30일 자 일기. 그의 소설 『잔해』는 1932년 출판되었다. 쥘리앵 그린(1900-1998)은 여러 소설과 일기 그리고 아시시의 성 프란치스코 전기 『하느님의 어릿광대God's fool』의 작가로 널리 알려졌다. 1900년에 프랑스 파리에서 미국인 부모 사이에서 태어났으며, 16살에 가톨릭 신자가 되었다. 영적 체험을 한 뒤 시간이 흐른 후에 그것을 기록할 때의 문제점들에 대해서는 Brian O'Leary, S.J.가 "The Discernment of Spirits in the Memoriale of Blessed Pierre Favre," *The Way Supplement,* 35 (1979): 51-52에서 이렇게 말한다. "체험 당시와 체험을 기록하는 시점에 시간적 차이가 있다는 것은 불완전한 기억 때문에 불가피하게도 본래의 체험을 구성하는 요소들이 잊히거나 왜곡될 수 있음을 뜻한다. 다른 종류의 사건들과 기도에 대한 성찰까지 본래의 기도 체험의 기억에 더해져서 무의식적으로 융화되어버렸을 수 있다." 쥘리앵 역시 자신의 체험을 글로 표현하려 할 때 자신이 "이 묘사할 수 없는 것을 묘사"하려 한다는 것을 의식한다. 우리는 이런 점을 고려하면서 이 일화와 이 책에 실린 영적 체험에 관한 다른 이야기들을 살펴볼 것이다.

놀라운 이 은총 체험을 묵상하며 우리는 거룩한 땅에 서 있다. 분명히 이것은 풍요로운 영적 위로의 체험이다. 쥘리앵은 "말로 표현할 수 없는 … 영적 행복"을 느끼고 "하느님 안에 완전히 잠겨" 있으며 "영혼이 주님의 전능한 날개 밑에서 편히 쉴 때 만끽하는, 표현할 수 없는 평화"로 축복받는다.

쥘리앵의 영적 위로는 그에게 그냥 쏟아진 것이지 쥘리앵 쪽에서 기도로 준비한 것이 전혀 아니다. 침대에 누워 있었는데 "갑자기 나는 말로 표현할 수 없는 행복…에 휩싸였다." 그 위로는 강렬하다. 쥘리앵이 전에는 전혀 알지 못했을 정도의 강렬함이다. "전에는 전혀 경험해 보지 못한 황홀경." 그는 자신이 "묘사할 수 없는 것을 묘사"하려 애쓰고 있음을 감지한다.

쥘리앵의 영적 위로에는 분간할 수 있는 시간상의 시작과 끝이 있다. 그것은 "몇 분 동안" 지속된다. 하지만 이 심오한 위로의 은총은 쥘리앵의 마음속에서 결코 퇴색하지 않는다. 그는 "영혼이 … 만끽하는 말로 표현할 수 없는 평화"가 그렇듯 그 순간이 "내 기억 속에 살아" 있고, "아직도 조금 남아" 있다고 적고 있다. 쥘리앵의 일화를 읽으면서 우리는 이 위로의 체험으로 그에게 특별한 은총이 주어졌음을 감지한다. 이 은총 가득한 시간 동안 쥘리앵에게 하느님 사랑의 손길이 틀림없이 함께하고 있으며 강력히 작동하고 있는 듯하다.

밥은 그리스도교 교육 형제회에 속한 42세의 수사로서, 수년에 걸쳐 하느님과 점점 가까워진 사람이다.[51] 그는 오랫동안 영적 지도를 받

51 이 체험은 Maureen Conroy, R.S.M., *The Discerning Heart: Discovering a Personal God* (Chicago: Loyola University Press, 1993), 143-155에 실렸다. 콘로이는 이 대화를

아 왔고 오늘 자신의 영적 지도자를 만난다. 밥의 영적 지도자는 밥과 대화하면서 그가 오늘 유난히 기쁨에 차 있다는 것을 알아차린다. 그들의 대화 내용이다.

밥: 요전 날 아침에 저는 비싼 향유로 예수님의 발을 닦은 여인의 이야기로 기도하고 있었습니다. 전 그 여인의 헤픈 사랑에 감명받았습니다.

지도자: 그 여인의 헤픈 사랑이라고요?

밥: 네, 예수님을 위해서라면 어떤 것도 그 여인에게 지나치지 않았습니다. 그는 자신에게 있던 가장 비싼 것을 가져다가 예수님의 발에 헤프게 부었지요…. 그런 다음 제게 전혀 예상치 못했던 일이 벌어졌습니다. 갑자기 하느님의 사랑에 압도된 것입니다. 믿어지지 않을 정도였습니다.

지도자: 놀랍네요! 더 말해 주십시오.

밥: 너무나 예상치 못했고 압도적이고 헤펐습니다. 하느님께서 당신의 사랑을 제게 그냥 헤프게 쏟아부어 주신 것입니다. 말도 안 될 정도였습니다. 저는 저에 대한 하느님의 사랑을 오랫동안 느껴 왔지만 이번에는 정말이지 너무나 헤퍼서….

지도자: 밥, 하느님께 그토록 헤프게 사랑받는 건 어떤 느낌이었습니까?

밥: 아주 깊이 위로받고 강해진 느낌이었습니다…. 깊은 내적 강인

전하면서 밥과 그의 영적 지도자의 이름 대신 이니셜을 쓴다. 이 책에서는 '밥'이라는 이름과 '지도자'라는 직책으로 표기하겠다.

함을 느꼈고 하느님께 완전히 받아들여지고, 지금의 제 자신과 그리스도교 교육 형제회 수사로서의 제 정체성을 하느님께 확인받는 느낌이었습니다. 울기까지 했는데, 아주 오랜만이었습니다.[52] 정말 감동했습니다. 하느님과 저는 완전히 하나였습니다. 우리 사이에는 아무런 틈도 없었습니다.[53]

여기에서도 우리는 심원한 영적 위로의 체험을 목격한다. 밥은 비싼 성유를 예수님의 발에 바르는 여인에 대한 복음 말씀을 관상한다. 그가 기도할 때 이 여인의 행위가 그의 마음에 울린다. "전 그 여인의 헤픈 사랑에 감명받았습니다." 새롭고 강력한 어떤 것이 돌연 그의 기도 속으로 들어온다. "그런 다음 제게 전혀 예상치 못했던 일이 벌어졌습니다. 갑자기 하느님의 사랑에 압도된 것입니다." 밥은 이 영적 위로의 강도를 표현하려 노력한다. 그것은 "압도적이고", "헤프고", "믿어지지 않을 정도"였으며, "말도 안 될 정도"였다. 성찰에 몰입하면서 시작하여 하느님 사랑에 압도되는 체험에 이르는 예상치 못한 전환이 밥의 기도 중에 일어난다. 밥은 이렇게 갑자기 강렬해진 영적 위로를 순전히 하느님 사랑의 선물로 체험한다. "하느님께서 당신의 사랑을 제게 그냥 헤프게 쏟아부어 주신 것입니다." 그는 자신이 기도에서 쏟은 노력과 이 깊이 축복받은 영적 위로의 크기가 비례하지 않음을 알고 있다.

52 "위로란 … 영혼이 … 주님에 대한 사랑으로 이끄는 눈물이 쏟아지는 경우이다." 첫째 세트의 규칙 3.

53 Conroy, *The Discerning Heart*, 144.

강렬한 영적 위로의 체험은 밥에게 풍성한 열매를 맺는다. 그 체험을 통해 "깊은 내적 강인함"이 그에게 주어졌고 그는 "하느님께 완전히 받아들여짐"을 느낀다. 이 체험 속에서 "지금의 제 자신과 그리스도교 교육 형제회 수사로서의 제 정체성을 하느님께 확인받는다." 밥은 이 축복의 시간에서 일어난다. 그의 마음은 기쁨으로 가득 찼고 수사로서의 소명과 사도직에 대한 확신은 더욱 굳건해졌다. 넘치도록 쏟아주시는 영적 위로를 통한 하느님의 활동하심이 얼마나 큰 힘을 발휘하는지 잘 드러난다.

아시시의 프란치스코의 생애 중 일어난 한 사건은 여기서 우리가 이냐시오의 규칙 2의 핵심에 더 가까워지도록 안내할 것이다. 젊은 프란치스코는 무훈을 통해 영광을 추구하는 것을 포기하고 아시시로 돌아와 하느님의 인도가 더 있기를 기다린다. 그는 친구들과 어울리며 전처럼 지내는데 그러던 중 어느 날 그에게 은총의 순간이 찾아온다.

> 프란치스코가 아시시로 돌아오자 친구들은 그를 연회의 왕으로 뽑고, 다른 경우에 그가 종종 그랬던 것처럼 호화로운 연회 준비에 그가 원하는 것을 재량껏 쓸 수 있게 해 주었다. 연회가 끝나고 그들은 집에서 나와 노래를 부르며 거리를 돌아다니기 시작했다. 프란치스코의 친구들이 길을 앞장섰다. 프란치스코는 지휘봉을 들고 약간 떨어져서 그들을 따르고 있었다. 노래하는 대신 그는 매우 주의 깊게 귀를 기울이고 있었다. 갑자기 주님께서 그의 마음을 건드리셨고 비할 데 없는 감미로움으로 가득 채우셨다. 너무나 감미로워서 그는 말을 할 수도 움직일 수도 없었다. 그는 자신을 다른 모든 육체적 감

각들로부터 완전히 떼어 놓는 이 압도적인 감미로움을 느끼고 듣는 것 외에는 달리 아무것도 할 수 없었다. 그가 나중에 말하길 그 자리에서 난도질을 당했더라도 꼼짝하지 못했을 것이라고 했다.

프란치스코의 친구들은 주위를 돌아보다가 멀찌감치 떨어진 그를 보고는 되돌아왔다. 그들은 프란치스코가 아주 딴사람처럼 변한 것을 보고 놀라 그에게 물었다. "무슨 생각을 하고 있었던 거니? 왜 우리를 따라오지 않는 거지? 결혼할 생각이라도 하고 있었던 것이니?"

프란치스코는 또렷한 목소리로 답했다. "너희들 말이 맞아. 내가 본 중 가장 고귀하고 가장 부유하고 가장 아름다운 신부에게 구애할 생각을 하고 있었어." 친구들은 그를 비웃으며 바보 같고 말도 안 되는 소리를 하고 있다고 말했다. 사실 그는 신성한 영감을 받아 말한 것이었다. 신부란 다름 아닌 그가 기꺼이 받아들인 참된 신앙을 형상화한 것이었다. 그것은 가난 속에서 그 어떤 것보다 고귀하고 부유하고 아름다웠다.[54]

---

54 프란치스코 생애의 초기 일화에 관한 출처는 *Legend of the Three Companions,* in *St. Francis of Assisi, Writings and Early Biographies: English Omnibus of the Sources for the Life of St. Francis,* ed. Marion Habig (Quincy, Ill.: Franciscan Press, 1991), 896-897. Habig는 이렇게 말한다. "프란치스코의 주요 전기의 초기 저작들은 이 기록들[프란치스코 자신의 저술]에 뒤이어 나온 것이다. 'Legenda'라는 용어가 사용되었지만 이 기록은 의심할 여지 없이 역사적 성격을 지녔다. 이 단어의 정확한 의미는 라틴어가 뜻하는 것과 같은데, 말하자면 '(대중이) 읽도록 쓰인 이야기'를 뜻하며, 'legend'의 현대적 의미와는 뜻이 같지 않다." Ibid., vi. *Legend of the Three Companions*의 다양한 원고, 원작자, 사료, 저작 시기에 관한 상세한 연구는 Regis Armstrong, O.F.M., J. A. Wayne Hellmann, O.F.M., and William Short, O.F.M., *Francis of Assisi: Early Documents,* vol. 2: *The Founder* (New York: New City Press, 2000), 61-65 참조.

여기에서도 앞서 인용한 체험들과 비슷하면서도 그 자체로 고유한 특징이 있는 체험이 일어난다. 프란치스코는 친구들과 함께 아시시 거리를 걷고 있지만 무리에서는 어느 정도 떨어져 있다. 아무 말 없이 걸으면서 그저 "매우 주의 깊게 귀를 기울이고" 있을 뿐이다. 그때 예상치 않게 그의 마음이 강렬한 영적 위로로 가득 찬다. "갑자기 주님께서 그의 마음을 건드리셨고 비할 데 없는 감미로움으로 가득 채우셨다. 너무나 감미로워서 그는 말을 할 수도 움직일 수도 없었다." 이 심원한 위로는 그에 비례하는 영적 준비가 없었는데도 주어진 것으로 보인다. 프란치스코가 걷고 있을 때 그에게 거저 쏟아진 것이다. 영적 기쁨이 너무나 강력하고 강렬해서 프란치스코의 전 존재는 그것의 아름다움에 둘러싸인다. "그는 말을 할 수도 움직일 수도 없었다."

"그들은 프란치스코가 아주 딴사람처럼 변한 것을 보았다." 인생을 바꾸는 이 위로의 체험을 통해 프란치스코가 소명을 찾는 데 새로운 명확성이 주어진다. 그는 복음적 가난 속에서 자신을 하느님께 봉헌해야 한다고 이해한다. "신부란 다름 아닌 그가 기꺼이 받아들인 참된 신앙을 형상화한 것이었다. 그것은 가난 속에서 그 어떤 것보다 고귀하고 부유하고 아름다웠다." 이 가난이 어떤 형태의 가난일지는 아직 구체적으로 명시되지 않았지만 소명의 핵심은 이제 명확하다. "비할 데 없는 감미로움"(정감적affective 차원)과 "신성한 영감"(개념적conceptual 차원) 모두 이 비범한 은총의 순간에 어우러져 있다. 계속되는 이야기에서 이 놀라운 체험이 프란치스코의 영적 여정에서 풍성한 열매를 맺

음이 드러난다.[55]

영적 위로에 대한 이 세 가지 체험은 그들의 상황이 제각각인 만큼 다양하게 일어나지만 공통적인 요소를 많이 지니고 있다. 쥘리앵, 밥, 프란치스코, 세 사람 모두 심원한 영적 위로를 체험한다. 체험을 하는 동안 세 사람 모두 하느님의 사랑이 모든 것을 포용한다는 느낌 속에 흠뻑 빠진다. 세 상황 모두 체험은 예상치 않게 일어나고, 그들이 그 직전에 한 행위와 뚜렷이 상응하는 바도 없다. 쥘리앵은 침대에 기대어 누워 있을 뿐이고, 밥은 기도하고 있지만 그에게 주어진 "압도적인" 영적 위로가 자기가 하는 기도를 완전히 넘어선disproportionate 것임을 의식하고 있으며, 프란치스코는 단순히 거리를 걸으면서 귀 기울이고 있을 뿐이다. 또한 각각의 경우, 강력한 영적 힘이 그 순간에 작용한 것이 명확히 보인다. 쥘리앵, 밥, 프란치스코는 이 체험을 통해 강인하게 해 주는 기쁨과 복된 명확성을 받았고 이것은 그들의 신앙생활을 북돋운다.

끝으로, 하느님께서 이 세 체험을 지어 내신 분이심을 의심하기란 어려울 것이다. 관련 인물들의 영적 자질, 체험의 성격 자체, 그리고 체험으로 인한 열매들에는 하느님의 인장이 찍혀 있는 것 같다. 분명히 쥘리앵, 밥, 프란치스코는 이 체험의 원천이 하느님이시라는 데에 어떤 의심도 품지 않는다. 그들이 현명하게 이 영적 위로를 환영하고 그것에서 떠오른 영감을 따랐음을 우리는 감지할 수 있다.

55 "그 시간부터" 프란치스코는 물질적 부에 대한 추구를 그만두고 새로운 열망을 가지고 기도하며 더욱 헌신적으로 가난한 이들에게 봉사하기 시작했다. Habig, *St. Francis of Assisi, Writings and Early Biographies*, 897.

이냐시오의 체험에서

이런 성격의 체험들은 이냐시오에게도 일어난다. 그 은총의 심오한 선물들을 그는 감사한 마음으로 받아들인다. 만레사에서 생긴 일도 그런 체험 중 하나일 수 있으며, 루이스 곤사우베스 다 카마라를 통해 이냐시오 자신이 구술한 대로 우리에게 전해진다.

> 하루는 수도원 층계에 앉아 성무일도를 바치고 있노라니 그의 오성이 승화되더니 지극히 거룩하신 성삼위가 세 개의 건반 형상으로 보이는 것이었다.[56] 그러자 그는 눈물을 감추지 못하고 끝내는 흐느끼며 자제를 잃고 말았다. 그날 아침에 거기서 시작된 행렬에 함께 참여했는데, 눈물을 식사 시간까지 거두지 못했다. 식사를 한 뒤에, 그는 크나큰 희열과 위로를 느끼며 여러 다른 비유를 들어 가면서 지극히 거룩하신 성삼위에 관한 이야기를 계속했다. 이 체험이 그에게

56 "성삼위의 이미지 혹은 형상이 악기의 건반(*teclas*)으로 표현되고 있는데, 아마도 화음, 즉 세 개의 음으로 이루어지는 하나의 화성을 뜻하는 것으로 보인다." Joseph O'Callaghan, trans., *The Autobiography of St. Ignatius Loyola with Related Documents* (New York: Harper Torchbooks, 1974), 38, note 2. 빅토리아노 라라냐가Victoriano Larrañaga, S.J.는 이 일화를 포함하여 이와 비슷한 이냐시오의 영적 체험에 존재하는 상상적 요소에 대해 이렇게 말한다. "이것은 엄밀히 말해서 상상적 환시라기보다는 상상의 다양한 요소가 동반된 지적 환시로 보인다. … 그 영혼이 이 환시 속에서 수동적으로 받는 것은 거룩하신 위격들divine Persons과 거룩하신 분divine Being에 대한 지성의 빛과 부어 넣어진 사랑이다. 이 빛과 사랑에 동반하는 상상적 요소들은 순전히 영적인 이 은총들에 대한 반향으로서 인간의 기능이 덜 작용하는 영역에서 저절로 생기는 것으로 보인다." I. Iparraguirre, S.J., and C. de Dalmases, S.J., eds., *San Ignacio de Loyola: Obras completas* (Madrid: Biblioteca de Autores Cristianos, 1982), 374, n.216 에서 인용.

평생 남아서 지극히 거룩하신 성삼위께 기도할 때면 언제나 커다란 신심devotion을 느꼈다.[57]

이냐시오가 성당 층계에서 기도에 열중하고 있을 때, 완전히 그의 마음을 빼앗는 새로운 어떤 것이 그의 기도 속으로 들어온다. 성무일도를 바칠 때 그의 오성(悟性)은 거룩하신 성삼위의 신비로 "승화"되기 시작한다. 성삼위에 대한 인식이 깊어짐과 함께 "크나큰 희열과 위로"를 받고 이것은 너무나 강렬한 나머지 육체적으로도 표출된다. "눈물을 감추지 못하고 끝내는 흐느끼며 자제를 잃고 말았다." 남은 하루 내내 그는 이 영적 위로로 가득 차 있었고 그뿐 아니라 그 위로는 계속해서 "평생 남아서" 그를 축복한다. 실제로 그 시간 이후로 이냐시오가 성삼위께 기도드릴 때마다 "언제나 커다란 신심을 느꼈다."

쥘리앵, 밥, 프란치스코의 경우에서처럼 이냐시오가 받은 영적 위로의 강렬한 체험은 그에 앞선 성찰적·정감적 활동에 적정하게 비례하는 것 같지는 않다. 이 위로는 사랑의 하느님께서 무상으로 거저 주신 것인데, 그분은 본성상 자유로이, 넘치도록, 인간의 노력을 넘어, 베푸시는 분이시다(이사 55,1). 체험의 영적 풍요로움이 오랫동안 지속되는 점 역시 분명하다. 그가 받은 복된 영적 위로의 원천이 하느님이시라는 것은 여기에서도 의심의 여지가 없어 보인다.

영적 일기 1544년 3월 3일 자에서 이냐시오는 일찍 일어나 방에서 기도하는 이야기를 적고 있다. 이 기도에서 그는 이렇게 말한다. "기

57 『자서전』, 28번. 이 수도원은 만레사에 있는 도미니코회 수도원이다.

도 중에 신심devotion의 작은 움직임들과 더불어 울고 싶은 욕구가 올라왔고 내 영혼은 흡족했고 예수님 안에서 충분한 확신을 느꼈다. 그분이 나를 초대하시어 지극히 거룩하신 성삼위 안에서 희망하게 하셨다."[58] 그러고 나서 이냐시오는 경당으로 가 미사를 집전했다. 이야기는 계속된다.

> 이렇게 나는 경당에 들어갔고 지극히 거룩하신 성삼위에 대한 엄청난 신심devotion이 나를 휘어잡았다. 사랑이 더욱 커졌고 격한 눈물이 흘러나왔다. 지난 며칠과는 달리 위격들이 구분되어 보이지 않고 하나의 본질one Essence로서 환하고 명료하게 인식되었다. 이 체험이 나를 온전히 그에 대한 사랑으로 이끌었다.[59]

이전 체험들에서 보이던 패턴이 여기에도 존재하는 듯하다. 강렬한 영적 위로라는 갑작스러운 선물은 그것을 받기 이전에 그가 하던 성찰적·정감적 활동을 넘어서며disproportionate 그를 온전히 하느님에 대한 사랑으로 이끈다.[60]

---

58 *Spiritual Diary*, 98번.

59 Ibid., 99번. 같은 맥락에서 토너는 영적 일기의 이 구절을 *Commentary*, 221에서도 인용한다.

60 여기서 이야기되는 이냐시오의 두 가지 체험이 과연 그가 둘째 세트의 규칙 2에서 "앞선 원인이 없는 위로"라고 부르는 체험일까? 이냐시오가 자서전과 영적 일기에서 말하는 체험 중 정확히 어떤 것을 앞선 원인이 없는 위로로 간주하는 게 타당한지에 대해서는 주석가들 사이에서 견해가 매우 다르다. 이냐시오의 체험 중 많은 부분을 이 범주에 포함시키는 사람도 있고, 그의 체험 중 앞선 원인이 없는 위로의 명확한 예가 되는 것은 거의 없거나 전혀 없다고 보는 사람도 있다. 이에 관해서 장 구베르네르Jean

앞선 원인이 없는 위로

이냐시오는 자기 자신과 자신이 영적 도움을 주던 이들 안에서의 그런 영적 위로의 체험을 성찰한다. 은총에 의해 인도된 이 성찰이 규칙 2의 중심에 놓인다.[61] 이런 체험들은 이냐시오에게 둘째 세트의 규칙들 전체에 깔려 있는 질문에 대한 첫 번째 답을 내놓는다. 그 질문은 다음과 같다. 두 번째 영적 상황에 있는 지극히 열심한 신앙인들(결혼한 퍼트리샤와 찰스 부제를 비롯한 모든 관대한 신앙인들)은 영적 위로의 체험이, 그리고 그 위로에서 비롯한 어떤 특정한 선택으로 끌리는 것이 진정으로 하느님에 의한 것인지 또 그들이 따라야 하는 것인지 어떻게 확신할 수 있을까?

Gouvernaire가 이렇게 적절하게 평했다. "우리는 순례자의 이야기(이냐시오 자서전)가 나중에 가서야 그의 동료들에게 구술되었으며 앞선 원인 없는 위로의 특징들이 각 상황에서 우리가 바라는 만큼 명확하게 설명되지 않았다는 점을 반드시 인정해야 한다. 이는 합당한 원인의 부재에 관하여, 위로의 원천이 순전히 하느님인지에 관하여, 이런 종류의 위로가 시작하고 끝나는 순간이 언제인지에 관하여 판독하는 것이 얼마나 까다로운 문제인지 우리에게 보여 준다." *Quand Dieu entre à l'improviste* (Paris: Desclée de Brouwer, 1980), 45. 이냐시오가 앞선 원인이 없는 위로를 묘사할 때 그가 직접 체험한 바에 근거하여 쓰고 있음(『자서전』, 100번 참조. "당신 영혼에 스쳐 가는 일들")에는 의심의 여지가 거의 없다고 할 수 있지만 구베르네르가 단언하듯 어떤 특정 체험을 이 유형의 위로로 확실히 분류하는 것은 진정으로 신중을 기해야 하는 일이다. 따라서 지금 이야기한 두 가지 체험에 대해서 나는 의도적으로 "–일 수도 있다may be" 와 "–듯하다/보인다appears to be"라는 표현을 썼다.

61 Bakker, *Freiheit und Erfahrung*, 87-118과 Daniel Gil, *La consolación sin causa precedente* (Rome: Centrum Ignatianum Spiritualitatis, 1971), 66, 78, 118 참조. 힐은 둘째 세트의 규칙 2의 역사적 유래를 강조한다. 이 규칙이 원인들 등에 관한 추상적인 추론에서 나온 것이라기보다는 이냐시오가 자신의 그리고 다른 이들의 영적 체험에 주의를 기울인 결과에서 나왔다는 것이다.

규칙 2는 다음과 같다.

[330] 규칙 2. 오직 우리 주 하느님만이 앞선 원인 없이 영혼에 위로를 준다.[62] 왜냐하면 인간의 영혼에 드나들며 그 영혼을 내면에서 움직여 존엄하신 하느님에 대한 사랑으로 온전히 이끄는 것은 본래 창조주께만 고유하게 속한 일이기 때문이다. [앞선] '원인 없이'라고 한 것은 어떤 대상에 대한 감정이나 인식이 미리 주어져 있고 이에 대해 지성과 의지의 활동을 함으로써 위로가 오는 것이 아니라는 의미이다.

이냐시오가 경험에서 배우길, 어떤 종류의 영적 위로는 오직 하느님만이 주실 수 있고("**오직** 우리 주 하느님만이"), 그렇기 때문에 두 번째 영적 상황에 있는 사람들은 주저 없이 그것을 받아들이고 따라도 된다. 이것이 이냐시오가 말하는 하느님께서 "**앞선 원인 없이**" 주시는 영적 위로다.[63]

---

62 영문 번역은 'consolation without preceding cause'로서 대체로 일치한다. 우리말 번역에서 'preceding'을 '앞선' '선행하는' '미리 있을' 등으로 번역할 수 있으며, cause를 '원인' 혹은 '이유'로 옮기기도 했다. 이 책에서는 'consolation without preceding cause'를 '앞선 원인이 없는 위로'로 번역하였는데, '선행하는 원인이 없는 위로', '선행하는 이유가 없는 위로' '미리 있을 원인이 없는 위로' '미리 있을 이유가 없는 위로' 등으로 번역하기도 한다(**감수자 주**).

63 이냐시오가 "앞선 원인이 없는 위로"라는 표현으로 의도한 바가 정확히 무엇인지, 다시 말해 "앞선 원인이 없는 위로"의 특성, 빈도, 확실성, 식별에서의 역할, 앞선 원인이 **있는** 위로와의 차이점 등을 광범위하게 다룬 저술이 있다. 이 주제들을 요약한 Toner, *Commentary,* 291 참조. 이 모든 주제에 대해서 여러 주석가들의 의견이 분분한데 이는 둘째 세트의 규칙 2를 이해하기가 정말로 어렵다는 점을 시사한다. 이 주제를 다룬

이 규칙의 뒷부분에서 이냐시오는 "원인"이라는 말로 자신이 의도한 바를 한층 더 설명한다. "[앞선] '원인 없이'라고 한 것은 어떤 대상에 대한 감정이나 인식이 미리 주어져 있고 이에 대해 지성과 의지의 활동을 함으로써 위로가 오는 것이 아니라는 의미이다." 사람들이 자신의 체험에서 다음 세 가지 요소를 모두 발견할 수 있다면 그런 "원인"이 존재하는 것이라고 이냐시오는 말한다. 첫째, 영적 위로를 받기 **직전에** 내적으로 "**어떤** [영적] **대상에 대한 감정이나 인식**이" 있었다. 다시 말해 그 영적 "대상"에 대해 어떤 것을 느끼거나 이해하였다. 이 영적 "대상"에는 성경의 한 구절, 신앙의 진리, 창조의 어떤 측면, 과거 자신들 삶에서 하느님께서 활동하신 기억, 혹은 이와 비슷한 것들이 있다. 둘째, 그들이 그때 받은 영적 위로는 그 영적 대상에 대한 감정이나 인식**에서 비롯**했다. 다시 말해, 위로가 이 영적 대상에 대해 느끼고 이해한 내용에서 **파생**되었으며, 이 영적 대상을 **통해** 위로가 왔

칼 라너의 논문이 1956년에 출판되어 이 논의에 새로운 자극제가 되었다. "The Logic of Concrete Individual Knowledge in Ignatius Loyola" in *The Dynamic Element in the Church* (New York: Herder and Herder, 1964), 84-170 참조. 이 외에도 앞선 원인이 없는 위로에 대한 주요 저술들을 연대순으로 살펴보면 다음과 같다. Francisco Suarez, S.J., *De Religione Societatis Jesu*, L. IX, c. V, 30-41, in *Opera Omnia* (Paris: Vivès, 1877), vol. 16/2, 1028-1033; Daniel Gil, S.J., *La consolación sin causa precedente* (Rome: Centrum Ignatianum Spiritualitatis, 1971); Harvey Egan, S.J., *The Spiritual Exercises and the Ignatian Mystical Horizon* (St. Louis: Institute of Jesuit Sources, 1976), 31-65; Jean Gouvernaire, S.J., *Quand Dieu entre à l'improviste: L'Enigme ignatienne de la "Consolation sans Cause"* (Paris: Desclée de Brouwer, 1980); Jules Toner, S.J., *Commentary* (1982), 216-222, 291-313; Daniel Gil, S.J., *Discernimiento* (1983), 289-305; José García de Castro Valdés, S.J., *El Dios emergente: Sobre la "consolación sin causa"* (Bilbao: Ediciones Mensajero, Sal Terrae, 2001). 이 쟁점에 대한 내 해석은 이 장의 본문과 주석에서 밝혔다.

다는 사실도 알 수 있었다. 셋째, 영적 위로 직전에 이미 그 영적 대상에 대해 주어져 있던 감정이나 인식과 그에 뒤이은 영적 위로 사이의 연관성인데, 이 둘 사이의 연관성이 그 사람들의 **성찰적·정감적 행위**—그들의 생각, 추론, 열망, 마음의 움직임—를 통해 생겼다. 즉, 그들의 생각과 마음을 능동적으로 이 영적 대상에 향한 결과로 생긴 것이다. "이에 대해 [영혼이] **지성과 의지의 활동**을 함으로써" 위로가 왔던 것이다.[64]

"앞선 원인"을 다소 복잡하게 설명했지만 영적 체험이 일어났던 원래의 상황으로 돌아가 보면 단순해진다. 규칙 2의 올바른 적용은 이냐시오가 "앞선 원인" 없는 영적 위로라는 표현으로 의도하는 바를 얼마나 명확히 이해했는지에 상당 부분 좌우된다. 따라서 우리는 그런 앞선 원인의 몇몇 사례들을 통해서 그 의미를 더 깊이 살펴볼 것이다. 그 사례들은 여기에서 이냐시오가 의도한 의미에 생동감과 명확성을 더할 것이다.

앞선 원인이 있는 위로

『고백록』에서 아우구스티노는 세례를 받은 후 공동체 기도에 대한 체험을 이렇게 기록한다.

64 앞서 언급한 세 가지 요소에 따른 "앞선 원인"의 분석은 Gil, *Discernimiento*, 296-300 참조. 이 장에서 나는 주로 힐이 *La consolación sin causa precedente* (1971)와 *Discernimiento* (1983)에서 둘째 세트의 규칙 2에 대해 분석한 것을 따른다.

> 당신 교회가 감미로운 목소리로 당신께 노래하는 송가와 찬미가를 듣고 몹시 감격하여 얼마나 많은 눈물을 흘렸는지요! 그 소리들이 내 귀에 흘러들고 진리가 내 마음속으로 쏟아져 들어와, 내 마음에서는 신심의 느낌이 차올랐습니다. 눈물이 흘러내렸습니다. 그리고 그 눈물 속에서 나는 행복했습니다.[65]

아우구스티노는 성당에서 울려 퍼지는 송가를 들으며 복된 영적 위로를 체험한다. 그는 송가 속에서 하느님께 높이 오르는 목소리를 듣고 깊이 감동한다. 그것을 듣는 동안 그는 신앙의 진리 속에서 강인해지고 그의 마음은 점점 열렬해진다. "진리가 내 마음속으로 쏟아져 들어와, 내 마음에서는 신심의 느낌이 차올랐습니다." 기쁨에 찬 그의 위로는 육체적으로 표현된다. "눈물이 흘러내렸습니다. 그리고 그 눈물 속에서 나는 행복했습니다."

이 영적 위로의 체험에 "앞선 원인"이 있을까? 그런 원인에 대한 이냐시오의 설명을 염두에 두고 다음 질문들을 생각해 보자. 아우구스티노가 영적 위로를 체험하기 직전에 "어떤 **대상**에 대한 **감정이나 인식**"이 있나? 분명히 그렇다. 여기에서 영적 "대상"은 울려 퍼지는 송가이고 아우구스티노는 이것을 들으면서 분명히 "지성"과 "감정"을 모두 체험한다. "**진리**가 내 마음속으로 쏟아져 들어와, 내 마음에서는 신심의 **느낌**이 차올랐습니다."

그의 영적 위로는 그가 송가를 들으면서 체험한 감정과 인식을 **매**

---

65 『고백록』, 9권 6장.

개로 일어나는가? 역시나 그렇다. 송가에 대한 그의 관심과, 마음속에 차올라 눈물로 표출된 영적 기쁨 사이에는 눈에 띄는 연관성이 존재한다. 아우구스티노가 성당에 있지 않았고 송가를 듣지 않았다면 이 영적 위로의 체험은 이렇게 일어나지 않았을 것이다.

아우구스티노는 **자신의 지성과 의지의 활동**을 통해서 이 영적 위로라는 선물을 받는 데에 적극적으로 기여하는가? 여기에서도 답은 마찬가지다. 그렇다. 아우구스티노는 울려 퍼지는 송가의 의미에 귀를 기울이고("당신께 노래하는 송가와 찬미가") 그 소리의 아름다움("당신 교회가 감미로운 목소리로 노래하는")에 마음을 연다. 하느님께서 따뜻한 영적 위로라는 이 선물을 주시는 과정에서 아우구스티노는 적극적으로 성찰적·정감적 활동을 한다.

그렇다면 이냐시오식 용어로 이것은 앞선 원인이 **있는** 위로의 체험이다. 크나큰 은총의 체험이기는 하지만 이냐시오가 규칙 2에서 말하는 종류의 영적 위로는 아니다.[66]

1874년 8월 17일, 당시 30살의 제라드 맨리 홉킨스는 여행 겸 방문으로 하루를 보내고 집으로 돌아왔다. 그는 일기에 이렇게 적고 있다.

> 우리가 집으로 돌아오는데 별들이 나와 하늘을 가득 메웠다. 나는 뒤로 기대어 별들을 바라보았고 내 마음은 여느 때보다 더 열리며 우리 주를 찬양했다. 모든 아름다움이 그분께로, 그리고 그분 안에

66 이냐시오는 곧바로 둘째 세트의 규칙 3과 그에 뒤이은 규칙들에서 이 앞선 원인이 **있는** 위로를 다룬다.

서 귀향한다.[67]

이것 역시 간결한 글임에도 영적 위로의 체험을 묘사하는 것으로 보인다. 별들을 관조하면서 홉킨스의 마음은 "여느 때보다 더 열리며" 하느님을 찬양한다. "모든 아름다움이 그분께로, 그리고 그분 안에서 귀향한다." 이 체험에서 보이는 따뜻하고 희망적이며 명백히 영적인 특성은 영적 위로가 함께했음을 드러내 준다. 그렇다면 우리는 다시 한 번 묻게 된다. 이 영적 위로의 체험에 규칙 2에서 언급한 "앞선 원인"이 있는가?

홉킨스가 영적 위로를 체험하기 직전에 "어떤 **대상**에 대한 **감정이나 인식**"이 있는가? 답은 전과 마찬가지다. 명백히 그렇다. 밤하늘 별들의 모습이 홉킨스의 마음을 흔들고 그의 마음속에서 영적 인식을 일깨운다.

홉킨스의 영적 위로는 그가 별들을 바라볼 때 내면에서 깨어난 감정과 인식을 **매개로 일어나**는가? 다시 한번 답은 명백하다. 그렇다. 별을 향한 관조와 (그가 체험하고 찬양으로 표현한) 영적 기쁨 사이에는 알아볼 수 있는 연관성이 있다. 홉킨스가 이런 식으로 별들을 안 보고 있다면 영적 기쁨의 체험도 이렇게 일어나지 않을 것이다.

홉킨스는 **자신의 지성과 의지의 활동**을 통해서 이 영적 위로라는 선물을 받는 데에 적극적으로 기여하는가? 이 경우도 답은 같다. "나는 뒤로 기대어 별들을 바라보았고." 이 표현에서 그가 이 은총 체험에

67 Humphry House, ed., *The Journals and Papers of Gerard Manley Hopkins* (London: Oxford University Press, 1959), 254.

적극적으로 참여하고 있음을 잘 알 수 있다. 홉킨스는 자신의 인간적 능력을 밤하늘의 별들로 향하게끔 의식적으로 선택한다. 그는 별들을 바라보고, 관심을 기울이고, "모든 아름다움이 그분께로, 그리고 그분 안에서 귀향"하는 하느님을 깊이 생각하고, 그분을 찬양하며 자신의 마음을 연다. 하느님께서 이 영적 위로의 선물을 주시는 과정에서 홉킨스는 적극적으로 성찰적·정감적 활동을 하는 것이다.

그렇다면 이냐시오식으로 말하자면 이것 역시 앞선 원인이 **있는** 위로의 체험이다. 은총에 의한 축복의 시간이기는 하지만 규칙 2에서 이냐시오가 말하는 종류의 영적 위로는 아니다.

세 번째이자 마지막 체험에서 우리가 영적 위로의 "앞선 원인"에 대해 이해한 바를 확인할 수 있을 것이다. 쥘리앵 그린은 1946년 2월 2일 자 일기에 이렇게 적고 있다.

> 내가 만난 사람들은 누구나 우리가 새로운 재앙의 시대에 돌입하고 있다고 말한다. 어젯밤, 불면증으로 오랫동안 잠들지 못한 채 여러 상념으로 뒤척였다. 대부분은 비관적인 생각들이었다. 그때 아빌라의 데레사 성인의 기도가 떠올랐다. "아무것도 당신을 혼란케 하지 마십시오, 아무것도 당신을 두렵게 하지 마십시오. 하느님만으로 충분합니다." 그러자 평화가 다시 찾아왔다.[68]

이 짧은 글에도 영적 위로의 체험이 묘사되어 있는 듯하다. 아빌라

68 Julien Green, *Journal: 1946-1950* (Paris: Librairie Plon, 1951), 20-21.

의 데레사의 기도를 떠올리고 그 기도가 말하는 하느님에 대한 굳은 신뢰를 상기하자 그는 내적 평화를 찾는다. 이것은 명백하게 영적 평화이며 신앙에 뿌리를 둔 것이다.

"앞선 원인"에 대해서도 같은 질문을 던질 수 있다. 그리고 다시 한 번 그에 대한 답은 긍정적이다. 영적 위로를 받기 직전에 분명히 **영적 대상**이 존재한다. 아빌라의 데레사의 기도가 그것이다. 이 기도에 관하여 쥘리앵의 마음속에 든 "감정"과 그가 체험한 영적 위로 사이에는 분명히 **눈에 띄는 연관성**이 존재한다. 쥘리앵은 **성찰적·정감적**으로 데레사의 기도에 집중하기로 선택한다. 분명 이 선택 덕분에 그는 내적 자세를 갖추게 되고 영적 위로라는 하느님의 선물을 받게 된다. 그렇다면 이 이야기도 앞선 원인이 **있는** 위로의 체험이다. 깊은 은총의 체험이지만 역시 규칙 2에서 설명하는 유형의 영적 위로는 아니다.[69]

---

69 이냐시오는 시망 호드리게스에게 보내는 1542년 3월 18일 자 서신에서, 포르투갈의 왕 주앙 3세와 교황 바오로 3세 사이에 생긴 긴장과 이 긴장에 의해 초래될 수 있는 해악에 대해 언급한다. 하지만 그는 하느님의 은총이 승리할 것임을 확신하고, 로마에 있는 예수회의 한 친구가 그 확신을 더욱 굳혀 준다. 이냐시오는 호드리게스에게 이렇게 말한다. "나는 이 사안에 대해 부르고스의 추기경과 상세히 이야기했습니다. 그동안 그는 우리의 모든 문제에 있어 주님 안에서 우리의 특별한 지지자요 조언자이셨습니다. 그분께서 하신 몇 가지 말씀은 제가 느꼈던 것을 확인해 주었고 제 영혼에 적지 않은 영적 위로를 불러일으켰습니다." *Epistolae et Instructiones*, I, Monumenta Historica Societatis Iesu (MHSI), vol. 22, 194-195. "제 영혼에 적지 않은 영적 위로를 불러일으켰습니다"라는 이냐시오의 표현은 그의 체험이 앞선 원인이 **있는** 위로라는 것을 명시적으로 확인해 준다. 흔히 영신수련 중에 영적 위로에 "앞선 원인"이 되는 것은 그리스도 생애의 신비들에 대한 피정자의 기도이다. 그리스도 생애의 신비들이 기도의 영적 "대상"을 제공하는 것이다. 영신수련 4주간 동안 각 주간의 기도 지향에서는 정확히 그런 영적 위로를 간구한다. 이것은 영신수련 48, 104, 203, 221번을 316번과 비교해 보면 명확히 드러난다. Toner, *Commentary*, 218 참조.

이제 우리는 영적 위로의 두 종류, 앞선 원인이 **있는** 위로와 앞선 원인이 **없는** 위로의 차이점을 명확히 말할 수 있을 것이다. 간단히 말해서 우리가 영적 위로의 체험을 돌아볼 때 그 위로 **직전에** 다음 세 가지 요소를 다 **찾을 수 없는** 경우 우리는 앞선 원인이 **없는** 위로를 체험한 것이다. 그 세 가지 요소란, 우리 안에서 어떤 "감정이나 인식"을 일깨운 영적 대상, 이 감정이나 인식과 그에 뒤따르는 영적 위로 사이의 눈에 띄는 연관성, 우리 자신의 성찰적·정감적 활동을 통한 그 연관성에의 능동적 참여를 말한다. 이냐시오는 이런 종류의 영적 위로는 오직 하느님만이 주실 수 있는 것이며 그렇기 때문에 주저 없이 환영하고 따라도 좋다고 말한다.

앞선 원인이 있는 위로와 앞선 원인이 없는 위로: 비교

앞선 원인이 **있는** 위로와 앞선 원인이 **없는** 위로의 차이를 더 명확하게 알려면, 이 장의 시작에 나왔던 영적 위로의 체험 세 가지(민박집에서의 젊은 철리앵, 기도 중의 밥, 거리를 배회하던 아시시의 프란치스코)와 방금 설명한 영적 위로의 체험 세 가지를 비교해 보면 된다. 이냐시오는 규칙 2에서 우리를 바로 이 능력, **실생활에서** 이 두 가지 유형의 영적 위로를 구별하는 능력으로 인도한다.

앞서 나왔던 영적 위로의 세 가지 체험으로 돌아가 앞선 원인에 관한 규칙 2의 질문들을 똑같이 던져 본다면, 다시 말해 영적 위로를 받기 직전에 영적 대상에 대해 감정이나 인식이 있었는지, 이 감정이나 인식과 당시 일어난 위로 사이에 눈에 띄는 연관성이 있었는지, 이 연관성이 스스로의 성찰적·정감적 활동을 통해서 생겨났는지 등을 물어본다면 이번에는 답이 다를 것이다. 쥘리앵은 민박집 방에서 침대에 기대어 있을 뿐인데, "갑자기 나는 말로 표현할 수 없는 행복, 나를 나 자신에게서 떼어 놓아 자유롭게 하는 영적 행복에 휩싸였다." 자신의 이야기에서 쥘리앵은 영적 위로를 받기 직전에 자신이 생각과 마음을 집중한, 그리고 위로의 기점이 된 어떤 "영적 대상"도 언급하지 않는다. 따라서 이 경우는 쥘리앵이 앞선 원인이 **없는** 위로를 체험하는 것일 가능성이 매우 높다.

아시시의 프란치스코의 경우도 이와 동일해 보인다. 그는 거리를 배회하며 단순히 주위에서 들려오는 소리에 귀를 기울이는 데에 바쁘다. 우리에게 들려주는 이야기는 이렇다. "갑자기 주님께서 그의 마음을 건드리셨고 비할 데 없는 감미로움으로 가득 채우셨다. 너무나 감미로워 그는 말을 할 수도 움직일 수도 없었다." 여기에서도 영적 위로가 오기 직전에 프란치스코가 생각과 마음을 집중하고 그렇게 함으로써 위로의 기점이 된 영적 대상에 관한 언급을 찾을 수 없다. 역시 프란치스코도 앞선 원인이 **없는** 위로를 체험하는 것일 가능성이 매우 높다.

기도하던 밥의 체험도 추가적이고 교훈적인 뉘앙스가 있기는 하지만 이와 비슷해 보인다. 민박집 방에서의 쥘리앵이나 거리를 배회하던 프란치스코는 영적 위로 직전 **겉으로 드러나게** 적극적인 영적 활동을 하는 것으로 보이지 않는다. 밥의 경우는 다르다. 그는 압도적인 영적 위로를 체험하기 직전에 성경 구절을 가지고 **의식적으로 기도**하고 있다. 그는 "영적 대상"(예수님의 발에 비싼 향유를 바르는 여인에 관한 복음 장면)에 성찰적·정감적으로 집중하고 있다. 그런데 그는 자신의 영적 지도자에게 이렇게 말한다. "그런 다음 제게 전혀 예상치 못했던 일이 벌어졌습니다. 갑자기 하느님의 사랑에 압도된 것입니다. 믿어지지 않을 정도였습니다. … 너무나 예상치 못했고 압도적이고 헤펐습니다."

이 경우라면 영적 위로 직전에 **영적 대상**이 **있으므로** "앞선 원인"의 첫 번째 조건이 충족된 것처럼 보인다. 하지만 압도적인 영적 위로라는 갑작스러운 선물을 받기 직전에 행해진 밥의 기도와, 압도적 위로 자체 사이에 **영적 비례성**spiritual proportionality, 즉 눈에 띄는 연관성을 찾기는 더 어렵게 느껴진다. 하느님께서는 지고한 자유와 사랑으로 이 위로를 그냥 부어 주시는 것 같다. 선행했던 밥의 기도에 견주어 납득할 수 있는 비례 관계를 훨씬 뛰어넘는 위로이다. 마찬가지로 이 압도적인 영적 위로가 밥 자신의 성찰적·정감적 활동을 **매개로** 일어난다고 단언하기도 어려워 보인다.[70] 그렇다면 밥 역시 이냐시오가 규칙 2에서 묘사한 앞선 원인이 **없는** 위로를 체험한 것이라고 할 수 있을 것이다.

앞선 원인이 있는 위로와 앞선 원인이 없는 위로: 이 둘의 구별이 중요한가?

이 질문에 대한 이냐시오의 대답은 매우 명확하다. 중요하다. 이 구

70 Conroy, *The Discerning Heart*, 150-155. "밥은 예수님의 발을 닦은 여인의 크나큰 사랑을 관상하던 중, 하느님의 '헤픈' 사랑에 온전하고 예상치 못하게 이끌렸다. 이 체험은 그가 평상시 체험했던 앞선 원인 있는 위로를 넘어선 것이었다." Ibid., 152.

별이 중요한 이유는 우리가 어떤 영적 위로의 체험을 앞선 원인이 **없는** 위로로 판별한다면, 그 특정한 경우에 있어서 두 번째 영적 상황의 식별에 대한 근본적인 질문(이 영적 위로와 그로 인한 생각들이 확실히 하느님에게서 온 것이고 그러므로 확신을 갖고 추구해도 되는 것으로 신뢰해도 되는지)을 해결한 셈이 되기 때문이다. 게다가 우리는 앞선 원인이 **있는** 위로를 판별할 수 있어야만 앞선 원인이 **없는** 위로를 판별해 낼 수 있다. 이 특정한 영적 위로의 체험 직전에 그런 앞선 원인이 없었다면, 진정 이것은 틀림없이 하느님에게서 온 앞선 원인이 없는 위로라는 것을 우리는 알 수 있다.

따라서 밥은 수도자로서의 정체성과 현재 수사로서 수행 중인 사목 속에서 자신이 확고히 하느님의 뜻을 따르고 있음을 매우 확신할 수 있다. "깊은 내적 강인함을 느꼈고 하느님께 완전히 받아들여지고, 지금의 제 자신과 수사로서의 제 정체성을 하느님께 확인받는 느낌이었습니다." 프란치스코 역시 자신이 봉헌 생활을 살고 심원한 복음적 가난을 껴안기를 하느님께서 바라신다고 확신한다. "사실 그는 신성한 영감을 받아 말하는 것이었다. 신부란 다름 아닌 그가 기꺼이 받아들인 참된 신앙을 형상화한 것이었다. 그것은 가난 속에서 그 어떤 것보다 고귀하고 부유하고 아름다웠다."[71] 앞선 원인이 **없는** 위로가 앞선

---

71 민박집에서 쥘리앵의 체험은, 우리가 그것을 앞선 원인이 없는 위로의 체험으로 인정한다면, 그런 위로에 구체적인 내용이나 하느님의 부르심이 항상 있지는 않음을 시사한다. 쥘리앵의 경우에는 그런 특정한 부르심이 명확하게 보이지는 않는다. 하지만 위로의 은총이 하느님의 한결같은 사랑에 대한 보편적 인식으로 전 생애 내내 그와 함께 한다. "내 기억 속에 살아 있는 것은 지극히 안전하다는 느낌—그 느낌이 아직도 조금 남아 있다—, 영혼이 주님의 전능한 날개 밑에서 편히 쉴 때 만끽하는, 표현할 수 없는

원인이 **있는** 위로와 다르다는 것을 감지하고 그 의미를 파악하는 것은 분명 영성 생활에서 대단히 중요하다.[72]

앞선 원인이 없는 위로를 체험하는 열심한 신앙인들은 **왜** 그 위로가 하느님에 의한 것이라고 확신할 수 있을까? 이냐시오는 그 이유를 이렇게 적는다. "**오직** 우리 주 하느님만이 앞선 원인 없이 영혼에 위로를" 주시기 때문이다. "인간의 영혼에 드나들며 그 영혼을 내면에서 움직여 존엄하신 하느님에 대한 사랑으로 온전히 이끄는 것은 **본래 창조주께만 고유하게 속한** 일"이라고 그는 설명한다. 그러므로 앞선 원인이 없었는데 "존엄하신 하느님에 대한 사랑으로 온전히"[73] 이끌리는 가

평화다." 민박집에서 쥘리앵의 체험은—다시 말하지만 우리가 이 체험을 앞선 원인이 없는 위로로 여기고, 더 나아가 쥘리앵을 신앙생활 초기 단계에 있으며 첫 번째 영적 상황에 있는 사람으로 분류한다면—앞선 원인이 없는 위로가 두 번째 영적 상황의 사람들에게만 일어나는 것이 아니고 첫 번째 영적 상황의 사람들에게도 일어날 수 있음을 암시하기도 한다. 만일 이렇게 복된 체험이 일어난다면, 그 체험은 두 번째 영적 상황에 있는 사람들과 그 상황 속 식별에 특별히 초점을 맞춘 둘째 세트의 규칙들의 범위를 벗어난다.

72 이냐시오의 규칙 2에 익숙한 피정 지도자와 영적 지도자에 대한 필요성이 당연한 결과로 뒤따른다. 그들은 하느님께서 앞선 원인이 없는 위로라는 복된 선물을 내리시는 경우 그것을 정확하게 분간해 내도록 도울 수 있는 사람이어야 한다. 토머스 그린이 이것을 다음과 같이 적절히 표현한다. 앞선 원인이 없는 위로는 "확실하고 소중한 하느님 체험이며 그분의 뜻을 식별하도록 이끄는 귀중한 안내자"이지만 "세심한 주의와 철저한 지도 없이" 따라서는 안 된다. *Weeds among the Wheat*, 133.

73 둘째 세트의 규칙 2에서 "그 영혼을 내면에서 움직여 존엄하신 하느님에 대한 사랑으로 온전히 이끄는 것"이란 첫째 세트의 규칙 3의 "내적 움직임이 일어나서 그것으로 말미암아 영혼이 창조주 주님에 대한 사랑으로 타오르는" 것과 같은 것인가? 아니면 이냐시오는 영적 위로에 대한 이 두 가지 설명(첫째 세트의 영적 위로와 둘째 세트의 영적 위로)에서 두 가지 다른 영적 체험을 생각하고 있는 것인가? 이것은 앞선 원인이 있는 위로와 앞선 원인이 없는 위로 사이에 **내재된**intrinsic 차이가 있는지(영적 위로 자체의 특성에 차이가 있는지, 즉 앞선 원인이 없는 위로가 앞선 원인이 있는 위로보다 더

운데 영적 위로를 체험한다면 그 사람은 영적 위로와 그 안에서 주어진 내용이 하느님에게서 비롯한 것임을 확신해도 좋다고 이냐시오는 말한다.[74]

이냐시오는 이것을 어떻게 아는 것일까? 그는 둘째 세트의 규칙 2에서 더 이상의 설명을 하지 않는데, 자신의 단언을 입증하는 사변적 설명을 넣지 않는 편을 의식적으로 선택한 것 같다.[75] 특별히 실용적인 목적을 위해 만들어진 이 규칙들에 그런 추상적인 설명을 넣었다면 부적절했을 것이다.

이냐시오는 은총의 인도를 받아 자신 고유의 체험을 성찰하면서 앞선 원인이 없는 위로가 명백히 하느님에게서 온다는 가르침을 깨닫고 그것을 체계화했다.[76] 우리는 이 가르침을 그가 저술한 **영신수련**에서

강렬하고 종합적인 체험을 일으키는지) 아니면 **외적인**extrinsic 차이만 있는지(영적 위로를 받기 전에 있었던 것에 대해서, 즉 영적 위로에 앞선 원인이 있었는지 없었는지)에 관한 문제이다. 이에 대한 주석가들의 답도 나뉜다. 둘째 세트의 규칙 2에서 적어도 처음에 이냐시오가 강조하는 것은 앞선 원인의 유무라는 외부적이고 증명하기 더 쉬운 기준에 따른 구분임이 명백해 보인다. Gil, *La consolación*, 29-36 참조.

74 둘째 세트의 규칙 8(이 책의 8장)에서 살펴보겠지만 이냐시오는 앞선 원인이 없는 위로를 받는 **동안** 주어진 내용과 이 체험 **후**에 생길 수도 있는 내용을 신중하게 구분할 것이다. 전자만이 확실히 하느님에게서 온 것이고 후자는 식별이 더 필요하다.

75 영신수련 스페인어 자필본에는 둘째 세트의 규칙 2의 말미에 토마스 아퀴나스의 『신학대전』을 참조한 설명이 추가되어 있는데, 이것은 원고상으로 줄이 그어져 지워져 있다. 루이스 후라도Ruiz Jurado의 견해는 이렇다. "아마도 마지막에는 사목적 텍스트인 영신수련에서 신학자들의 논쟁에 끼지 않는 편이 바람직하다고 여겼을 것이다." *El discernimiento espiritual*, 246. 『신학대전』에 대한 언급은 "베르시오 프리마Versio Prima"라고 하는 영신수련의 초기 라틴어 번역본에 남아 있다.

76 『자서전』, 99번 참조. 둘째 세트의 규칙 2는 이냐시오가 "앞선 원인이 없는 위로"라는 용어를 사용한 유일한 텍스트이다. 많은 주석가가 테레사 레하델에게 보내는 1536년 6월 18일 자 서신에서 앞선 원인이 없는 위로—정확히 이 어휘가 쓰인 것은 아

찾아볼 수 있다. 영신수련은 성령께서 진정으로 하느님의 백성에게 주신 선물이라고 교회가 인증한 텍스트다. 앞선 원인이 없는 위로가 확실히 하느님에게서 온다는 확신에 이르는 과정에 대해 힐Gil은 우리가 이냐시오와는 정반대의 순서로 그 여정을 걷는다는 점을 강조한다. 이냐시오는 먼저 앞선 원인이 없는 위로가 오직 하느님에게서 온다는 점을 **체험**에서 배운다. 나중에 그는 이 체험을 규칙으로 체계화하여 비슷한 체험을 식별하는 사람들을 돕는다. 반면에 우리의 여정은 이냐시오의 **규칙**에서 시작한다. 그리고 그것을 충실히 적용함으로써 이냐시오의 규칙이 뜻하는 진리를 체험으로 터득하게 된다. 이냐시오는 체험에서 규칙으로 옮겨 가고, 우리는 규칙에서 체험으로 옮겨 가는 것이다.[77] 따라서 앞선 원인이 없는 위로를 식별할 때 우리는 신뢰에서 시작한다. 우리가 식별 역량을 키우려고 노력할 때, 이냐시오가 확실한 안내자임을 신뢰하고 식별에 관한 이냐시오의 가르침에 우리의 확신을 둘 만하다고 신뢰하는 것이다.[78]

니지만—에 대한 언급을 발견한다. 원인 있는 혹은 원인 없는 위로에 대한 언급은 파리에서 영신수련을 이냐시오에게 직접 받았거나 어쩌면 피에르 파브르의 지도로 받았을 가능성이 더 큰 존 헬리어John Helyar의 메모에서도 찾아볼 수 있다. *Exercitia Spiritualia*, MHSI, vol. 100, 450-451.

77 Gil, *La consolación*, 78.

78 현대 심리학의 발전과 함께 중요한 문제가 추가로 대두되었다. 앞선 원인이 없는 위로처럼 보이는 체험이 실제로는 우리의 의식을 벗어난 무의식의 활동이 아닌지 어떻게 확신할 수 있을까? 몇몇 견해를 차례로 언급해 보겠다. 첫째로, 둘째 세트의 규칙 2에서 이냐시오는 이 사람이 두 번째 영적 상황에 있는 사람이고 그렇기 때문에 그런 영신수련 제2주간의 영적 상황에 있는 사람들(이 책 '도입' 참조) 고유의 심리적·영적 성숙함을 갖추었음을 전제하며, 영의 식별 규칙의 둘째 세트 내내 이 전제를 유지한다. 둘째, 이냐시오는 여기에서 오로지 **영적 위로**의 체험, 즉 우리를 "존엄하신 하느

그렇다면 이냐시오의 규칙 2에 담긴 지식은 두 번째 영적 상황의 사람들—대학 졸업하고 10년 지나 가정을 꾸린 퍼트리샤, 본당 사목 2년 차의 찰스 부제, 이들과 비슷한 열심한 신앙인들—로 하여금 그들을 영적으로 동반하는 이들과 더불어, 하느님께서 주실 수 있는 앞선 원인이 없는 위로의 체험을 알아차릴 수 있도록 이끌어 줄 것이다. 그런

님에 대한 사랑으로 온전히" 이끄는 따뜻하고 기쁨 가득하고 고양되는 체험만을 이야기한다. 셋째, 힐은 하느님께서 앞선 원인이 없는 위로의 체험을 주실 때에 제2원인들secondary causes(스콜라 신학에서 이 용어는 창조된 행위자가 제1원인First Cause이신 창조주에 의존하는 인과관계causality를 말한다)을 이용하실 가능성과 특히 무의식을 이용하실 가능성을 배제할 수 없다고 주장한다. "앞선 원인이 없는"이라는 표현은 단지 영적 위로 직전에 둘째 세트의 규칙 2에서 설명한 "앞선 원인"의 세 가지 요소가 부재함을 의미한다. 따라서 "앞선 원인이 없는"이라는 구절은 하느님께서 그런 위로를 제2원인들secondary causes을 통해 주시는지 혹은 그것을 통하지 않고 주시는지에 대한 문제를 완전히 열린 채로 남겨 둔다. 다른 방식으로 말하자면 "앞선 원인이 없는"이란 표현은 영적 위로에 앞선 입증 가능한 체험에 관한 표현이지, 하느님께서 위로를 주실 때 제2원인들secondary causes(그중에는 무의식도 있다)을 쓰시는지 아닌지에 관한 철학적 표현이 아니다. Gil, *La consolación*, 97-105. 구베르네르는 이렇게 말한다. "창조주께서 움직임을 일으키실 때, 우리의 의식적 생각과 감정을 이용하시는 것처럼 우리의 숨은 역동을 이용하실 수도 있지 않을까? 움직임이 하느님에게서 왔다고 해서 무의식의 공헌이 배제되는 것은 아니다." *Quand Dieu entre à l'improviste* (1979), 74. 134-137도 참조. 마이클 아이벤스Michael Ivens, S.J.는 이 쟁점을 다음과 같이 요약한다. "두 가지 중요한 점을 꼽을 수 있다. 첫째, 그런 위로가 있을 가능성이 무의식의 존재로 인해 배제되지는 않는다. 그리고 둘째, 하느님 사랑으로의 완전한 이끌림으로 구성된 체험은 무의식으로 완벽하게 설명될 수 없다. 그런 원인은 이 체험을 설명하기에 불충분하기 때문이다." *Understanding the Spiritual Exercises: Text and Commentary. A Handbook for Retreat Directors* (Leominster: Gracewing, 1998), 230, note 43. 추가로 이 문제에 대한 대표적 저술들은 다음과 같다. Harvey Egan, *The Spiritual Exercises and the Ignatian Mystical Horizon (1976), 58-62; Gil, Discernimiento (1980),* 302-305; Adrien Demoustier, S.J., *Le dynamisme consolateur: La consolation et le discernement des esprits selon les règles de la deuxième semaine des Exercises Spirituels d'Ignace de Loyola* (Paris: Médiasèvres, 1989), 103-105; William Meissner, S.J., *Ignatius of Loyola: The Psychology of a Saint* (New Haven: Yale University Press, 1992), 346-358.

체험을 올바로 식별하면 하느님께서 자신을 어디로 이끄시는지 분명히 인식하는 데에 필요한 영적 명확성이 생길 것이다.

때때로 이들은 자신이 받은 영적 위로의 체험이 진짜로 앞선 원인이 없는 위로인지 궁금해할 수도 있다. 그럴 때는 개인의 성찰 속에서 그리고 영적 지도자의 도움을 받으면서 다음 질문들을 생각해 보면 좋다. 이 위로가 진정 **영적인** 체험이었나? 이냐시오가 기록한 것처럼 "존엄하신 하느님에 대한 사랑으로 온전히" 이끌리는 체험이었나? 영적 위로를 받기 직전에 내면의 느낌이나 인식을 일깨운 영적 대상—성경의 한 구절이나 하느님의 창조 사업의 일면, 내 인생에 있었던 하느님의 사랑에 대한 기억 혹은 이와 비슷한 "대상"—이 있었나? 영적 위로가 이 영적 대상에 대한 내 느낌이나 인식과 연관되어 있음이 눈에 띄는가? 내 생각과 의지로 했던 행위가 이 영적 위로에 이르게 한 과정의 일부였나? 영적 위로가 있기 전에 내가 성찰적·정감적으로 주목했던 영적 대상이 있었다면, 이 영적 위로는 그 위로 직전의 내 영적 활동과 비례하는가? —밥의 경우는 비례하지 않았다. 만일 처음 두 질문에 대한 답이 '예'이고 나머지 질문에 대한 답이 '아니오'라면 이 체험이 정말로 앞선 원인이 없는 위로였을 가능성이 실재한다.[79]

---

79 앞선 원인이 없는 위로가 얼마나 빈번히 일어난다고 예상해야 할까? 이냐시오 자신도 이 질문에 답하지 않는다. 그리고 다른 사안들과 마찬가지로 이 문제에 대해서도 주석가들의 견해는 갈린다. 그런 위로를 흔한 체험으로 여기는 이들이 있는 반면, 그것을 이례적으로 거룩한 삶을 사는 사람에게 국한된 희귀한 체험으로 보는 이들도 있다. 오랜 세월 피정 사목과 영적 지도를 해 보고 나니, 내가 할 수 있는 최선의 답은, 앞선 원인이 없는 위로는 열심한 신앙인들의 삶에 일어나며 그다지 빈번하지 않다는 것이다. 어떤 사람의 체험에 그 위로가 일어난 것 같을 때 그것을 알아차리고 그가 그 위로의 의미를 파악하도록 돕는 것은 매우 귀중한 영적 봉사다. 앞서 언급했듯 그런 영적 도움

이 체험이 앞선 원인이 없는 위로인 경우, 열심한 신앙인들은 자신이 과연 그 메시지를 옳게 이해했는지 아닌지 궁금해할 수도 있다. 때로는 메시지가 매우 명확한 것 같기도 하고 때로는 덜 그렇다. 또 어떤 때는 선택에 관련한 구체적인 메시지 없이 하느님에 대한 사랑으로 온전히 이끌리는 체험인 것 같기도 하다. 이런 식별은 매우 "높은 수준"이고 "섬세"하므로, 또 그 식별에는 중대한 선택이 관련되어 있을 수 있으므로, 이 질문에 너무 빨리 답하지 않는 것이 현명하다. 식별에 항상 영적 동반이 함께해야 한다는 이냐시오의 전제 조건을 여기에서 특별히 상기할 필요가 있다.[80] 열심한 신앙인들이 성찰도 했고 영적 동반자의 도움도 받았는데 자신의 체험 내용에 관한 명확성을 찾지 못한다면 안달하면서 탐색을 고집할 필요가 없다. 자신이 할 수 있는 만큼 한 다음에는, 그들을 사랑하시는 하느님께서 그들을 버려두지 않으시고 영적 여정에 필요한 빛을 주실 것임을 믿는 것이 좋다.[81]

앞선 원인이 없는 위로에 관해서는 할 이야기가 더 많이 남았지만 이어지는 장들에서 더 다루게 될 것이다. 특히 둘째 세트의 규칙 8에

을 위해서는 준비가 잘되고 경험이 풍부한 영적 지도자가 반드시 필요하다. 여기서 논의하는 앞선 원인에 관한 문제에 대해서는 Gil, *Discernimiento*, 301 참조.

80 Green, *Weeds among the Wheat*, 133-134 참조.

81 힐은 이렇게 말한다. "피정자가 의심을 갖거나 불확실해 하거나 완전한 명확성을 가지지 못하거나 자신의 체험이 앞선 원인이 없는 위로라고 단언하지 못한다면 어떻게 해야 할까? 그럴 때는 그런 상태로 두고 다음으로 넘어가는 게 좋다! 불명확한 재료로는 영적으로 진보할 수 없다. 피정자가 때로는 명확하게 보고, 때로는 그보다 어렴풋하게 보고, 때로는 아무것도 명확하게 보지 못하는 것은 완전히 정상적인, 아니 사실은 좋은 징후다. 그리고 그가 그 차이를 분간할 수 있다는 것은 진리 중심의 건전한 의식을 가졌다는 표지다. 식별할 때 우리는 명확한 재료를 사용한다. 그 밖의 나머지는 내버려 두고 평화롭게 있어도 좋다." *Discernimiento*, 301.

서 이냐시오는 앞선 원인이 없는 위로로 돌아가, 하느님께서 그 위로를 통해 주시는 선물을 안전하게 보호하는 데에 필요한 도움을 더 줄 것이다. 하지만 둘째 세트의 규칙 3에서 이냐시오는 이제 우리의 관심을 다른 유형의 영적 위로, 앞선 원인이 **있는** 위로로 돌려 그런 위로도 식별할 수 있도록 안내해 준다. 다음 장에서 이 규칙 3을 살펴보자.

3장

영적 위로의 기원이 모호한 경우(규칙 3)

"진리"라는 단어를 듣는 것만으로도 내 마음은 열정으로 설렜다. 영의 태양이 모든 어둠에 맞서듯 그 단어의 아름다움이 내 두 눈 속에서 빛났다.

—라이사 마리탱Raïssa Maritain[82]

영적 위로에 대한 대조적 체험들

하느님께서 앞선 원인이 **없는** 위로라는 특별한 선물을 주실 때 모든 모호함이 해소된다는 것이 둘째 세트의 규칙 2에서 명확하게 설명되었다. 열심한 신앙인들은 그런 위로가 주는 메시지를 자신 있게 따라도 좋다. 그렇다면 그보다 더 빈번히 체험되는 앞선 원인이 **있는** 위로의 경우는 어떨까? 원수가 선을 가장하여 속이려 드는 두 번째 영적 상황에 있는 사람들은 어떻게 그 모호함을 해결할 수 있을까? 지금의 퍼트리샤는 주일 미사에서 복음 말씀을 듣고 영적 위로(앞선 원인이 있

82 20세기 프랑스의 시인이자 철학자(**편집자 주**).

는 위로)를 체험한다. 이 위로의 시간에 그는 난민들을 위해 봉사하라는 부르심을 느낀다. 그는 이 위로와 그것이 주는 메시지가 진정으로 하느님에게서 온 것인지 아닌지 어떻게 알 수 있을까? 찰스 부제는 자신이 관여하여 좋은 결과를 맺고 있는 청년 사목을 성찰하면서 영적 위로(앞선 원인이 있는 위로)를 체험한다. 이 위로의 시기에 그는 자신의 에너지를 전적으로 본당 젊은이들에게 쏟으라는 부르심을 감지한다. 그는 이 위로와 그것이 주는 메시지가 진정으로 하느님에게서 온 것인지 아닌지 어떻게 알 수 있을까? 열심한 신자들의 삶 속에 이런 상황을 비롯하여 이와 유사한 상황이 생긴다면 그들은 어떻게 명확성을 찾을 수 있을까? 이 질문에 접근하기 위해 두 번째 영적 상황에 있는 두 사람의 상이한 영적 위로 체험을 비교해 보자.

"내 가장 깊은 곳까지 새로워짐을 느꼈다"

1903년 7월 23일, 37세의 엘리자베스 르죄르Elizabeth Leseur는 "지난 몇 해 동안 내 안에서 생명을 주시는 끊임없는 하느님의 활동"을 깊은 감사의 마음으로 돌아보았다.[83] 그는 그해 4월 남편과 함께 로마에 있을 때 성 베드로 성당에서 기도하던 아침의 "잊히지 않는 기억"을 다음과 같이 묘사한다. 그 일이 있었던 4월 22일에 대한 기록이다.

---

83 Elizabeth Leseur, *My Spirit Rejoices: The Diary of a Christian Soul in an Age of Unbelief* (Manchester, N.H.: Sophia Institute Press, 1996), 72. 엘리자베스 르죄르(1861-1914)는 열렬한 신앙심으로 깊은 영성 생활을 한 부인이다. 그에 대한 시성 절차가 착수되었다.

나는 혼자 성 베드로 성당으로 출발했다. 그리고 프랑스어를 하시는 신부님께 고해성사를 본 후 성체 경당에 가서 성체를 영했다. 완전히 그리고 초자연적으로 행복한 순간들이었다.

복되신 그리스도, 하느님 당신께서 내 안에 살아 현존하시며 말로 표현할 수 없는 사랑을 주시는 것을 느꼈다. 무엇과도 비할 데 없는 이 영께서 내 영혼에 말을 건네시자, 한순간에 구세주의 무한한 온유하심이 내게 전해졌다. 이 신성한 자취는 결코 지워지지 않을 것이다. 승리의 그리스도, 영원한 말씀, 인간으로서 고통받고 사랑하신 분, 살아 계신 한 분 하느님께서 바로 그 잊을 수 없는 순간에 내 영혼을 영원히 차지하셨다. 나는 그분에 의해 내 가장 깊은 곳까지 새로워져 그분의 섭리가 계획하신 새로운 삶과 의무와 일에 준비되었음을 느꼈다. 나는 남김 없이 나를 내어 드렸고 그분께 미래를 맡겼다.

그때 다른 경당에서 미사 하는 소리가 들려왔고 나는 심원한 기쁨과 평화에 잠겼다. 나는 다시 기도했다. 그러고 나서 친밀하지만 엄숙한 마지막 축성 예식 속에서 콘페시오[84] 가까이 무릎을 꿇었다. 돌아오는 길에 나는 내가 아이러니와 비난과 무관심의 세상 속에 있음을 알았다. 하지만 아무것도 상관없었다. 그리스도의 불꽃이 내 안에서 여전히 타오르고 있었다.[85]

84 베드로 성인의 무덤이 보존된 성 베드로 대성당의 콘페시오(Confessio, 순교자의 묘).

85 Ibid., Leseur, *My Spirit Rejoices*, 73-74.

이 은총의 순간들은 분명히 풍요로운 영적 위로의 시간이다. 믿음이 충만한 마음으로 성사를 받음으로써 엘리자베스에게는 심원할 정도로 기쁜, 그를 강인하게 만드는 영적 위로가 일어난다. 영적 일기의 이어지는 내용을 살펴보면, 엘리자베스는 두 번째 영적 상황에 있는 사람이자 광대하고 관대하게 하느님을 사랑한 사람일 가능성이 매우 높다. 그렇다면 엘리자베스의 이야기에서 묘사된 것은 두 번째 영적 상황에 있는 사람이 체험하는 앞선 원인이 있는 위로라고 볼 수 있다.[86]

이 영적 위로의 체험은 의심할 여지 없이 하느님에 의해 주어진 것일까? 엘리자베스가 그 체험을 응당히 받아들이고 그것의 안내대로 따르기로 한 것은 잘한 일일까?

엘리자베스의 이야기를 읽다 보면 그의 체험이 과연 하느님에게서 온 체험이고 그가 그것을 기꺼이 받아들인 것이 온당한 일임을 의심하기가 어렵다. 이 체험에 관한 모든 것에는 하느님께서 활동하신다는 "느낌"이 있고, 참된 체험인지는 그것의 효과로 확인된다. "나는 그분에 의해 내 가장 깊은 곳까지 새로워져 그분의 섭리가 계획하신 새로운 삶과 의무와 일에 준비되었음을 느꼈다." 이 영적 위로의 시간들은 엘리자베스를 강인하게 하여 신앙이 부재하다시피 한 환경 속에서도 사랑할 수 있도록 만든다. "돌아오는 길에 나는 내가 아이러니와 비난

86 이 체험을 두고 앞선 원인(고해성사와 성체성사에 임함)이 **있는** 위로의 체험에서 시작해서 나중에("한순간에 구세주의 무한한 온유하심이 내게 전해졌다") 앞선 원인이 **없는** 위로가 되는 체험이라고 주장할 수 있을까? 이 경우 엘리자베스가 이 몇 시간 중 최초에 한 기도와 나중에 성체 경당에서 주어진 선물이 비례하지 않을 가능성(이전 장에서 밥의 기도가 그러했듯)을 지적할 수 있다. 그런 질문들은 항상 답하기 쉽지만은 않지만 영의 식별 규칙의 둘째 세트에 담긴 문제를 숙고하는 데 유용하다.

과 무관심의 세상 속에 있음을 알았다. 하지만 아무것도 상관없었다. 그리스도의 불꽃이 내 안에서 여전히 타오르고 있었다."

만레사에서 이냐시오의 체험

앞에서 우리는 만레사에서 이냐시오가 한밤중에 체험한 영적 위로를 살펴보았다. 이제 그 체험으로 다시 돌아가 보면 방금 묘사된 엘리자베스의 체험과 유익한 비교가 될 것이다. 전에 보았듯 이냐시오는 이 체험을 다음과 같이 회고한다.

> 그러나 자리에 들 때면 크나큰 깨달음과 크나큰 영적 위로가 여러 번 찾아왔으며, 그래서 그나마 길지도 않은 수면 시간을 잊은 채 시간을 보내곤 하는 것이었다. 그가 이 같은 일을 거듭 숙고하면서, 하느님과 담화하는 데 하루 중 많은 시간을 들이기로 결정했는데 나중에 나머지 시간에도 그렇게 하고 있음을 떠올렸다. 그리하여 그런 깨달음이 과연 선한 영에게서 오는 것인지 어쩐지 의심스러워졌다. 그는 마침내 그것들을 배척하고 정한 시간에는 잠을 자는 것이 아무래도 좋겠다고 스스로 결론을 내리고는 그대로 실천했다.[87]

이 두 체험을 나란히 놓고 보면 명확히 대조가 된다. 엘리자베스가 받은 영적 위로에서 명백했던 하느님에 대한 "느낌"과 풍요로움이 이

87 『자서전』, 26번.

냐시오의 체험에는 완전히 빠져 있다. 매우 고무적인 이 영적 위로를 이냐시오가 배척하지 않았다면 틀림없이 해로운 결과가 생겼을 것이다. 여기에서 이냐시오는 분명히 두 번째 영적 상황에 있는 사람이며 영적 위로를 통해 "선을 가장한" 유혹을 당하고 있다.

우리는 이냐시오가 이런 위로들의 본질이 참으로 영적이라는 데에 결코 의심을 품지 않음을 알 수 있다. 그는 자신이 받은 위로를 "영적 위로", 그것도 "크나큰 영적 위로"라고 표현한다. 이냐시오와 엘리자베스 둘 다 참으로 영적인 위로를 체험했다. 두 사람은 두 번째 영적 상황 속에 있고, 모두 앞선 원인이 있는 **진짜 영적 위로**를 받고 있다. 다만 그들 체험의 영적 의미는 뚜렷이 대조된다. 엘리자베스의 영적 위로는 확실히 선한 영에서 온 것으로 보인다. 하지만 이냐시오는 "이런 깨달음이 과연 선한 영에게서 오는 것인지" 의심하고 실제로 그것은 선한 영에서 온 것이 아니었다고 결론 내린다. 이냐시오가 둘째 세트의 규칙 3에서 다루는 것이 정확히 이 대조적인 차이이다.

유사한 체험이지만 목적이 대조적인 경우

둘째 세트의 규칙 3에서 이냐시오는 이렇게 말한다.

> [331] 규칙 3. 선한 천사도 악한 천사도 [앞선] 원인이 있는 위로를 영혼에 줄 수 있지만, 그 목적은 반대이다. 선한 천사는 영혼의 유익을 위해서, 영혼이 성장하고 선에서 더 큰 선으로 향상되게 하려는 것이고, 악한 천사는 그와 반대로 결국은 그 영혼을 나쁜 의도와 사

악함으로 끌어가기 위해서이다.

여기에서 이냐시오는 방금 살펴본 대조의 시발점과 종착점을 설명한다. 앞선 원인이 **있는** 영적 위로를 받았다면 그것은 선한 천사가 준 것일 **수도 있고** 악한 천사가 준 것일 **수도 있는데**, 각 영의 특징을 띤 정반대의 목적, 즉 두 번째 영적 상황에 있는 사람들을 돕거나 해치기 위한 것이다.[88] "영혼의 유익을 위해서" 선한 영에게서 오는 영적 위로는 우리에게 이미 익숙하다. 이것은 첫 번째 영적 상황 내내 참이었고(첫째 세트의 규칙 2와 5) 두 번째 영적 상황에서도 여전히 변함이 없다. 이와 같이 선한 영은 그 4월의 아침에 엘리자베스에게 영적 위로를 주어 신앙과 사랑의 삶을 강화시키고 그가 "성장하고 선에서 더 큰 선으로 향상"될 수 있게 한다.

두 번째 영적 상황에서 눈에 띄게 새로운 점은, 첫 번째 영적 상황과 대조적으로 이제 **악한 영**도 영적 위로를 주기 시작한다는 것이다. 악한 영이 그렇게 하는 것은 "그와 반대"의 목적 때문이며 그래서 "결국은" 위로를 받은 사람을 악한 영의 "나쁜 의도와 사악함으로" 이끌기 위함이다. 이와 같이 이냐시오에게 진짜 영적 위로를 주어 "결국은" 이냐시오가 휴식 부족으로 육체와 정서가 약해졌을 때, 그를 악한 영의 "나쁜 의도와 사악함으로" 이끌려고 시도한다. 이냐시오가 만레사에서 추구하던 거룩한 삶을 버리도록 유도하는 것이다.

악한 영도 영적 위로를 줄 수 있다. 영적인 것에서 기쁨을 느끼게

88 둘째 세트의 규칙 3에 대한 내 해석은 Gil, *Discernimiento*, 305-313을 따른다.

하고, 선하고 거룩한 생각을 불어넣을 수 있다. 이것은 두 번째 영적 상황에 있는 이들에게 엄청난 영향을 미치는 가르침이다.[89] 첫 번째 영적 상황(대학 시절의 퍼트리샤)에서 영적 위로는 언제나 "선한 영이 우리를 인도하고 권고하는"(첫째 세트의 규칙 5) 시간이었다. 이 첫 번째 영

---

89 토너는 이렇게 말한다. "이상하게 보일지 모르지만 우리는 악한 영이 거룩한 생각과 영적 위로를 진짜로 일으킬 수 있고 또 실제로 일으킨다고 말할 수밖에 없다." *Commentary*, 229. 힐은 이를 두고 "당돌한 가르침"이라고 표현하며 이어 말한다. "이 가르침은 성경에서 왔고 교회의 영적 전통 전반에서도 발견되므로 이냐시오의 독창적인 가르침은 아니다." *Discernimiento*, 309. 카원Cowan과 퍼트렐Futrell은 5세기 포티케의 디아도쿠스 주교의 『영적 완성에 관한 단상 100편』을 인용하여 말한다. "우리의 지성이 성령의 위로를 체험하기 시작하는 그때 사탄 역시 거짓 달콤함을 느끼게 함으로써 그 영혼을 위로한다"(31편). 그리고 덧붙이길, "실제로 [위로의] 첫 번째 종류, 하느님에게서 오는 위로는 신심 깊은 선수들[디아도쿠스가 영적 진보를 위해 애쓰는 그리스도인을 부르는 말]이 영혼을 사랑의 헌신에 한껏 쏟아내도록 고무한다. 또 다른 위로는 환상으로 영혼을 뒤흔들고, 하느님 체험을 온전히 기억하는 지성 앞에서 그 체험의 의미를 가리려고 한다"(32편). Marian Cowan, C.S.J., and John Futrell, S.J., *Companions in Grace: Directing the Spiritual Exercises of St. Ignatius of Loyola* (St. Louis: Institute of Jesuit Sources, 2000), 157, n. 22. 아가서에 대한 클레르보의 베르나르도의 설교(12세기)에도 비슷한 가르침이 있다. 베르나르도는 아가 2,15에 나오는 "작은 여우들"을 두고 더욱 진보한 이들에 대한 교묘한 유혹을 상징한다고 해석한다. "그것들(여우들)이 작다고 할 수는 있겠다. 그것들의 악의가 작아서가 아니라 그것들의 교묘함 때문에 그렇다. … 그것들은 스스로 덕인 양 내세우는 것 외에는 해를 가할 수 없다. … 그것들은 인간의 헛된 생각이거나 사탄의 악한 천사들이 빛의 천사로 위장한 선동일 뿐이다." K. Walsh, O.C.S.O., and I. Edmonds, trans., *Bernard of Clairvaux: On the Song of Songs III*(Kalamazoo, Mich.: Cistercian Publications, 1979), Sermon 64, 173. Bakker, *Freiheit und Erfahrung*, 161-168도 참조하라. 바커는 베르나르도의 이 글이 이냐시오가 식별에 대한 가르침을 발전시키는 데에 영향을 주었다고 말한다. 빛의 천사인 척 활동하는 악한 영의 전술에 대해서는 시에나의 가타리나의 『대화』 no.71에서 더 찾아볼 수 있다. 아우구스티노, 아빌라의 데레사, 십자가의 요한의 저술에 나오는 빛의 천사로 위장한 악한 영에 대해서 다음을 참조. Darío López Tejada, S.J., *Los Ejercicios Espirituales de San Ignacio de Loyola: Comentario y textos afines* (Madrid: Edibesa, 2002), 906-908.

적 상황에서는 체험이 일단 영적 위로인 것으로 확인되면 식별이 명확하다. 기꺼이 받아들이고 따라도 된다.[90] 하지만 두 번째 영적 상황(10년 후의 퍼트리샤)에서는 더 이상 그렇지 않다. 이 두 번째 영적 상황에서는 앞선 원인이 **있는** 위로가 선한 영에서 올 수도 있고 악한 영에서 올 수도 있음을 둘째 세트의 규칙 3이 분명히 설명한다. "선한 천사**도** 악한 천사**도** 원인을 가지고 영혼에 위로를 줄 수 있다." 두 번째 영적 상황에서 어떤 체험이 앞선 원인이 **있는** 영적 위로인 것으로 확인되었다면 반드시 식별을 더 해 봐야 한다.[91]

둘째 세트의 규칙 3에서 이냐시오는, 앞선 원인이 있을 때는 선한 천사와 악한 천사 모두 "영혼에 위로를 줄 수 있다"고 단언한다. 그에 의하면 선한 영이 준 위로와 악한 영이 준 위로는 특성quality에서는 차이가 없다. 둘 다 똑같이 "영혼에 위로를 줄 수 있다." 선한 영에서 오는 위로와 악한 영에서 오는 위로는 둘 사이의 **내재적**intrinsic 차이(영적 위로라는 특성 자체의 차이)를 통해 식별되는 것이 아니라고 처음부

90 하지만 첫 번째 영적 상황에서 영적 위로 중에 있는 사람도 첫째 세트의 규칙 10과 규칙 11에 담긴 이냐시오의 조언에 주의를 기울이면 좋을 것이다. 첫째 세트의 규칙 5("위로 중에 주로 선한 영이 우리를 인도하고 권고함")의 "주로more"라는 표현에 관해서는 갤러허, 『영의 식별』, 191쪽, 각주 90번 참조.

91 다음과 같은 점에 유의하는 것이 중요하다. 이냐시오는 악한 영이 영적 위로를 줄 수 있다는 전통적 가르침을 다시 말하고 있는데, 그렇다고 해서 그가 두 번째 영적 상황에 있는 사람들을 불안과 의심의 생활로 초대하는 것은 아니다. 토너가 말한 것처럼, "속을까 봐 안절부절 불안할 이유가 없다. 오히려 담담할 이유는 많다. … 악한 영에게서 오는 것의 신호인지를 차분하게 그러나 깨어서 주시해야 한다. 과하게 긴장할 것 없이 현재 우리의 영적 성장 단계에서 보이는 만큼 주의를 기울이면 된다. 우리 안에 머무시는 성령께서 직접 혹은 우리가 마음 열 수 있는 이들을 보내시어 우리의 부족을 채워 주실 것이다(I:13). 우리 역량과 상황이 허락하는 만큼 성찰하지 못하는 삶이야말로 진정 위험하다. 그때 비로소 불안해야 맞다." *Commentary*, 231-232.

터 전제된다는 의미다.[92] 앞에서 이야기했듯 이냐시오는 만레사에서 체험했던 한밤중의 위로가 선한 영에서 온 것이 아님을 인식했지만 그것이 진짜 영적인 위로였음은 결코 의심하지 않았다.[93] 두 번째 영적 상황에서 앞선 원인이 있는 위로의 기원이 선한 영인지 악한 영인지에 관한 식별은 두 영적 위로의 **특성**의 차이를 분간함으로써 이루어지는 것이 아니라 영적 위로 **외적인** 것을 면밀히 성찰함으로써 이루어진다.[94] 악한 영의 전술에 관하여 이냐시오가 둘째 세트의 규칙 3에서 짧게 언급한 "결국은"이라는 표현은 이미 이 모호한 영적 위로 이면에 무언가 있음을 알려 준다. 둘째 세트의 규칙 4-6에서 이냐시오는 이 "결국은"에 대해 아주 상세히 논의할 것이다.

---

92 Toner, *Commentary,* 227-229 참조. 이냐시오는 그런 본질적인 차이가 존재할 수 있음을 부정하지 않는다. 하지만 본질적 차이가 있어도 식별하기 너무 어려울 테니 실용적인 목적에는 맞지 않을 것이다. 힐은 이렇게 말한다. "영의 식별 규칙의 둘째 세트에서 이냐시오 특유의 진행 방식은 이렇다. 오로지 하느님에게서 온 위로를 그 밖의 위로와 구별할 때 그는 위로와 위로를 서로 비교하기보다 위로에 앞선 원인의 유무에 주목했다[둘째 세트의 규칙 2]. 나중에, 선한 영에서 온 생각의 진행 과정과 악한 영에서 온 생각의 진행 과정을 구분할 때 그는 생각의 과정들끼리 비교하지 않는다. 오히려 생각이 진행되기 전에 그 사람이 지녔던 것을 비교한다[둘째 세트의 규칙 5]. 또한 하느님에게서 직접 주어진 구상들과 생각들을 그렇지 않은 것들과 구분할 때(영신수련 336번) 구상과 생각들끼리 비교하지 않고 그것들이 어떤 순간에 일어났는지, 하느님에게서 온 위로 중에 일어났는지 위로 이후에 일어났는지에 주목한다[둘째 세트의 규칙 8]." Gil, *Discernimiento,* 366.

93 이냐시오는 규칙들에서 "거짓 이유"(첫째 세트의 규칙 2)와 "끈덕진 거짓들"(둘째 세트의 규칙 1)에 대해 이야기하지만 "거짓 위로"에 대해서는 이야기하지 않는다.

94 이 식별은 **영적이지 않은**nonspiritual 위로와 **영적**spiritual 위로를 이미 구별할 수 있는 사람임을 전제로 한다. 갤러허, 『영의 식별』, 121-127쪽 참조. 영의 식별 규칙의 둘째 세트에서 이냐시오는 첫째 세트에서 그러했듯 **영적** 위로의 체험만을 이야기하고 있다. 식별은 영적이지 않은 위로(비영적 위로)와 영적 위로를 분별하는 것이 아니라, 선한 영에서 온 영적 위로와 악한 영에서 온 영적 위로를 분별하는 것이다.

선한 영에 의한 영적 위로와 악한 영에 의한 영적 위로를 구분하는 실용적 기준이 둘째 세트의 규칙 3에 아직 안 나온다. 하지만 두 번째 영적 상황에 있는 사람들이 직면한 식별 과제를 명확하게 해 줌으로써 그들에게 귀중한 도움을 준다. 이 점을 잘 보여 주는 다음 사례를 살펴보자.

영적 위로: 어느 영에게서 온 것인가?

바버라는 전문직에 종사하는 30대 초 미혼 여성이다. 인생에서 그와 하느님의 관계는 일찌감치 시작되었고 오랜 세월에 걸쳐 깊어져 왔다. 그는 매일 아침 일어나 성경으로 기도하고 점심시간에는 평일 미사에 참례한다. 하느님의 사랑은 그에게 점점 더 실체화되었다. 그는 지역 공동체와 본당에서 활동적으로 일한다. 그는 지적이고 열성적이며 마음이 따뜻하여 사람들은 그가 함께하는 것을 반가워한다.

5년 전 바버라는 영적 지도를 받기 시작했다. 지금은 영적 지도자의 동반을 받으며 자신의 성소를 선택하기 위해 식별하는 중이다. 결혼을 할 것인가, 수도 생활을 할 것인가. 그는 이 질문을 마음에 두고 지금 막 8일 피정을 마쳤다.

바버라가 피정 동안 그리스도의 생애를 관상했을 때, 그는 그분께서 "극도의 가난 속에"(영신수련 116번) 태어난 것에 마음이 깊이 움직였다. 영적 지도자의 권유로 바버라는 기도하면서 여러 차례 예수님의 가난으로 되돌아갔다. "굶주림과 목마름, 더위와 추위, 모욕과 업신여김을 겪으며 많은 일들을 행하신 후"(영신수련 116번) 예수님은 세상을 위한 사랑으로 당신의 생명을 십자가 위에 내어놓으셨다. 바버라는 기도하면서 이 관상이 풍요로운 위로의 원천임을 계속해서 발견했다. 복음적 단순함을 살면서 예수님을 더 사랑하고 더 잘 따르려는(영신수련 104번) 새로운 열망이 그에게 생겼다.

피정을 마치고 돌아온 바버라는 자신의 삶을 단순화하고 불필요한 소유물들을 포기할 방법을 얼른 찾았다. 새로운 한 단계 한 단계가 그에게 기쁨을 주고 그는 주님 안에서 새롭게 찾은 자유로움에 즐거워한다.

오늘 아침, 바버라는 일어나서 오늘 복음으로 기도한다. 당신을 따르려는 사람에게 하시는 예수님의 말씀을 읽는다. “여우들도 굴이 있고 하늘의 새들도 보금자리가 있지만, 사람의 아들은 머리를 기댈 곳조차 없다”(루카 9, 58). 바버라가 복음을 읽을 때 하느님 사랑의 따뜻한 느낌이 그의 마음속에 인다. 예수님께서 자신에게 철저히 인격적인 방식으로 그 말씀을 건네시는 것을 듣고 그의 내면에서는 예수님께서 스스로 아버지 하느님께 완전히 의탁하심에 자신도 동참하고 싶은 크나큰 열망이 깨어난다. 삶을 어떻게 한층 더 단순화할 것인지 새로운 생각들이 그의 기도 중에 떠오른다. 바버라는 기도를 마치고 내적 기쁨을 느끼며 하루를 시작한다.[95]

이 영적 상황을 어떻게 이해해야 할까? 둘째 세트의 규칙 3은 바버

95 바버라는 진짜로 두 번째 영적 상황에 있는 사람일까? 혹시 여기에서 바버라가 느끼는 에너지 속에 영적이지 않은 요인, 심리적 요인이 작용하고 있지 않나? 예를 들어 성취해야 하고 남보다 뛰어나야 한다는, 다소 충동적인 욕구가 바버라에게 있지는 않을까? 영적 지도자는 이런 가능성을 의식하고 있어야 한다. 여기서는 둘째 세트의 규칙 3의 예시를 보여 주기 위한 것이므로 바버라가 두 번째 영적 상황에 있다고 가정한다.

라가 오늘 아침의 영적 체험을 식별하는 데 어떤 도움이 될까?

바바라는 **두 번째 영적 상황**에 있는 사람으로 보인다. 그는 예수님의 열렬한 추종자로 복음적 가난과 단순한 생활 속에서 예수님을 따르려는 열망으로 가득하다. 따라서 그는 영의 식별 규칙의 둘째 세트를 적용하기에 매우 적합하다고 할 수 있다. 피정 동안과 그 후에 바바라는 예수님의 가난에 대해 기도하면서 풍요로운 **영적 위로**를 체험하였다. 더 나아가 이것은 **앞선 원인이 있는** 위로임이 분명하다. "어떤 대상에 대한 감정이나 인식이 미리 주어져"(둘째 세트의 규칙 2), 다시 말해 복음에 묘사된 예수님의 가난이라는 대상에 대한 감정이나 인식에서 생긴 것이다. 따라서 바바라는 정확히 둘째 세트의 규칙 3에서 상정하는 영적 상황에 있다.

두 번째 영적 상황의 사람들이 앞선 원인이 있는 영적 위로를 체험하는 경우 "선한 천사도 악한 천사도 … 영혼에 위로를 줄 수 있다"는 점을 바바라와 그를 돕는 영적 지도자는 알아야 한다. 바바라가 선하고 거룩한 것, 즉 예수님의 복음적 가난에 대하여 영적 위로를 체험한다고 해서 모든 식별이 완료된 것으로 경솔하게 가정해서는 안 된다. 자신의 물질적 생활 방식을 한층 더 단순화하겠다는 바바라의 생각은 실제로 하느님에게서 온 것일 수 있다. 하지만 단순히 그가 영적 위로의 시기에 이 부르심을 들었다고 해서 식별이 명확한 것은 아직 아니다.

둘째 세트의 규칙 3은 바바라와 영적 지도자로 하여금 이 영적 위로가 **선한 영**에게서 와서 "영혼의 유익을 위해서, 영혼이 성장하고 선에서 더 큰 선으로 향상되게" 하려는 것인지 아니면 **악한 영**에게서 와서 "결국은 그 영혼을 나쁜 의도와 사악함으로 끌어가기" 위한 것인지 숙고하도록 초대한다. 바버라가 더욱 철저한 가난으로의 끌림을 따른다면 그의 사랑이 더 강해지고 하느님께서 바라시는 소명을 선택하는 쪽으로 더 확실히 진보하게 될까? 행여 복음적 가난을 너무 빨리 실천하려는 지나친 노력 때문에 궁극적으로 영성 생활에 대한 바버라의 에너지가 약해져서 그가 "결국은" 해를 입지는 않을까?

둘째 세트의 규칙 3에서는 바버라와 같은 상황에 있는 사람들이 왜 앞선 원인이 있는 영적 위로의 체험을 식별해야 하는지 설명한다. 그런 체험이 선한 영에서도 올 수 있고 악한 영에서도 올 수 있기 때문이다. 두 번째 영적 상황과 앞선 원인이 있는 영적 위로라는 특정한 맥락에서 악한 영도 선한 영과 마찬가지로 선하고 거룩한 생각들과 열망들을 불어넣을 수 있다. 그런 영적 위로 안에서 어떤 영이 활동 중인지 바버라 같은 사람들이 확신을 갖고 식별할 수 있는 수단을 이제 이냐시오가 둘째 세트의 규칙 4에서부터 알려 줄 것이다.

4장

참된 빛인가 거짓 빛인가?(규칙 4)

주여, 당신의 아들이시며 나의 하느님이신 예수 그리스도의 이름으로 기도하오니, 스러지지 않는 그 사랑을 제게 주시어, 제 안에서 타오르며 사람들에게 빛을 주는 등불이 언제나 켜져 있게 하시며 절대 꺼지지 않게 하소서.

—성 골룸바노

"빛의 천사의 모습으로"

그렇다면 두 번째 영적 상황에 있는 사람들은 자신을 감동시키는 영적 위로가 선한 영에서 오는지 악한 영에서 오는지 어떻게 알 수 있을까? 난민을 위한 일에 끌리는 퍼트리샤, 젊은이들을 위한 사목에서 에너지를 얻는 찰스, 철저한 복음적 가난에 끌리는 바버라, 그리고 이들과 비슷한 열심한 신앙인들은 자신들이 체험한 영적 위로와 그로부터 생기는 생각들이 선한 영에서 오는지 악한 영에서 오는지 어떻게 알 것인가? 둘째 세트의 규칙 4에서 이냐시오는 위와 같은 열심한 신앙인들에게 작업하는 악한 영의 전술을 명확하게 설명한다. 일단 악한 영의 전술에 익숙해진다면 그들은 악한 영이 그런 방식으로 속이려 들 때 그것을 알아차리고 배척할 준비를 더 잘 갖추게 될 것이다.

둘째 세트의 규칙 4에서 이냐시오는 이렇게 적고 있다.

> [332] 규칙 4. 악한 천사는 빛의 천사의 겉모습을 취하여 열심한 영혼에 맞추어 들어가서, 자신의 본모습대로 나오는 특징이 있다. 즉, 의로운 영혼에 맞추어 선하고 거룩한 생각들을 불어넣고서 그 뒤에 차츰차츰 자신이 숨겨 놓은 속임수와 사악한 의도로 그 영혼을 끌어들이면서 자신의 본모습을 드러내려 한다.

이 규칙의 내용을 해설하기 전에 두 번째 영적 상황에 있는 사람의 체험을 생각해 보자. 그런 다음 그 체험에 비추어 둘째 세트의 규칙 4를 살펴보겠다.

하느님에게서 온 선하고 거룩한 생각들인가?

데이비드는 40대 중반의 수도회 사제이다. 지난 세월 힘든 시간도 있었지만 그는 언제나 수도생활과 사제직에 충실하려고 노력해 왔다. 그런데 2년 전 그의 삶은 예상치 않게 어려운 전환점을 맞았다. 그때 데이비드의 관구장이 그에게 한 대형 본당과 부설 초등학교 주임 사제 소임을 맡아 달라고 했다. 본당과 학교 모두 전임자의 지혜롭지 못한 리더십 때문에 심각한 혼란을 겪고 있었다. 데이비드는 이 요청을 받아들이고 본당 사제의 소임을 시작했다. 그의 인간적 세심함과 진실한 영성 생활 덕분에 그는 치유의 도구가 되었고 본당은 천천히 새로운 활기를 얻었다. 하지만 그 과정이 데이비드가 상상했던 것보다 훨씬 더 고통스러웠다. 각양각색의 상황에서 본당 사제인 데이비드 자신이 신자들이 느꼈던 분노와 배신감의 표적이 되었다.

이런 일이 벌어지고 있을 때 데이비드의 어머니가 중병이 들었고 계속 쇠약해지다가 반 년 만에 숨을 거두었다. 어머니의 투병 기간 내내 데이비드가 함께했고 장례 미사도 집전했다. 이 깊은 슬픔의 시간 동안 데이비드는 완전히 새로운 방식으로 기도하지 않을 수 없었다. 때로는 그가 느끼는 고통과 고립의 한가운데에서 하느님만이 그의 유일한 피난처인 것 같았다.

인간적·영적으로 그가 겪던 가혹한 시련과 새로운 차원의 깊은 기도는 데이비드에게 변화를 가져오기 시작했다. 그가 헌신적으로 봉사하고자 전부터 항상 노력해 왔지만 이제 신자들은 그에게서 새로운 영적 생기를 감지하기 시작했다. 대중 강연에 대한 데이비드의 선천적 재능이 이 새로운 영적 성장과 결합되어 그는 청중의 마음을 움직이는 설교자가 되었다. 하느님에 관한 그의 이야기가 신자들에게 생생하게 와닿았고 신자들이 삶의 짐을 지고 서 있는 자리까지 그의 이야기가 가닿는 것 같았다. 데이비드는 하느님 안에서 새로운 평온을 얻고 그분께 새로운 신뢰를 갖게 되었으며 그의 존재가 불행한 이들에게 점점 더 희망의 원천이 되었다. 점차 본당 안에 새로운 영적 에너지가 깨어났다.

수개월이 지나면서, 분투와 기도에서 나온 데이비드의 강론은 더 많은 사람들을 성당으로 끌어들이기 시작했다. 데이비드 자신도 설교 사목에서 새로운 영적 에너지를 얻었다. 준비를 하면서 그는 매일 기도했고 그것이 그에게 영적 자양분이 되었으며 그의 말이 맺는 결실은 그가 사제 성소를 살아가는 데 힘이 되었다. 최근 몇 년 힘들었지만 데이비드는 그 시기가 자신의 삶에 영적 쇄신을 가져왔으므로 하느님께 깊이 감사했다.

하루는 본당 신자 몇 사람이 데이비드에게 주말 피정을 지도해 달라고 부탁했다. 데이비드는 그렇게 해 주었고 피정은 영적 열매를 풍성히 맺었다. 데이비드는 하느님 말씀이 지닌 위력이 마음을 움직이고 영적 성장을 불러일으킨다는 사실을 전에 없이 명확하게 깨닫기 시작했다. 데이비드는 그가 행하고 있는 사제직의 예언자적 역할을 그 어느 때보다도 더 이해하고 사랑하게 되었다.

다른 신자들도 비슷한 피정을 요청해 와서 이제 데이비드는 분기마다 피정을 동반했다. 이 피정들도 본당에 큰 축복이었다. 신학교 원장 신부는 데이비드의 재능을 알아보고 그에게 신학생들의 강론 연습을 도와달라고 부탁했다. 데이비드는 기쁘게 응했고 신학생들도 이 모임을 반겼다. 다음 해에 신학교 원장 신부가 신학교 강론학 수업을 맡아 달라고 요청했고, 그 일의 가치를 아는 데이비드는 이를 수락했다. 그는 자신이 확신하는 바를 학생들과 나누었다. 그것은 "하느님의 백성은 그 무엇보다도 먼저 살아 계신 하느님의 말씀으로 모이며" 그리고 "사제들은 … 하느님의 복음을 모든 사람에게 선포하는 것이 첫째 직무"라는 것이다.[96] 그는 사제 생활 중 그보다 더한 행복과 성취감을 느

96 제2차 바티칸 공의회 문헌, 사제의 생활과 교역에 관한 교령 「사제품」 4항.

낀 적이 없었다.

또한 데이비드는 정성 들여 매일 강론을 준비했고 신자들의 미사 참석률도 꾸준히 증가했다. 이웃 성당의 주임 신부들도 데이비드의 유익한 피정에 대해 듣고는 자신들의 본당에서도 그런 피정을 해 달라고 부탁했다. 데이비드는 가능한 한 이런 요청들을 수락했고 이 피정들 역시 참석자들에게 축복이 되었다.

설교 사목이 확장되면서 데이비드는 평소 매일 규칙적으로 기도하던 습관을 지키기 위해 힘겹게 애써야 했지만 항상 성공하지는 못했다. 바빠짐에 따라 본당 위원회들의 회의와 부설 초등학교 운영에 예전만큼 관여하기가 어려웠다. 자신을 장상으로 두고 있는 본당 동료 신부들과 교류하는 기회 역시 점점 더 줄어들었다. 데이비드도 이런 변화들을 눈치채고 있었지만 자신이 모든 것을 할 수는 없음을 알고 있었다. 분명 하느님 말씀 선포가 사제로서 그가 해야 할 첫째가는 직무였다.

그러던 중 본당 부설 학교에 갈등이 생겼을 때 데이비드가 너무 바빠서 그 상황에 관여하지 못했다. 심각한 문제들이 발생했는데 그는 나중에서야 그 사실을 알게 되었다. 학부모들이 분열되었고 본당에는 긴장의 기운이 퍼졌다.

동료 신부 한 명이 데이비드에게 면담을 요청하여 현 상황에 대한 자기 생각을 그에게 나누었다. 데이비드가 너무 바빠서 본당 생활의 중요한 사안들이 방치되어 있고 해로운 결과들이 발생하고 있다는 것이었다. 이 신부는 자신이 염려하는 것에 대해서도 목소리를 냈다. 데이비드가 너무 자주 본당을 비워서 신부들 사이에서 공동생활의 질이 낮아졌고 거기에서도 문제들이 불거지고 있다는 것이었다. 그는 데이비드가 본당에서 커져 가는 긴장을 해결하고 공동체의 신부들에게도 시간을 더 내어 주었으면 하는 희망을 표했다. 데이비드는 들으면서 점점 화가 났다. 그는 있는 힘을 다해서 사제의 첫째 직무인 하느님 말씀 전달에 헌신하고 있다고 답하며 자신이 하는 일의 명백한 결실을 강조했다. 동료 신부가 더는 말을 못했다.

이 면담 이후 데이비드는 사제관 생활이 더 껄끄럽게 느껴졌다. 기도도 더 힘들어졌으며 하느님께서 더 멀리 계신 것 같았고 그 전까지 사목에서 느꼈던 기쁨도 줄어들었다. 긴장에 지친 데이비드는 다른 사도직으로 소임 이동을 청하는 것을 고려하기 시작했다. 현재 맡고 있는 본당 소임에서 자신이 할 수 있는 일은 다한 것 같고 더는 줄 게 없다고 생각했다.

데이비드는 이제 어떻게 할지 걱정스럽고 확신도 안 들어 영적 지도자에게 털어놓았다. 영적 지도자는 데이비드에게 본당을 떠나 하루 쉬면서 지난 몇 년 동안 벌어진 모든 일을 성찰해 보라고 초대했다. 데이비드는 그대로 따랐다. 본당 부임 초기에 어려웠던 시절과 그때의 힘겨움을 통해 하느님께서 자신에게 베푸신 은총이 생각났다. 설교가 어떻게 그에게 영적 기쁨과 성장의 원천이 되었는지도 회상했다. 그러다가 처음으로 데이비드는 실제로 자신의 삶에 불균형한 면이 있는 것은 아닌지, 그리고 동료 신부가 면담에서 진실을 이야기한 것은 아닌지 생각해 보기 시작했다. 그는 좋은 것 하나를 좇느라 다른 중요한 것들을 등한시해 왔음을 깨달았고, 그 결과 다른 이들이 고통을 받고 있었음을 알게 되었다. 지난 수개월을 돌아보면서 데이비드는 자신이 이전에 누리던 평화를 잃어버렸다는 사실도 알았다. 본당을 떠나려는 생각이 든 것은, 본당 사목을 할 능력이 정말로 떨어졌기 때문이 아니라 현재 자신의 마음이 무겁기 때문일 수도 있음을 스스로 인정했다.

이제 데이비드는 자신의 삶에서 더 건강한 사목적 균형을 찾아야 한다고 인식했다. 그는 영적 지도자와 다시 만나서 하루 동안 성찰한 결과를 나누었다. 영적 지도자는 지혜로운 생각이라고 확인해 주었다. 그리고 두 사람은 설교에 대한 데이비드의 열정적인 집중이 많은 이들에게 유익했던 반면 어째서 본당 리더십에는 방해가 되었고 동료 사제들과의 긴장의 원인이 되었는지 함께 살펴보았다. 그들은 데이비드가 이 난관들을 해결하고 내적 평화를 되찾기 위해 취해야 할 변화들을 함께 의논했다. 데이비드는 새로운 명확성과 함께 다시금 희망을 느끼며 본당의 일상으로 돌아왔다. 같이 사는 신부들은 데이비드의 삶에서 새로운 균형이 생겼음을 알아차리고 감사히 여겼다. 그리고 그가 학교의 문제점들을 처리해 나가자 본당에 감돌던 긴장도 점차 줄어들었다.

이 이야기에는 데이비드가 영적으로 풍요롭게 성장하던 시기가 묘사되어 있다. "그는 사제 생활 중 그보다 더한 행복과 성취감을 느낀 적이 없었다." 하지만 어느 시점에선가 이 "선하고 거룩한" 것에 대한 데이비드의 영적 에너지와 헌신이 그의 주위와 그의 내면에 긴장을 만들어 냈다. 데이비드가 영적 지도자와 이야기하여 자신의 상황에 대해 더 깊이 통찰하지 않았다면 이 "선하고 거룩한" 것에 대한 그의 헌신은 데이비드 자신과 동료 신부들 그리고 본당 전체에 영적으로 심각한 해를 입히게 되었을지도 모른다. 무엇이 잘못된 것일까? 이 일련의 사건들에서 데이비드는 무엇을 배울 수 있을까? 이 체험을 비롯한 비슷한 체험들을 이해하여 그런 영적 상해의 위험을 피할 방법이 있을까? 이 질문들은 두 번째 영적 상황에 있는 모든 이에게 해당한다. 이냐시오는 둘째 세트의 규칙 4에서 이 질문들을 다룬다.

속임수의 가면 벗기기

악한 천사가 "선을 가장하여"(영신수련 10번) 아낌없이 헌신하는 열심한 신앙인들을 속이려 하는 두 번째 영적 상황에서 "악한 천사의 **특징**"이 무엇인지, 즉 악한 천사의 전형적인 작업 방식이 무엇인지 규칙 4에서 설명된다. 이냐시오에 따르면 악한 영이 그런 사람들—난민들에게 깊이 마음을 쓰는 퍼트리샤, 젊은이들 사이에서 매우 효과적으로 일하는 찰스, 가난을 열렬히 사랑하는 바버라, 결실이 풍부한 설교를 하는 데이비드, 그리고 이들과 비슷한 열심한 신앙인들—을 속이려 들 때 그는 "**빛의 천사**의 겉모습을 취한다." 이 말은 "사탄도 빛의 천사로 위장"(2코린 11,14)하여 선한 영의 일을 흉내 낸다는 바오로의 가르침을 상기시킨다.

이냐시오는 이렇게 설명한다. 악한 영이 "빛의 천사"의 겉모습을 취할 때 그는 "**열심한 영혼**에 맞추어 **들어가서**" 결국 자신의 "**본모습**대로 **나온다**." 다시 말해 "열심한 사람의 방식으로 시작해서 자기 방식으로 끝난다는 것이다."[97] 악한 영은 처음에는 "**의로운 영혼**에 **맞추어**

97 *Commentary*, 28에서 둘째 세트의 규칙 4에 대한 토너의 번역 인용. 둘째 세트의 규칙 4에 대한 내 해석은 Gil, *Discernimiento*, 315-321을 따른다.

서 **선하고 거룩한 생각들**"을 불어넣는다. 그러다가 악한 영은 "**그 뒤에**" 그리고 "**차츰차츰**" 자신의 "본모습을 **드러내려** 한다." 즉, 종국에는, 그가 "**숨겨 놓은 속임수**와 **사악한 의도**로 그 영혼을 끌어들이"려는 것이다.[98]

수년간의 시련에 따른 데이비드의 영적 성장은 그에게 "열심한" 그리고 "의로운" 영혼의 모습을 갖추게 한 것으로 보인다. 그는 악한 영이 영적 위로를 주고 "선을 가장"하여 속이려 하는, 두 번째 영적 상황에 있는 사람이 되었을 가능성이 매우 높다. 그러므로 악한 영은 영적 실망을 통해 "확연하게 그리고 드러나게" 유혹을 하는 것이 아니라 "빛의 천사의 겉모습을 취하여" 데이비드에게 "의로운 영혼에 맞추어서 선하고 거룩한 생각들"을 불어넣는다.

악한 영은 정확히 그렇게 선하고 거룩한 생각들로 속임수 전술을 구사하기 **시작한다**. 다시 말해 "사제들의 첫째 직무"로서의 설교의 중요성, 그런 설교에 열성을 다해 헌신함으로써 달성될 선익, 하느님 백

---

98 이냐시오는 1541년 9월 초 파샤스 브로에와 알폰소 살메론에게 쓴 서신에서 바로 이런 원수의 전술을 설명한다. "원수는 다른 사람인 척하고 들어가서, 결국 자신의 본모습을 드러냅니다. 다른 사람인 척하고 들어갈 때는 그 사람의 방식들에 반대하지 않고 그것들을 칭송합니다. 그리고 그 영혼과 친근하게 행동하면서 선한 영혼에게 평화를 주는 선하고 거룩한 생각들을 불어넣습니다. 하지만 그 뒤에 차츰차츰 자신의 본모습을 드러내려 하고, 선을 가장하여 그 영혼을 해로운 과오나 망상으로, 늘 악으로 이끕니다." 토너는 선한 영과 악한 영에 의해 생긴 **영적 위로**(둘째 세트의 규칙 3)와 그 두 영에 의한 선하고 거룩한 **생각들**(둘째 세트의 규칙 4-6의 주요 주제) 사이의 연관성이 이 서신에 명백하게 언급되었음을 강조한다("선한 영혼에게 평화를 주는 선하고 거룩한 생각들을 불어넣습니다"). *Commentary*, 223. 이냐시오가 안토니우 브란당에게 보내는 1551년 6월 1일 자 서신도 참조. 이 서신에서 이냐시오는 어떻게 원수가 "인간을 악으로 끌어들이기를 바라면서 … 그가 유혹하려는 자의 방식으로 들어가지만 자신의 본모습을 드러내며 나오는지" 묘사한다. Young, *Letters of St. Ignatius of Loyola*, 243.

성 속에 예언자가 있어야 할 필요성, 그리고 이와 비슷한 "선하고 거룩한" 생각들을 불어넣는 것이다. 이런 생각들은 현재 설교 사목을 열렬히 믿고 사랑하는 데이비드에게 보란 듯이 "맞추어져" 있다.[99] 데이비드의 설교 사목이 본당과 신학교는 물론 본당의 범위를 넘어서까지 열매를 맺으면서 그는 사제직을 수행하면서 어느 때보다도 "더한 행복과 성취감"을 느낀다. 악한 영은 빛의 천사의 겉모습을 취하여 작업을 시작한다. 다시 말해 열렬히 헌신하는 데이비드에 "**맞추어** 들어가는" 것이다.[100]

우리는 설교의 중요성에 대한 이 "선하고 거룩한" 생각들이 비록 그 자체로 진정 선하고 거룩한데도 이 **구체적인 활용** 사례에서는 그 생각들에 원수의 "그럴싸한 이유들과 교묘하고 끈덕진 거짓들"(둘째 세트의 규칙 1)의 인장이 찍혀 있음을 알 수 있다. 물론 하느님의 말씀을 설파하는 **예언자적** 역할이 사제 직무에서 기본으로서 중요하다. 하지만 사제 직무의 다른 중요한 측면들, 데이비드의 경우 백성의 **목자**로서의 사제의 역할을 등한시하는 형식으로 이 예언자적 역할이 수행될 때

99 관상 생활에 대한 요한 비안네의 생각도 마찬가지였다. 기도를 깊이 사랑했고 일상의 사도직으로 과중하게 활동해야 했던 요한 비안네에게 딱 "맞추어진" 것이다. 1장 참조.

100 첫 번째 영적 상황에서 원수는 영적으로 진보하는 사람들을 유혹할 때 그들의 **약한** 부분을 이용한다(첫째 세트의 규칙 14). 반면 두 번째 영적 상황에서 원수는 아낌없이 헌신하는 열심한 신앙인들을 속이려 할 때 그들의 **강한** 부분을 이용한다. Gil, *Discernimiento*, 317 참조. 힐에 따르면 두 번째 영적 상황에서 악한 영은 "달아오르는 부분, 열렬한 부분을 찾는다. 왜냐하면 그가 더는 정면 공격하지 않고 대상자의 열정을 끓는점까지 몰아가고 무분별한 열의와 자선으로 불을 질러서 자신의 불에 데거나 타게 하기 때문이다." Ibid., 317.

우리는 원수의 전형적 특징인 진실의 미묘한 뒤틀림과 만나게 된다.[101] 설교 사목의 결실에 힘을 받은 데이비드는 현재 자신의 사제 생활에 존재하는 불균형에 관심을 갖지 않고, 이 불균형이 본당 신자들과 동료 신부들, 자기 자신에게 초래하고 있는 영적 퇴보에 주의를 돌리지 않는다. 이제 데이비드의 "선하고 거룩한 생각들"에는 **그럴싸하게** 진실처럼 보이는 어떤 것이 있을 뿐이다.[102]

"선하고 거룩한 생각들"로 속이려는 악한 영의 시도가 일단 **시작**된 다음에는 "**그 뒤**"가 이어지는데 여기에서 악한 영은 **무슨 일이 벌어지는지 의식하지 못하게** 하는 방식으로 그 열심한 신앙인이 "차츰차츰" 길을 잃게 만들려고 애쓴다. 데이비드의 경우 이 "그 뒤"의 기간이 수개월이었고 그동안 그는 영적 기쁨과 본당 일의 보람찬 결실에서 "차츰차츰" 벗어나 재분열된 본당에서의 고투와 내적 혼란에 이르게 된다. 미사 강론을 비롯해 본당 피정, 신학교 강의, 다른 본당 피정까지 데이비드가 설교 사목을 계속해서 확장함에 따라 "차츰차츰" 다른 문

---

101 사제는 사제, 예언자, 목자로서 그리스도의 삼중 직무에 동참한다. 사제의 생활과 교역에 관한 교령 「사제품」 4-6항. 프란치스코 보르하에게 보내는 서신에서 이냐시오는 원수에 대해, "거짓말을 동원하여 우리를 그 안에 얽어매기 위해 하나의 진실 혹은 다수의 진실까지 권하고 제안하는 것이 그의 방식"이라고 이야기한다. Letter of July 27, 1549, in Young, *Letters of St. Ignatius of Loyola,* 195.

102 "원수는 우리의 덕(근면, 자발성, 겸손, 인내, 신심, 아량, 연민)과 우리가 좋아하는 가치들(애국, 자유, 정의, 전통, 질서, 가족, 효율)의 범위를 과도하게 확장하게 만든다. 이 모든 덕과 가치가 과장되고 오용될 수 있다." Dean Brackley, S.J., *The Call to Discernment in Troubled Times: New Perspectives on the Transformative Wisdom of Ignatius of Loyola* (New York: Crossroad, 2004), 137. 앞선 사례들에서와 같이 우리는 데이비드가 설교에 열정적으로 전심전력하는 데에 심리적 움직임이 어떤 방식으로 작동하는지 물을 수 있다. 여기서는 이냐시오의 규칙을 설명하기 위해 데이비드가 참으로 두 번째 영적 상황에 있는 사람이라고 가정한다.

제들이 불거지기 시작한다. 열심한 신앙인들이 식별하지 않는다면, 악한 영의 이 "차츰차츰" 전술은 그런 영성의 퇴보를 그들 스스로 의식하지 못하도록 은밀하게 감추는 데에 대단히 효과적이다. 지금 무슨 일이 일어나고 있는지 감지하지 못하는 한 이 퇴보 과정은 계속될 것이다.

마지막으로 이냐시오는 악한 영이 "자신의 본모습을 **드러내려** 한다"고 말한다. 다시 말해 악한 영은 "자신이 **숨겨 놓은 속임수**와 **사악한 의도**로 그 영혼을 끌어들이면서" 퇴보 과정을 마무리한다는 것이다. 첫 번째 영적 상황에서 원수의 속임수는 "명백한"(첫째 세트의 규칙 13) 것이었다. 두 번째 영적 상황에서 그의 속임수는 "숨어 있다." 그 속임수가 작동하는 동안에도, 영적으로 열심한 사람들에게 "맞추어진" "선하고 거룩한 생각들"에서 생겼다는 바로 그 이유로 데이비드 같은 열심한 신앙인들에게 여전히 들통나지 않을 수 있다.

데이비드의 체험이 전개됨에 따라 악한 영의 "사악한 의도"가 점차 드러난다. 그 의도에는 하느님께서 데이비드를 통해 본당에서 일으키신 치유뿐 아니라 이 몇 년 동안 일어난 데이비드 자신의 풍성한 영적 성장을 훼손하는 것도 포함된다.[103] 데이비드가 영적 지도자와 함께 이야기하며 새로운 명확성에 이르고 지혜로운 변화를 만들어 낸 덕분에, 다시 말해 데이비드가 영적 지도자의 도움으로 자신의 영적 상황을 **식별**하기 때문에 원수의 "숨겨 놓은 속임수"는 가면이 벗겨지고 "사악한 의도"는 궁극적으로 좌절된다.

---

103 앞에서도 지적했듯, 영적으로 중대한 많은 것이 두 번째 영적 상황에서의 식별에 달려 있다.

시작과 중간과 끝

둘째 세트의 규칙 4에서 이냐시오는 악한 영이 "선하고 거룩한 생각들"을 불어넣는다며 분명히 **생각들**에 강조점을 두고 있다. 그 앞 두 개의 규칙(둘째 세트의 규칙 2와 3)에서는 **영적 위로**에 초점을 두는데 앞선 원인이 있는 것과 원인이 없는 것으로 구분한다. 둘째 세트의 규칙 4와 그 뒤 두 개의 규칙(둘째 세트의 규칙 5와 6)에서 이냐시오는 앞선 원인이 있는 위로를 일으키는, 혹은 그런 위로에서 일어나는 **생각들**에 중점을 둔다.[104] 데이비드의 경우 이것은 설교의 중요성과 설교에 열성을 다해 헌신함으로써 이루어 낼 선익에 관한 선하고 거룩한 생각들이었다.

두 번째 영적 상황에서 악한 영이 선하고 거룩한 생각을 이용할 때는 **시간**의 범주가 근본 바탕이 된다.[105] **시작**은 악한 영이 맨 처음 그런 생각들을 일으키며 **들어가는** 때이다. **끝**은 악한 영의 전술을 감지하고 파악하여 배척하지 않았을 경우, 악한 영이 사악한 의도를 달성

---

104 "시작점은 선하고 거룩한 생각들로 구성되어 있어서 평화와 위로를 일으키거나 혹은 그 생각들이 위로에서 흘러나온다. 규칙 4 자체에 위로에 대해 언급은 없다. 하지만 그 맥락을 보면 위로를 가정해야 함이 분명하다. 그러나 이냐시오가 강조하고자 하는 것은 생각들이다. 그것들은 위로를 가져오거나 혹은 그것들이 위로에서 나오고, 나중에는 관심을 사로잡는 나쁜 권고나 영적 실망으로 이어진다." Toner, *Commentary*, 223. 이냐시오는 이미 첫째 세트의 규칙 4에서 영적 위로 가운데 일어나는 생각들을 언급한 바 있다.

105 Gil, *Discernimiento*, 319-321 참조. Michael Buckley도 "The Structure of the Rules for Discernment of Spirits," *The Way Supplement* 20 (1973): 34에서 같은 주장을 한다.

하고 나서 자신의 본모습을 **드러내는** 때이다. 시작과 끝 사이에는 **중간**이 있는데 이 시기에는 선하고 거룩한 생각들이 **차츰차츰** 전개되는 가운데 서서히 영적 퇴보를 초래한다.[106]

악한 영의 기만하는 생각들이 전개되는 이 세 단계를 둘째 세트의 규칙 4에서 설명한 대로 간단한 패러다임으로 강조해 보자면 다음과 같다.

시작

중간

끝

이 순차적인 세 단계를 명확히 이해하는 것이 뒤이은 규칙들(둘째 세트의 규칙 5-7)에 매우 중요하므로 앞서 살펴본 데이비드의 체험에서 명쾌하게 그 세 단계의 예를 들어 보겠다.

본당 사목과 가족의 상황 때문에 겪은 시련의 시기는 데이비드를 심원한 영적 성장으로 이끈다. 기도가 깊어지고 말씀 선포에 새로운 활력이 생기며 사목은 갈수록 풍성한 열매를 맺는다. 그리고 자신의 사제 성소를 사는 데 어느 때보다도 큰 행복과 성취감을 느낀다. 이 시기에 하느님께서 데이비드 안에서 강력히 활동하고 계신다는 것을 의심하기는 어려울 것이다.

하지만 어느 순간, 어떤 다른 일이 **시작**된다. 수개월이 지나면서 선

106 둘째 세트의 규칙 5 참조. 이 규칙에서 이냐시오는 명확하게 시작과 중간과 끝(*principio, medio, y fin*)이라는 어휘를 사용한다.

하고 거룩한 생각들과 그것이 일으키는 영적 위로가 데이비드에게도 그의 본당의 선익에도 더는 영향을 미치지 않는 때가 온다. 악한 영이 자신의 "숨겨 놓은 속임수"를 갖고 이 과정에 들어간 것이다. 이것이 이냐시오가 둘째 세트의 규칙 4에서 말하는 **시작**이다.[107]

시작된 후 시간이 흐르면서 데이비드는 "차츰차츰" 악한 영의 "사악한 의도" 쪽으로 이끌린다. 영적 위로와 선하고 거룩한 생각들로 충만해진 데이비드는 설교 사목에 관련해 일정에 일정을 연이어 잡는다. 시간이 지나면서 문제가 발생하기 시작한다. 본당의 안녕이 상처 입고 동료 수도자들과의 공동생활이 축소되며 데이비드는 영적 평화를 잃는다. 이때가 원수의 속임수에서 **중간**에 해당하며 최종 목표를 향해 원수의 "숨겨 놓은 속임수"가 점점 발전하는 시기이다.

악한 영이 사악하게 **의도**했던 이 과정의 **끝**은 하느님께서 데이비드에게 하셨든, 또 그를 통해서 본당에 하셨든 유익한 활동을 무효로 만드는 것임이 명백하다. 그러나 **실제** 이 과정은 데이비드가 영적 지도자의 도움을 받아 자신의 영적 체험을 정확하게 식별하고 마침내 드러난 악한 영의 속임수를 배척하며 끝났다. 돌이킬 수 없는 해를 입지 않았다. 그리고 이 경험에서 배운 데이비드가 다시 이런 방식으로 속

---

107 악한 영의 활동이 데이비드의 진정한 영적 성장 속으로 슬며시 끼어드는 때는 정확히 언제일까? 둘째 세트의 규칙 4의 표현을 빌리면, 악한 영이 그를 속이고 영적 성장을 갉아먹으려는 시도를 시작하는 특정 시점이 언제냐고 묻는 질문이다. 여기에 답하기는 쉽지 않다. 왜냐하면 악한 영의 속임수는 그것이 시작될 때 가장 알아보기 어렵기 때문이다. 그 시점에서 속임수가 "의로운 영혼"에 "맞추어" 시작한다는 게 바로 그 이유다. 이냐시오는 둘째 세트의 규칙 7에서 그런 "시작"을 정교하게 식별하는 데에 도움을 줄 것이다.

임수에 넘어갈 가능성은 적을 것이다.[108] 하지만 데이비드와 영적 지도자가 실제 그들이 했던 것처럼 식별하지 않았다면 이 과정은 악한 영의 "사악한 의도"가 실현되는 것으로 끝났을 것이다.

시작과 **중간**과 **끝**. 두 번째 영적 상황에서 식별하려면 이 순차적인 세 단계의 각 단계마다 악한 영의 전술을 신중하게 살펴야 한다. 실제로 이냐시오의 다음 세 규칙, 둘째 세트의 규칙 5-7은 오로지 이 목적을 위해서 할애될 것이다. 그는 우선 식별이 가장 명확한 단계인 **끝**(둘째 세트의 규칙 5)에 대해 논하고, 그다음 **중간**(둘째 세트의 규칙 6)을 다룬 뒤, 마지막으로 선하고 거룩한 생각들이 **시작**되는 단계를 어떻게 식별하는지 다룰 것이다(둘째 세트의 규칙 7).[109] 다음 장에서는 끝의 기원이 선한 영인지 악한 영인지 분간하게 해 주는 표지들을 살펴보겠다.

---

108 이것이 둘째 세트의 규칙 6의 요점이며 이에 대해 6장에서 살펴볼 것이다.

109 나는 이냐시오가 둘째 세트의 규칙 4에서 정립한 시작-중간-끝이라는 패러다임에 비추어 둘째 세트의 규칙 5-7에 대한 힐의 해석을 따르고 있다. *Discernimiento*, 320-321 참조. 다른 이들도 다음 문헌에서 같은 방식을 적용한다. Cowan and Futrell, *Companions in Grace*, 1991, 160, 그리고 Buckley, "The Structure of the Rules for Discernment of Spirits," 32-35.

5장

끝에서 시작의 실체가 드러난다(규칙 5)

하느님의 은총은 우리 삶 속에서 스타카토처럼 반향한다. 겉으로는 끊어진 듯 들리는 한 음 한 음을 기억하고 있어야만 주선율을 파악하는 능력을 획득한다.

—아브라함 헤셸Abraham Heschel[110]

선하고 거룩한 이 생각들이 어디로 이끄는가?

그렇다면 원수가 "선을 가장하여" 속이려 드는 두 번째 영적 상황 중에 있는 열심한 신앙인들은 그들 안에서 올라오는 선하고 거룩한 생각들이 선한 영에서 오는지 악한 영에서 오는지, 또 그 생각들이 제시한 계획들을 하느님께서 바라시는지 아닌지 어떻게 알 수 있을까? 우리가 살펴본 것처럼 영적 위로의 시기에 이런 생각이 들었다는 사실로 모호함이 해결되지는 않는다. 두 번째 영적 상황에서는 선한 영도 악한 영도 앞선 원인이 있는 영적 위로를 줄 수 있기 때문이다(둘째 세

110 폴란드계 미국인으로 20세기에 활동한 유대교 신학자이자 랍비(**편집자 주**).

트의 규칙 3).

이냐시오는 둘째 세트의 규칙 4에서 이미 이 모호함을 해결할 기초를 마련해 주었다. 악한 영은 앞선 원인이 있는 영적 위로와 선하고 거룩한 생각들을 줄 때는 열심한 신앙인들에게 맞추어서 시작하며, 그런 다음 **차츰차츰** 그들을 악한 영 특유의 해로운 **끝**으로 이끌어 가려고 시도한다는 것이다. 이제 둘째 세트의 규칙 5에서 이냐시오는 이 선하고 거룩한 생각들이 이끌어 가는 **끝**에 특별히 초점을 맞춘다. 그리고 열심한 신앙인들이 그 끝을 주의 깊이 관찰함으로써 선하고 거룩한 생각들이 실제로 선한 영에서 오는 것인지 악한 영에서 오는 것인지 명확하게 식별하는 방법을 가르쳐 준다. 이냐시오는 이렇게 말한다.

> [333] 규칙 5. 우리는 생각의 진행 과정에 매우 주의를 기울여야 한다. 시작과 중간과 끝이 모두 선하고 모두 선으로 기울어 있다면 이는 선한 천사의 표지이다. 그러나 떠오른 생각들이 그 진행 과정에서 결국은 어떤 악한 결말에 이르거나, 산만해지거나, 이전에 구상한 것보다 덜 좋은 쪽으로 이끌거나, 이전에 누리던 평화와 안정과 침착성을 빼앗아 심약해지게 하거나 마음을 요동치게 한다면 이는 우리의 유익과 영원한 구원의 원수인 악한 영에서 나왔다는 분명한 표지이다.

이 규칙은 퍼트리샤, 찰스, 바버라, 데이비드 같은 사람들을 비롯해서 그들처럼 자신의 선하고 거룩한 생각들이 갖는 영적 의의를 식별하고자 하는 사람들을 위한 구체적인 지침으로 시작한다. 이냐시오는 아주 간단히 적고 있다. "우리는 생각의 진행 과정에 **매우 주의를 기울여야** 한다."[111] 두 번째 영적 상황에서 근본적으로 필요한 것은 '연관된 내적 체험'에 대한 높은 **주의력**attentiveness이다. 다시 말해 우리는 그 체험에 **주의를 기울여야** 한다. "매우"라는 말을 덧붙여 이 권고의 중요성을 한층 더 강조하고 있다. 우리는 이 내적 체험에 "**매우** 주의를 기울여야" 한다.[112]

규칙 5의 첫 문장은 영들의 식별을 위해서는 끊임없는 **영적 감지**가 중요하다고 강조한다.[113] 첫 번째 영적 상황에서 이미 필수적이었던 이런 감지가 두 번째 영적 상황에서 더욱 필요하고 중요하다. 그 이유는 원수의 속임수가 더 이상 명백하지 않고(첫째 세트의 규칙 13) 숨겨져 있기 때문이다(둘째 세트의 규칙 4). "우리는 생각의 진행 과정에 **매우 주의**

111 둘째 세트의 규칙 5에 관해 내가 제시하는 분석은 기본적으로 Gil, *Discernimiento*, 321-336의 분석을 따른다.

112 힐은 이렇게 이야기한다. "영의 식별 규칙의 둘째 세트에서 이야기하는 규범의 특성에 주목해 보자. 첫째 세트의 규범에서는 우리가 전에 구상한 계획들을 계속 굳게 지키고, 기도를 더 열심히 하고, 자신을 더 성찰하고, 보속을 더 하라고 촉구했다. 반면 둘째 세트의 규범에서는 우리가 영들의 특징에 어느 정도로 주의를 기울여야 하는지를 언급하여, 매우 주의를 기울이고[둘째 세트의 규칙 5], 즉시 돌아보고[둘째 세트의 규칙 6], 더욱 깨어 주의 깊게 살펴보고 식별[둘째 세트의 규칙 8]해야 한다고 말한다." *Discernimiento*, 322. 이와 같이 이냐시오의 영의 식별 규칙의 둘째 세트에서 모든 것은 악한 영의 "숨겨 놓은 속임수들"을 **감지**하는 데 이르도록 방향이 맞추어져 있다. 클레르보의 베르나르도가 말하길, 첫 번째 영적 상황의 (죄가 되는 행위나 좌절 따위로 이끄는) 명백한 유혹들은 "그것들을 알아차린 이들조차도 함정에 빠뜨린다." 하지만 두 번째 영적 상황의 속임수들은 "보이면 소멸된다." 실제로 "일단 발각되고 나면 그것들은 아무런 해도 끼칠 수 없다." K. Walsh, O.C.S.O., and I. Edmonds, trans., *Bernard of Clairvaux: On the Song of Songs* (Kalamazoo, Mich.: Cistercian Publications, 1979), 174-175.

113 갤러허, 『영의 식별』, 59-71쪽 참조.

를 기울여야 한다." 이런 끊임없는 영적 감지를 유지함에 있어 성찰의 역할을 여기서 상기해 보는 것도 적절할 것이다.[114]

둘째 세트의 규칙 5에서 처방하는 주의력이 우리의 내적 체험의 복잡한 흐름 속 존재하는 모든 것을 고려하는 것은 아니다. 그것은 우리의 내적 체험 중 하나의 흐름에만 관련이 있다. "우리는 **생각의 진행 과정the course of the thoughts**에 매우 주의를 기울여야 한다." 여기에서 이냐시오가 언급하는 "생각들"은 바로 직전의 규칙에서 그가 이야기했던 생각들이다. "악한 천사는 … 의로운 영혼에 맞추어 선하고 거룩한 생각들을 불어넣는 특징이 있다"고 했다. 퍼트리샤, 찰스, 바버라, 데이비드, 또 그들과 비슷한 이들이 가진 것처럼 선하고 거룩한 생각들이 바로 이냐시오가 두 번째 영적 상황의 사람들에게 강조하는 주의력를 집중해야 하는 구체적인 대상이다.

그런 사람들은 생각들에 주의를 기울일 때 단순히 그것들을 하나하나 개별적인 생각으로 보지 말고 그 생각들이 **연이어 진행**되는 속에서 그것들을 보아야 한다. 한 생각이 또 다른 생각을 낳을 때 그들은 "생각의 **진행 과정**에 매우 주의를 기울여야 한다." 다시 말해, 이 선하고 거룩한 생각들의 "시작과 중간과 끝"에 유의해야 하는 것이다. 퍼트리샤, 찰스, 바버라, 데이비드의 경우, 영적인 계획에 관한 선하고 거룩한 생각이 어느 시점에선가 일어나고(시작), 이어서 다른 생각들에 의

114 Gallagher, *The Examen Prayer: Ignatian Wisdom for Our Lives Today* (New York: Crossroad, 2006). 영신수련의 상황에서 피정자는 매 기도 시간 후에 하는 기도성찰이나 하루를 돌아보는 양심성찰을 하면서 자신의 영적 체험에 주의를 기울인다. Gil, *Discernimiento*, 323.

해 발전하고(중간), 마침내 결말에 이른다(끝). 둘째 세트의 규칙 5에서 이냐시오는 이들을 비롯한 비슷한 사람들에게 "생각의 진행 과정", 즉 문제의 영적인 계획을 중심으로 한 생각들의 이런 연이은 진행에 특별히 주의를 기울이도록 당부한다.[115]

예를 들어 데이비드가 설교에 관한 자신의 선하고 거룩한 생각들의 진행 과정(설교 사목에 특별히 관심이 집중되는 **시작**, "차츰차츰" 이 선하고 거룩한 생각들의 결과가 나타나는 **중간**, 이 생각들의 진행 과정이 이끄는 **끝**)을 주의 깊게 숙고한다면 이 생각들 안에서, 이 생각들에 수반된 영적 위로 안에서 어느 영이 활동하고 있는지 식별할 이상적인 자세를 갖춘 것이다. 데이비드가 이 특정한 식별을 하기 위해서는, 다름 아닌 설교 사목에 관한 **이** 선하고 거룩한 생각들과 사목 활동을 하는 몇 달 동안 흐르는 이 생각들의 **진행 과정**에 주의를 기울여야 한다.

둘째 세트의 규칙 5에서 이냐시오는 선하고 거룩한 생각들의 진행 과정이 어느 영에서 오는지 식별하는 데이비드 같은 사람들에게 도움

115 토너는 이렇게 이야기한다. "이냐시오는 과정process에 대해서, 즉 시작점에서 종결점까지 어떤 연속성이 있는 일련의 생각과 정감들에 대해 이야기하고 있다. … 그 과정process을 이루는 단계들 사이사이에는 몇 분, 몇 시간, 어쩌면 며칠까지 간격이 있을 수 있다. 그렇지만, 각각의 새로운 단계가 그 전 단계들에서 이어지고, 전 단계들을 토대로 형성되고, 그 단계들을 발전시켜 그것들에 일관성과 목적을 주는 목표를 향하게 한다면 여기에는 연속성과 과정process이 있는 것이다. 그러므로 피로해서 또는 자신의 관심을 필요로 하는 다른 일이 생겨서, 생각들의 진행 과정course이 어떤지 제쳐 놓았다가 나중에 다시 살펴볼 수 있다. 혹은 지금 이 생각이 들었다가 나중에 다른 생각이 들었다가 하는 일이 계속되지만 그 모든 생각들이 하나로 모이고 정신과 마음의 자세를 형성할 수도 있다. 혹은 어떤 생각이 스쳐 지나갔다가 몇 시간이나 며칠 후에 다시 돌아오고 연상 작용으로 다른 생각으로 이어지며 유혹자가 의도한 생각에 미칠 때까지 그런 식의 일들이 계속되기도 한다. 여기에 연속성, 과정process이 있다는 것은 체험 전체를 성찰한 후에야 감지하기도 한다." *Commentary*, 225.

을 준다. 그가 이 규칙에서 주는 도움은 생각의 진행 과정의 **끝**에 주의를 집중하라는 것이다. 이냐시오는 이제 표지를 주는데, 그 표지로써 데이비드 등은 생각들이 진행되어 이른 **끝**의 시점에서, 이 선하고 거룩한 생각들이 어느 영에서 발원하였는지 식별할 수 있고 그에 따른 결과로 자신들이 이제 어떻게 대응해야 하는지도 식별할 수 있다. 선하고 거룩한 생각들은 시작이나 중간보다 **끝**에서 그 결과를 더욱 명확하게 드러내므로(데이비드가 거의 전적으로 설교에만 헌신하면서 생긴 해로운 결과들은 맨 처음 그것을 시작했을 때보다 여러 달이 지난 후 더욱 명확하게 드러났다) 끝의 시점에서 식별하는 것이 그나마 가장 쉽다. 그래서 이냐시오는 먼저, 두 번째 영적 상황의 사람들의 주의를 이 끝의 특성으로 향하게 한다.[116]

끝에서 선한 영으로 드러나는 경우

이냐시오는 말한다. "시작과 중간과 끝이 모두 선하고 모두 선으로

116 힐이 지적한 바에 따르면, 이냐시오는 두 번째 영적 상황에 있는 사람들이 선을 가장한 악한 영의 속임수를 항상 **시작**과 **중간**에서 식별할 수 있으리라 기대하지는 않은 듯하다. 물론 **끝**에 도달하지 않고서는 끝의 영적 특성으로 식별할 수 없다. 다시 말해 생각이 연이어 진행되는 시작과 중간에서 악한 영의 속임수를 알아차리거나 배척하지 못하고 끝까지 간 뒤에야 식별할 수 있다. 그렇기 때문에 이냐시오는 빛의 천사로 위장한 악한 영의 은밀한 속임수를 즉시 식별하는 데 실패할 때 따르는 모든 수치심을 내려놓게 해 준다. 그런 실패는 두 번째 영적 상황을 맞은 이들이 선을 가장한 속임수와 처음으로 맞서 싸울 때 아마도 어느 정도는 불가피하다. 이냐시오가 진정으로 **중요하게 여긴** 것은 그들이 이 체험을 성찰하고 거기서 배우는 것이다. 다시 말해 식별하는 영성 생활이 중요하다. Gil, *Discernimiento*, 345. 둘째 세트의 규칙 6에서 이냐시오는 이 점을 크게 강조할 것이다.

기울어 있다면 이는 선한 천사의 표지이다." 선한 영에서 비롯하든 악한 영에서 비롯하든 **시작**은 영적으로 선할 것이다. 두 번째 영적 상황에서는 선한 영과 악한 영 **모두** (앞선 원인이 있는) 영적 위로를 줄 수 있고 "의로운 영혼에 맞추어서 **선하고** 거룩한 생각들을" 불어넣기도 한다(둘째 세트의 규칙 4). 생각들이 "차츰차츰" 발전하는 **중간**도 "**모두 선**하고 **모두 선**으로 기울어" 있고, 마지막으로 **끝** 역시 "**모두 선**하고 **모두 선**으로 기울어" 있다면, 데이비드 같은 사람들은 이 선하고 거룩한 생각들이 선한 영에서 왔음을 알 수 있을 것이다. 이 경우 그들은 "선한 천사의 표지"를 발견한 것이고 그러므로 그 선하고 거룩한 생각들을 자신 있게 따라도 된다.

규칙들 내내 그랬듯이 여기서도 이냐시오가 구체적인 기준을 준다. 이 기준은 주의 깊은 성찰과 노련한 영적 지도자의 도움을 통해 확인할 수 있으며 생각들의 영적 의미를 다음과 같이 식별하기 위한 것이다. 이 선하고 거룩한 생각들의 시작, 중간, 끝이 **모두** 선하고 **모두** 선으로 기울어 있는가?[117] 이 사람의 생각과 열망은 영적 퇴보 없이 전 과정 내내 전체가 선하고 또 모든 선에 개방되어 있나? 만일 그렇다면 우리는 이 선하고 거룩한 생각들이 선한 영에서 온 것이며 시작부터 그랬다고 결론 내려도 될 것이다. 생각들이 진행되는 **전체** 과정 내내 **퇴**

117 힐의 주장에 따르면 **모두 선하다**all good는 표현은 "비교적 지성적 뉘앙스를 띠며 옳은 개념, 확신, 생각을 뜻한다." 그리고 **모두 선**all good**으로 기울어** 있다는 표현에는 "비교적 의지적 뉘앙스가 더 담겨 있고, 이것들은 의향inclination, 선호predilection, 목표로의 움직임a movement toward, 갈망과 포부desires and aspirations, 끌림attraction 등이 마음속에서 '모든 선all good'과 최고 선Supreme Good에 열려 있게 만든다." *Discernimiento*, 326.

보하지 않은undiminished 이 선함은 선한 영의 표지이다.[118] 이 표지가 실제 체험에서 어떻게 나타나는지 보여 주는 예를 살펴보자.

3장에서 우리는 1903년 4월 22일 아침 엘리자베스 르죄르에게 있었던 깊은 위로의 체험을 인용했다. 그날에 대한 그의 기록은 이렇다. "나는 그분에 의해 내 가장 깊은 곳까지 새로워져 그분의 섭리가 계획하신 새로운 삶과 의무와 일에 준비되었음을 느꼈다."[119] 3주 후 5월 12일 엘리자베스는 앞선 수개월에 걸쳐 자신에게 일어난 하느님의 활동들을 돌아본다. 그의 설명에는 더 큰 차원의 영적 변화 과정이 기술되는데 축복된 4월 22일 아침도 과정의 일부였음이 드러난다.

> 몇 개월간 이 영혼의 삶에 어떤 일이 있었던가!
>
> 이 기나긴 변화는 너무나 부드럽고 매끄럽게 달성되었다. 그것은 하느님께서 뜻하시고 그분께서 마련하신 것으로, 얼마나 감탄할 만한 방식으로 이루어졌던지, 돌아보니 지금에서야 비로소 … 그 단계들이 관조되고 그분께서 하신 일을 찬미할 수 있게 된다.
>
> 우리가 3주 동안 머물렀던 로마에서 나는 대단히 귀중한 시간을 가졌다. 성 베드로 대성당에서의 어느 아침, 나는 내 영혼 전부를 바라시는 그분과의 친밀하고 기쁜 일치 속에서 내 영혼과 내 삶을 하느님께, 그리고 그 시간 이후부터 내 임무가 된 게 분명한 애덕과 빛

---

118 "해석의 열쇠인 이 묘사가 보여 주는 것은 서로 다른 영들을 식별해야 하는 매우 어려운 상황에서도 성 이냐시오에게는 애매한 숙고 방식이 전혀 없다는 점이다. 생각들의 진행 과정에 어떤 악도 보이지 않고 그러기는커녕 모두 선하고 모두 선으로 기울어 있다면, 그것은 선한 영에서 오는 것이다." Gil, *Discernimiento*, 327.

119 *My Spirit Rejoices*, 74. 앞의 3장 참조.

의 사업에 장엄히 봉헌하였다.[120]

2개월 후 7월 9일에 엘리자베스는 자신이 쓴 일기의 일부를 다시 읽는다. 그는 한결같은 하느님의 사랑 패턴을 자신의 인생에서 인식하고 계속 적어 나간다.

> 그분께서는 기대하지 않았던 방식들로 나를 당신께 데려가셨다. 그리고 이제 그분의 은총 덕분에 내 신앙이 뿌리내리고, 깨어나고, 심오해져서 그것 때문에 사람들이나 환경이 내게 어떤 고통을 가한다 해도 내 신앙은 흔들릴 수 없게 되었다.[121]

이후 같은 달인 7월 23일, 엘리자베스는 이 은총의 과정process을 더 상세히 풀어낸다.

> 과거로 돌아가서 이 복된 기억을 되짚어 보고 지난 몇 개월 동안의 깊은 감동들을 명확히 새겨 두어야겠다. 우선, 지난 몇 해 동안 내 안에서 생명을 주시는 끊임없는 하느님의 활동. 그리고 대단원, 그분께서 제정하신 자연스러우면서도 경이로운 대단원. 3월의 잊지 못할 시간들, 이제는 폐쇄된 경당에서. 그다음 성 아우구스티노 성당에서, 하느님과의 완전한 일치, 그리고 새로운 존재가 시작되고 있다는 엄숙한 느낌. 그다음 역시 하느님께서 준비하신, 그 모든 소중한

---

120 Ibid., 70-71.

121 Ibid., 71.

기억들이 뒤섞인 바로 그 감동적인 세례식.[122] 그런 다음 하느님께서 당신의 일을 완성하시기 위해 뜻하신 것으로 보이는 로마로의 여행. 그리고 거기에서 내가 절대로 잊지 못할 두 번의 아침.[123]

이제 둘째 세트의 규칙 5에 비추어 식별에 대한 질문을 해 보자. 엘리자베스는 인생의 이 시점에서 두 번째 영적 상황에 있는 사람으로 보인다. 그리고 지난 수개월 동안 분명히 영적 위로와 선하고 거룩한 생각들이 두드러지게 나타났다. 이 과정은 **모두 선하고 모두 선으로 기울어** 있나? 이 과정이 펼쳐지면서 객관적(엘리자베스가 자신의 인생을 사는 방식)으로든 주관적(그의 내적 자세)으로든 영성의 퇴보가 조금이라도 있었나? 아니면 과정 내내 전부 선했나? 영적 위로와 선하고 거룩한 생각들이 전개되는 이 과정은 엘리자베스가 묘사한 것처럼 모두 선하고 모두 선으로 기울어 있음이 분명해 보인다. 이 수개월은 "변화"의 시간이었다. 그 기간을 통해서 엘리자베스의 신앙이 "뿌리내리고, 깨어나고, 심오해"진다. 그 기간이 전개됨에 따라 그는 "생명을 주시는 끊임없는 하느님의 활동"을 체험한다. 그 기간에 "새로운 존재"가 탄생한다. **선한 영**의 **표지**가 여기에 있다는 것을 의심하기 어렵다.[124]

---

122 어느 성인 개종자의 세례식이었고, 엘리자베스가 그의 대모였다. 이때 만난 사제가 엘리자베스의 영적 지도자가 되었다.

123 Ibid., 72. "두 번의 아침"이란 엘리자베스가 레오 13세 교황을 알현한 4월 19일 아침과 앞서 언급된 4월 22일 기도하던 날의 아침을 말한다.

124 둘째 세트의 규칙 5의 가르침을 따르면 엘리자베스가 이 시점 이후 자신의 영적 체험이 전개되는 동안 그것에 계속해서 고요히 주의를 기울이는 것이 현명하다. 이런 방식으로 만일 미래 어느 시점에 "선을 가장"하여 속이려 드는 시도가 있을 때 그것을 알아차리게 될 것이다. 엘리자베스의 일기는 개인의 영적 체험에 주의를 기울인다는 것

이냐시오는 이렇게 말한다. 두 번째 영적 상황에 있는 사람들이 선하고 거룩한 생각들을 동반하는 (앞선 원인이 있는) 영적 위로를 체험할 때, 그들은 이 선하고 거룩한 생각들이 **시작**되었을 때의 영적 상태와 그 생각들이 전개된 **후**의 영적 상태를 주의 깊게 비교해 보아야 한다.[125] 시작과 중간과 끝이 모두 선하고 모두 선으로 기울어 있다면 식별은 매우 명확하다. 선한 영이 활동하는 것이다.

끝에서 악한 영으로 드러나는 경우

둘째 세트의 규칙 5의 마지막 부분에서 이냐시오는, 선하고 거룩한 생각들의 진행 과정의 **끝**에서 그것이 **악한 영**에게서 왔음을 확인할 수 있는 표지들을 꽤 상세하게 설명한다. 이냐시오는 이 표지들을 둘로 분류한다. 두 종류 모두 이 선하고 거룩한 생각들이 **시작**했을 때에 비해 이들이 **영적으로 퇴보**했음을 나타내는 지표인데, 방식이 서로 다르다.

그런 표지들의 첫째 종류는 다음과 같이 객관적인 편이다. "떠오른 생각들이 그 진행 과정에서 결국은 **어떤 악한** 결말에 이르거나, **산만해지거나**, 이전에 구상한 것보다 **덜 좋은** 쪽으로 이끌거나."[126] 다음 둘

이 어떤 것인지 보여 주는 인상적인 사례다.

125 힐은 시작과 중간과 끝을 어떻게 분간할 수 있는지에 대해 이냐시오가 규칙들에서 아무 지침도 주지 않는다는 점에 주목한다. 두 번째 영적 상황에 있는 이들에게 그런 능력은 영적 체험에 대한 성찰과 훌륭한 영적 지도자의 도움을 통해서 발전한다. *Discernimiento*, 325.

126 이 규칙들의 본래의 배경인 영신수련이라는 상황에서 객관적 퇴보란 피정자의

째 종류의 표지는 이보다 주관적(정감적)이다. "이전에 누리던 평화와 안정과 침착성을 빼앗아 **심약해지게** 하거나 **마음을 요동치게** 한다면." 선하고 거룩한 생각들의 진행 과정이 이런 결과로 이어진다면 "이는 우리의 유익과 영원한 구원의 원수인 **악한 영**에서 나왔다는 **분명한 표지**이다." 두 경우 모두 다음에서 강조된 표현에서처럼 이 선하고 거룩한 생각들이 시작되었을 때의 영적 상황과 비교함으로써 영적으로 퇴보했는지 확인된다. "어떤 악한 결말에 이르거나, 산만해지거나, **이전에 구상한 것보다** 덜 좋은 쪽으로 이끌거나." "**이전에 누리던** 평화와 안정과 침착성을 빼앗아 심약해지게 하거나 마음을 요동치게 한다면."

이런 끝의 특징들은, 생각들이 선한 영에서 올 때의 "**모두 선**하고 **모두 선**으로 기울어" 있는 끝의 특징과 명확히 대조된다. 이 표지들을 돌아본다면 실생활에서 그것들을 알아차리는 데에 도움이 될 것이다.

"어떤 악한 결말에 이르거나"

우선 이것은 도덕적인 의미의 어떤 악한 결말, 다시 말해 그리스도의 가르침에 반대되는 어떤 것일 수도 있다. 악한 영에 의한 선하고 거룩한 생각들의 진행 과정을 식별하지 않고 그의 "사악한 의도"가 달성되는 쪽으로 그것을 뒤쫓다 보면, 열심한 신앙인도 그런 "끝"에 이를 수 있다. 하지만 두 번째 영적 상황에 있는 사람들은 지극히 열심한

생각과 구상에서 나타날 것이다("**생각들**이 그 진행 과정에서"). 그리고 피정 밖, 일상에서 이 객관적 퇴보는, 예컨대 수개월 동안 설교 사목에 열렬히 집중한 데이비드와 같이, 그 사람이 처한 실제 상황에서도 나타나게 될 것이다. 서문의 각주 6번(18-19쪽) 참조.

삶을 살 것이기에, 여기에서 "어떤 악한 결말"은 도덕적인 의미의 악이 아닐 가능성이 더 높다. 어쩌면 그 자체로는 어떤 선한 것, 심지어 아주 선한 것일 수 있지만, **이 상황에서**, **이 사람에게** 악한 결말일 수도 있다.[127]

아시시의 프란치스코의 초기 전기 중 하나에 이런 종류의 상황에 대한 이야기가 나온다. 작가는 선을 열렬히 좇던 어떤 사람의 "악한" 결말을 당대 성인전 특유의 언어로 기술한다.

> 또 다른 수사가 있었는데 그는 사람들 사이에서 상당히 칭송받았고 하느님 앞에서는 은총으로써 더더욱 칭송받았다. 모든 질투의 시조인 악마는 그 수사의 덕성 때문에 그를 시기하여 이미 천국까지 도달한 이 나무를 베어 쓰러뜨리고 그의 손에서 왕관을 낚아챌 계획을 짰다. … 그래서 악마는 더 훌륭한 완덕으로 가장하여 수사의 머릿속에 고독에 대한 갈망을 불어넣었다. 끝에 가서 그 수사가 혼자 남았을 때 그에게 달려들어 그를 더 빨리 쓰러뜨리려는 것이었다. 그렇게 혼자서 넘어진다면 그를 일으켜 줄 사람이 아무도 없게 될 터였다. … 그는 형제들의 공동체에서 떨어져서 이방인과 순례자로 세상을 떠돌아다녔다. … 하지만 그가 이런 식으로 유랑하고 있을 때 하느님의 위로가 그에게서 물러났고 유혹의 폭풍이 그를 덮쳤다. … 그리고 심연 가까이까지 떨어지게 된 그는 벼랑 끝에서 간신히 버티고 있었다. 그때 자애로운 섭리의 눈이 이 가엾은 사람을 불쌍히 여

127 Gil, *Discernimiento*, 328 참조.

겨 "인자하신 눈으로 굽어 보셨다"(집회 11,12). 그리하여 그 수사는 역경을 통해 자신의 오성(悟性)을 회복하고 제정신으로 돌아오며 이렇게 말했다. "불행한 자여, 네 공동체로 돌아가거라. 거기에 네 구원 있으니." 그는 지체하지 않고 즉시 일어나 어머니의 품으로 서둘러 돌아갔다.[128]

여기에는 두 번째 영적 상황에서의 식별에 관한 모든 요소가 있다. 문제의 수사는 대단히 거룩한 사람으로 "그는 사람들 사이에서 상당히 칭송받았고 하느님 앞에서는 은총으로써 더더욱 칭송받았다." 그의 크나큰 열망은 사랑을 키우고 하느님과 더 일치하는 것이다. 그리고 그런 영적 성장을 돕는 것이면 무엇이든 받아들일 준비가 되어 있다. 따라서 원수는 첫 번째 영적 상황에서처럼 영적 실망이나 "명백한 속임수들"(첫째 세트의 규칙 13)로 그를 해하려 하는 게 아니라 오히려 선을 가장하여 빛의 천사의 겉모습을 하고 그를 해친다("그래서 악마는 **더 훌륭한 완덕으로 가장하여** 수사의 머릿속에 고독에 대한 갈망을 불어넣었다. 끝에 가서 그 수사가 혼자 남았을 때 그에게 달려들어 그를 더 빨리 쓰러뜨리려는 것이었다").

선하고 거룩한 생각의 진행 과정이 어떻게 시작하는지 이 일화에 명확히 적혀 있다. "그래서 **악마는 수사의 머릿속에** 고독에 대한 갈망을 **불어넣었다**." 이 수사가 열심하고 거룩한 수도 생활을 살고 있는 동

---

128 Thomas of Celano, *Second life*, 32. In *St. Francis of Assisi, Writings and Early Biographies: English Omnibus of the Sources for the Life of St. Francis*, ed. Marion Habig (Chicago: Franciscan Herald Press, 1973), 390-391.

안, 고독을 향한 이 갈망이 아직 그의 생각에 들어가지 않은 때가 있다. 그러다가 어느 시점에, 이 생각이 그 수사 안에서 처음으로 구체화된다. 이것이 빛의 천사인 척 행동하는 악한 영에 의해 주어진 선하고 거룩한 생각의 진행 과정의 **시작**이다.[129] 이 선하고 거룩한 생각은 더 훌륭한 영적 성장을 열렬히 바라는 영혼, "의로운 영혼에" 기민하게 "맞추어져" 있다(둘째 세트의 규칙 4).

이 이야기에는 악한 영의 "사악한 의도", 악한 영이 도달하려는 **끝**에 관해서도 명시적으로 설명되어 있다. "**끝에 가서** 그 수사가 혼자 남았을 때 그에게 달려들어 그를 더 빨리 쓰러뜨리려는 것이었다. 그렇게 혼자서 넘어진다면 그를 일으켜 줄 사람이 아무도 없게 될 터였다." **중간**, 즉 이 끝을 향한 점차적인 전개 과정 역시 짧게 언급된다. "그는 형제들의 공동체에서 떨어져서 이방인과 순례자로 **세상을 떠돌아다녔다**. … 하지만 **그가 이런 식으로 유랑하고 있을 때** 하느님의 위로가 그에게서 물러났고 유혹의 폭풍이 그를 덮쳤다."

악한 영의 의도에는 물론이고 사실상 이 선하고 거룩한 생각들의 진행 과정의 **끝**에도 **어떤 악한 것**이 존재한다는 것은 명백하다. 도덕적 의미에서 악은 아니다. 고독과 기도의 삶으로 하느님께 부르심을 받은 사람들에게는 그런 생활이 축복된 일이기 때문이다. 그러나 그것보다는, 다른 이들과 공동체를 이루어 함께하는 수도 생활로 부르심 받은 **이 수사에게는** 어떤 악한 결말이다.

---

129 이 수사를 비롯하여 두 번째 영적 상황에 있는 모든 이들이 어떤 영이 활동하는지를 **이 시작 시점에서** 식별할 수 있을까? 이것은 이냐시오가 둘째 세트의 규칙 7에서 다룰 질문이다.

이냐시오는 이것이 첫 번째 표지라고 말한다. 두 번째 영적 상황에 있는 사람들이 자신이 받은 선하고 거룩한 생각 안에서 어느 영이 활동하고 있는지 이 표지로써 식별할 수 있다. "떠오른 생각들이 그 진행 과정에서 결국은 **어떤 악한** 결말에 [이르면] … 이는 우리의 유익과 영원한 구원의 원수인 악한 영에서 나왔다는 분명한 표지이다." 정말로 "어떤 악한 결말"로 끝났는지는 "이전에 구상한 것"과 비교하면 분명히 드러난다. 두 번째 영적 상황에 있는 사람들과 그들의 영적 지도자가 "매우 주의를 기울여야" 하는 비교이며, 그들로 하여금 어느 영이 활동하고 있는지 명백하게 식별할 수 있게 해 줄 비교이다.

두 번째 영적 상황에 있는 남성 평신도가 열정으로 가득 차 새로운 영적 계획을 추진한다. 신실한 여성 수도자가 기도의 삶, 복음적 단순함의 삶, 사목을 위한 학업의 삶에 새로이 기쁘게 투신한다. 신앙으로 충만한 사제가 영성 단체에 합류하고 자신의 삶에서 이 단체가 북돋우는 영적 성장을 기쁘게 누린다. 심원한 기도의 삶을 사는 부인이 사목적 요구를 알아차리고 그 요구를 충족하는 일에 착수하면서 영적 위로를 얻는다. 이 의로운 영혼들에게 맞춰진 선하고 거룩한 생각들, 그리고 선하고 거룩한 시작… 과연 어느 영이 활동하고 있을까?

시간이 경과하는 동안 계속해서 이 사람들과 그들의 영적 지도자들이 선하고 거룩한 생각들의 진행 과정에 주의를 기울이고 "시작과 중간과 끝이 모두 선하고 모두 선으로 기울어 있다"고 인식한다면, 그들은 자신 있게 그 계획을 추진해도 된다. 그들은 선한 영의 표지를 발견한 것이다.

하지만 이 평신도가 새로운 계획으로 인해 기도의 삶이 점점 피폐해졌음을 발견한다면, 영적으로 새롭게 노력하는 이 수녀가 "덜 열심한" 다른 수녀들을 비난하고 그들과 소원해졌음을 깨닫는다면, 사제가 자신이 새로 합류한 단체의 특정 영성을 열광적으로 장려하는 바람에 본당이 분열했음을 인식한다면, 이 부인이 사도직 활동에 대한 자신의 열성적 헌신 때문에 결혼 생활 자체가 위협받고 있음을 알아차린다면, 그런 경우 이 사람들과 그들의 영적 지도자들은, 시작 단계에서 선한 것으로 보였던 일들에 악한 영이 활동하고 있다고 식별해도 될 것이다. 그런 다음 이들은 각 상황에서 영적으로 건강한 어떤 조정이 필요한지 결정할 수 있을 것이다. 이냐시오는 그런 퇴보, 즉 끝을 결정짓는 이 "어떤 악한 결말"이 바로 악한 영이 열심한 신앙인들 안에서 활동하는 명확한 표지라고 말한다.

"산만해지거나"

악은 아닐 수도 있으나 하느님께서 사람들에게 진정으로 바라시는 것에 집중하지 못하고 **산만해진 것**으로 여겨지는 끝에 대해서도 같은 방식으로 숙고한다. 이냐시오에게는 이 "산만해지는" 특성이, 그가 공부하는 동안 받은 영적 위로가 악한 영에게서 왔다는 표지였다.

> 다시 바르셀로나로 돌아온 그는 부지런히 공부를 시작하였다. 그런데 한 가지 **귀찮은 일**이 생겨났다. 문법 공부를 시작하자면 암기하는 일이 필수적인데, 하필이면 그때 영신 사정에 관한 새로운 깨달음과 새로운 희열이 덮쳐 와서 도무지 **암기를 할 수 없을뿐더러**, 아무리 애

를 써도 그것들을 떨쳐버리지 못하였다.[130]

이런 영적 위로는 앞으로의 사도직에 필요한 학업에 집중하지 못하고 산만해지는 것이었기에, 이냐시오는 그것이 선한 영에서 온 것이 아니라고 식별하고 그것을 배척한다.

데이비드와 그의 설교 사목에 대해서도 똑같이 말할 수 있다. 그가 설교라는 예언자적 역할에 갈수록 몰입하게 되면서 본당에서는 목자의 역할에 집중하지 못하고 **산만해진다**. 분명히 하느님 말씀을 설교하는 일에는 **악한 것**이 전혀 없다. 하지만 이 사목에 열렬히 집중하면 다른 중요한 사제 직무에서 **산만해지며** 많은 사람에게 영적으로 해로운 결과를 초래한다. 산만하게 하는 이 움직임에는 악한 영의 표지가 명백하게 드러나 있다.

이냐시오는 이런 관점에서도 열심한 신앙인들과 그들의 영적 지도자에게 조용히 주의를 기울이라고 말하면서 영적 위로를 받아 선하고 거룩한 것을 추진할 때 그 끝이 어디에 이르는지 주시하라고 초대한다. 어느 열심한 신앙인이 어떤 특정한 사목을 육성하는 데에 빠져 있거나, 영성 생활의 특정한 측면을 계발하는 데에, 이 영성 단체를 홍보하는 데에, 이 부류의 사람들에게 봉사하는 데에, 혹은 비슷하게 명백히 규정되는 영적 목표에 열정적으로 빠져 있을 때, 이렇게 물어봐야 한다. 선하고 거룩한 것에 대한 이 사람의 헌신이 "모두 선하고 모두 선으로 기울어" 있는가, 아니면 그가 받은 소명의 다른 부분, 하느님께

---

130 『자서전』, 54번.

서 주신 다른 책임들, 이 사람의 역할이 긴급히 필요한 다른 더욱 중요한 임무에서 그를 **산만하게** 하는가? 이런 질문이 교회의 사명에 중대한 의의가 있음은 매우 분명하며 그에 대한 답을 정확하게 식별하는 중요성 역시 그러하다.

"덜 좋은 쪽으로 이끌거나"

선하고 거룩한 생각들이 이끄는 끝은, 악하지도 않고 산만하지도 않고 그저 "이전에 구상한 것보다" **덜 좋을 뿐**일 수도 있다. 이 경우에도 끝의 영적 특성은 "처음"과의 비교를 통해서 식별된다. 다시 말해 이 선하고 거룩한 생각들이 시작되었을 때의 영적 상황과 비교해 보는 것이다.

요한 비안네와 그의 관상 생활에로의 끌림이 이런 경우라고 할 수 있다. 물론 그가 관상 생활을 선택했더라도 그의 수도 생활이 거룩하고 교회에 유익했을 것이다. 하지만 요한 비안네의 사목이 매년 수천 명의 신자들에게 축복이었으니 **그가 처한 구체적인 상황에서**—비안네 자신이 마음속 깊은 데서 파악한 바와 주교들의 판단에 따르면—그런 변화는 이례적으로 결실이 풍성했던 그의 본당 사목보다 교회에 **덜 좋았을 것**이다.

찰스 부제와 청년 사목에만 전념하려는 그의 생각에 대해서도 비슷하게 논할 수 있다. 그런 사목은 명백히 선하고 거룩한 일이다. 하지만 이 특정한 상황, 즉 재무와 전례에 대한 찰스의 전문성이 본당에 새로운 활력을 불어넣는 데에 너무도 큰 공헌을 하고 있는 상황에서 그가 구상했던 사목 변경은 현재의 직무보다 **덜 좋은 것**으로 판명날 수 있다. 둘째 세트의 규칙 5를 따르는 데 있어 찰스와 영적 지도자는 이 문제를 의식하고 찰스에게 그런 영적 에너지를 주는 "생각의 진행 과정"을 주의 깊게 관찰해야 할 것이다.

두 번째 영적 상황에 있는 열심한 신앙인들과 그들의 영적 지도자는 이제 한 발 더 나아가 "매우 주의를 기울여" 다음을 고려해야 한다. 열렬한 신앙심으로 가득 찬 사람들이 마음속으로 기뻐하며 선하고 거룩한 계획을 좇을 때 그로부터 발생할 결과가 무엇인가? 그것이 모두 선하고 모두 선으로 기우는 "끝"으로 이끄는가? 아니면 그런 이들이 이전에 수행하던 봉사와 비교해 보았을 때 **덜 좋은 것**으로 드러나고, 현실에서는 교회 생활의 퇴보로 나타나는가? 다시 한번 이야기하지만 이런 식별의 중요성은 명백하다.

"심약해지게 하거나"

이제 이냐시오는 그런 생각들의 진행 과정이 아낌없이 헌신하는 열심한 이 신앙인들에게 초래하는 더욱 내밀하고 정감적인 결과로 우리의 관심을 돌린다. 이 선하고 거룩한 생각들의 끝이 객관적으로 악한 어떤 것이거나 산만하거나 이전에 구상한 것보다 덜 좋은 것으로 구성되지 않을 수도 있다. 하지만 이 생각들이 다 진행되었는데 하느님에 대한 사랑과 봉사에 대하여 계속 내적으로 **심약해져** 있다면 악한 영의 표지가 더 있는지 식별하는 게 좋다.

만레사에서 이냐시오가 휴식을 취하는 동안 체험한 거룩한 생각들과 영적 위로에서 이러한 종류의 움직임이 잘 드러난다. "그러나 자리에 들 때면 크나큰 깨달음과 크나큰 영적 위로가 여러 번 찾아왔으며, 그래서 그나마 많지도 않은 수면시간을 잊은 채 시간을 보내곤 하는 것이었다." 거룩한 생각들과 영적 위로 때문에 이렇게 심약해지는 것을 인식했을 때 이냐시오는 "이런 깨달음이 과연 선한 영에게서 오는 것인지 어쩐지 의심스러워졌다. 그는 마침내 그것들을 배척하고 정한 시간에는 잠을 자는 것이 아무래도 좋겠다고 스스로 결론을 내리고는 그대로 실천하였다."[131]

예수님께서 아버지 하느님께 철저히 의지하시는 데에 깊이 위로받고 이제 새로운 방식으로 복음적 가난을 추구하는 바버라도 심약해진다는 표지에 유의해야 할 것이다. 그가 삶의 방식을 한층 더 단순화함에 따라 그의 영성 생활의 **정감적 특성affective quality**에는 무슨 일이 벌어지는가? 이 과정은 줄곧 모두 선하고 모두 선으로 기울어 있는가? 아니면 바버라가 너무 많은 변화를 지나치게 빨리 일으킨 결과, 복음적 가난을 계속 열망하기는 하지만 열정과 기쁨은 줄어든 시점에 도달했나? 삶을 단순화하기 전에 가졌던 영적 에너지가 **약해졌나**? 바버라를 비롯하여 그와 비슷한 상황에 직면한 사람들은 영적 지도자의 도움을 받으며 이 선하고 거룩한 계획들이 자신들의 영적 에너지에 미치는 영향에 주목하는 게 좋을 것이다.[132]

---

131 Ibid., 26번. 여기에서 심약해진다는 것은 단지 간접적으로 "영혼이" 약해짐을 말한다.

132 영신수련이라는 특수한 상황에서는, "예컨대 하느님께서 피정자를 특정한 방향으로 이끄시면서 그에게 이 선택에 대한 열망과 명확성을 주셨을 때 이런 일이 일어난다. 그럴 때 악한 영은 빛의 천사인 양 접근하고 조급한 생각을 불어넣어, 이 선택으로

어떤 열심한 신앙인이 구원을 위해 십자가 위에서 돌아가신 그리스도의 자기희생에 크나큰 사랑을 느낀다. 어떤 사람은 너무나 자주 하느님을 잊어버리는 문화 속에서 예언자적 목소리를 높이고자 간절히 열망한다. 또 어떤 사람은 삶에 영적 의미가 부족한 사람들이 겪는 고통에 마음 아파한다. 하느님의 사랑에 마음이 움직여, 물질적 지원이 긴급히 필요한 전쟁과 자연재해의 피해자들을 도우려는 사람도 있다. 이런 종류의 선하고 거룩한 생각들이 진행되어 두 번째 영적 상황에 있는 사람들을 움직여 행동하게끔 할 때 이냐시오는 그들과 영적 지도자들에게 계속해서 차분히 주의를 기울이고, 선하고 거룩한 생각들이 전개될 때 다음 질문을 해 보라고 조언한다. 여전히 계속해서 **모두** 선으로 기울어 있는가, 아니면 이 사람들이 전에 가졌던 영적 에너지에 비해 영적 에너지가 **약해졌나**? 이 질문에 대한 답이 그들의 생각과 그 생각들이 이끄는 행위에 어떤 영이 활동하고 있는지에 대한 표지sign를 줄 것이다.

"마음을 요동치게 한다면"

생각들의 끝에서 확인할 수 있는 악한 영의 마지막 정감적 표지는 "이전에 누리던 평화와 안정과 침착성을 빼앗아" 마음을 요동치게 하는 것이라고 이냐시오는 말한다. 이 선하고 거룩한 생각들이 시작될

되돌아가 거듭거듭 재고하게 하여 결국에는 지쳐 버리게 만든다." Gil, *Discernimiento*, 332. 피정자의 **선택**에는 달라진 것이 없지만 이제 그는 그것을 실행하는 데 **약해진** 상태다.

때 내적 **평화**와 **안정**과 **침착성**을 체험했던 사람은 이 생각들이 진행하고 난 후 이 평화와 안정과 침착성을 **빼앗기고 마음이 요동치는** 상태로 남게 된다.[133]

이 표지는 데이비드의 체험과 그가 설교 사목에 열중하는 모습에서 명백하게 보인다. 데이비드가 사목에 관여하기 **시작**할 때 그는 사제 생활 중 어느 때보다도 더 행복하고 성취감도 더 느낀다. 하지만 **끝**날 때 그는 화가 나 있고 마음이 괴롭다. 그가 이전에 누리던 내적 "평화와 안정과 침착성"은 빼앗겼고 이제 데이비드는 **마음이 요동친다**. 이냐시오는 이를 두고 악한 영이 빛의 천사인 양 활동하는 명백한 표지라고 말한다. 데이비드가 영적 지도자의 도움을 받아 자신이 이전에 누리던 영적 위로와 현재의 내적 불안을 비교할 때, 정확히 이 표지를 발견한다. 그러자 새롭고 건강한 영적 선택들이 그의 앞에 펼쳐진다.

더 훌륭한 영적 성장을 찾아 공동체를 떠났던 열심한 프란치스코회 수사에 대해서도 비슷한 이야기를 할 수 있다. 우리가 이야기했던 그 사건이 **시작**되었을 때 그에게는 은총, 덕, 영적 에너지가 충만했다. 하지만 고독한 순례자로서의 여정이 **끝**났을 때 그는 "역경"을 겪는 "불

133 악한 영의 활동에 대한 객관적 징후 세 가지("어떤 악한 결말에 이르거나, 산만해지거나, 덜 좋은 쪽으로 이끌거나")가 정감적 징후 세 가지("심약해지게 하거나 불안하게 하거나 어지럽히거나")와 병렬적으로 대비되었고, 또 서로 다른 동사가 두 개(*inquieta*와 *conturba*) 사용되었으니, 악한 영의 속임수를 나타낼 때 "불안하게 하다"와 "어지럽히다"를 서로 다른 정감적 징후로 다뤄야 한다는 주장이 있을 수 있다. 이 두 단어에 미묘한 차이는 있으나 둘 다 동일한 실재(내적으로 영적 평화가 줄어듦)를 의미하는 것으로 보이므로 나는 이 둘을 하나로 묶었다.

행한" 사람이었다. 실제로 "하느님의 위로가 그에게서 물러났고 유혹의 폭풍이 그를 덮쳤다." 전에 이 사람에게 있었던 내적 "평화와 안정과 침착성"은 빼앗겼고 그는 마음이 괴롭고 요동치는 채로 남겨진다. 이 역시 악한 영이 빛의 천사인 양 활동하는 명백한 표지이다.

이제 다음 질문은 두 번째 영적 상황에 있는 사람들과 그 영적 지도자들이 식별하려 할 때 물어야 할 마지막 질문이다. 선하고 거룩한 생각들에 영감을 받은 프로젝트가 얼마나 좋든 간에, 그 생각들이 진행하여 펼쳐질 때 그들로 하여금 이전의 영적 위로를 잃게 하고 그들을 영적으로 괴롭고 요동치게 만들었나? 만일 그렇다면 이 생각들에 대한 식별은 명확하다. 그런 영적 에너지의 감퇴는 원수의 활동을 나타내는 것이다.

둘째 세트의 규칙 5는 두 번째 영적 상황에 있는 사람들과 그들의 영적 지도자에게 결정적으로 중요한 규칙임이 분명하다. 이 규칙에서 이냐시오는 가장 명확한 표지를 주어 그들이 그것을 통해 빛의 천사로 가장한 악한 영의 은밀한 속임수를 식별해 낼 수 있게 해 준다. 원수의 선하고 거룩한 생각들은 진행이 완료되었을 때 **어떤 악한 결말**이거나 **산만**해지거나 이전에 구상한 것보다 **덜 좋은 것**에 이르게 한다. 혹은 그 생각들은 열심한 신앙인들이 전에 가졌던 하느님 안에서의 평화를 앗아 버려 그들을 **심약해지게** 하거나 **마음을 요동치게** 한다. 이러한 표지들이 혹시라도 나타나는지 차분하게 지켜보는 사람들은 악한 영의 속임수를 식별할 준비가 되어 있고, 그렇기 때문에 자신이 사랑하는 하느님을 향하여 확실히 전진할 준비가 되어 있다.

6장

미리 내다보며 대비하는 성찰(규칙 6)

포이멘 아빠스Abba Poemen the Great[134]께서 말씀하셨다. "깨어 있음, 자기 인식, 그리고 식별. 이들이 영혼의 안내자이다."

—사막 교부들의 금언집

식별 능력의 향상

규칙들 내 이 시점에서 두 번째 영적 상황에 있는 열심한 신앙인들은 자신들의 선하고 거룩한 생각들의 **끝**을 숙고함으로써 식별할 준비가 되어 있다. 이 생각들의 끝이 모두 선하고 모두 선으로 기울어 있나? 그렇다면 이 생각들은 선한 영에서 온 것이다. 영적 퇴보를 가리키는 객관적 징후(어떤 악한 결말이거나 산만해지거나 덜 좋은)나 주관적 징후(심약해지게 하고 마음을 요동치게 하는)가 있는가? 그렇다면 이 생각들은 악한 영에서 온 것이다. 열심한 신앙인들은 이에 따라 이 생각들이 제

134 초기 사막 교부들 중 한 명으로 그의 이름 포이멘은 그리스어로 '목자'를 뜻한다. 포이멘의 금언은 『사막 교부들의 금언집The Sayings of the Desert Fathers』에서 가장 많이 인용되고 있다(**편집자 주**).

시하는 계획을 받아들일지 배척할지를 안다.

이제 이냐시오는 이들에게 식별 능력을 더더욱 향상하라고 당부한다. 악한 영에 의한 선하고 거룩한 생각들의 **끝**—그 프란치스코회 수사의 고독한 방황 후의 영적 상황, 데이비드가 수개월 동안 설교에 온 열성을 다한 후의 영적 상황을 비롯하여 이와 비슷한 모든 해로운 끝—에 앞서 이 생각들의 진행 과정에는 **시작**과 **중간**이 있었다. 프란치스코회 수사, 데이비드, 그들과 비슷한 열심한 신앙인들이 모두 끝에 이르기 **전에**, 즉 **중간**이 "차츰차츰" 진행될 때 일찍이 식별할 수 있다면 그들이 얻을 영적 이득은 명백하다. 원수의 "은밀한 속임수"는 그것이 전개되는 과정에서 훨씬 일찍, 그리고 그 결과 원수의 의도대로 해를 끼칠 힘이 발전하기 전에 정체가 드러나게 될 것이다.

둘째 세트의 규칙 6에서 이냐시오는 이 선하고 거룩한 생각들의 진행 과정의 **중간**에 집중하면서, 열심한 신앙인들이 이 진행 과정의 **중간 단계에서** 식별 역량을 어떻게 발전시킬 수 있는지에 초점을 맞춘다. 원수에 의한 선하고 거룩한 생각들의 악한 끝을 통해(둘째 세트의 규칙 5) 이 사람들은 선을 가장하여 자신들을 속이려는 원수의 시도를 이미 인지하였다. 이제 그들은 끝에 이르기 **전에**, 즉 장차 원수가 이런 방식으로 그들을 속이려 드는 미래의 어떤 시도든 그것의 **중간** 단계에서 원수의 속임수 전술을 알아보는 법을 배우게 될 것이다. 이냐시오의 규칙 6은 다음과 같다.

[334] 규칙 6. 인간 본성의 원수가 뱀의 꼬리와 그가 유도하는 나쁜 결말로 인해 인지되고 알려졌을 때, 원수에게 유혹을 받은 사람은

원수가 불어넣었던 선한 생각들의 진행 과정을 즉시 돌아보는 것이 유익하다. 그 생각들이 어떻게 시작되었는지, 어떻게 원수가 자신이 누리던 감미로움과 영적 기쁨에서 차츰차츰 끌어내려 자신을 그 사악한 의도로 유인해 왔는지 살펴보는 것이다. 이는 이렇게 알게 되어 유의하게 된 경험을 바탕으로 장차 원수의 상투적인 속임수에서 자신을 지킬 수 있기 위해서이다.

우선 이 규칙의 내용을 고찰하고 나서 구체적인 체험에 비추어 더 깊이 들어가 보자.

"이렇게 알게 되어 유의하게 된 경험을 바탕으로"

규칙 6은 "인간 본성의 원수가 뱀의 꼬리와 그가 유도하는 나쁜 결말로 인해 **인지되고 알려졌을** 때" 적용하는 것이라고 이냐시오는 우리에게 가르친다.[135] 그렇다면 이 규칙은 원수의 선하고 거룩한 생각들을 따랐을 때 다다른 **나쁜 결말**을 통해 원수를 **이미 인지한** 사람들, 즉 바로 전 장에서 논의한 둘째 세트의 규칙 5에 따라서 이미 식별한

135 "뱀의 꼬리"란 원수의 선하고 거룩한 생각들이 다다르게 하는 "나쁜 결말"의 은유적 표현이다. Gil, *Discernimiento*, 344. 이와 마찬가지로 이냐시오는 두 개의 깃발의 묵상에서 은유적 언어를 사용하여 원수를 묘사하고(영신수련 140번) 첫째 세트의 규칙 12-14에서도 같은 방식을 사용한다. 우리가 살펴보고 있는 규칙 6에서 이냐시오는 악한 영을 "인간 본성의 원수"라고 묘사하는데 이는 그가 첫째 세트의 규칙 12-14에서 사용한 표현이다. 갤러허, 『영의 식별』, 320쪽 참조. *Discernimiento*, 342-352에서 둘째 세트의 규칙 6에 대한 길의 분석이 전반적으로 여기에 나온 내용의 근거를 이룬다.

사람들을 위한 규칙이다. 따라서 우리가 지금 살펴보고 있는 둘째 세트의 규칙 6은 **끝**의 표지에 따른 식별이 이미 이루어졌음을 전제로 한다. 열심한 신앙인들에게 이런 식별이 실제로 이루어졌다면, 그들은 이냐시오가 둘째 세트의 규칙 6에서 제안하는 대로 그 생각들을 종합적으로 되돌아봄으로써 식별 능력을 한층 더 향상시킬 수 있는 이상적인 위치에 있는 것이다. 원수에 의한 선하고 거룩한 생각들의 진행 **과정 전체**를 성찰하는 것은 장래에 성장을 용이하게 하기 때문에, 이냐시오의 말에 의하면 "유혹을 받은 사람[에게] … **유익하다**."

이냐시오는 이 사람들에게 "원수가 불어넣었던 선한 생각들의 진행 과정을 **즉시 돌아보라**"고 조언한다. 다시 말해 원수가 다다르게 한 나쁜 결말을 발견한 **즉시** 그 체험의 **전 과정**을 되돌아보라는 것이다. 바로 이 시점, 그들의 의식 안에서 그 체험이 아직 생생한 이때야말로 가장 통찰력 있게 그 체험을 이해할 수 있는 유리한 시점이고 그렇기 때문에 영적으로도 가장 유익한 때이다.[136]

이미 선하고 거룩한 생각들의 나쁜 **결말**을 식별해 낸 열심한 신앙인—프란치스코회 수사, 본당을 맡고 있는 데이비드, 이들과 비슷한 다른 이들—은 이제 이 나쁜 결말에 이르게 한 **시작**과 **중간**을 되돌아보아야 한다고 이냐시오는 말한다. 그 열심한 신앙인은 "원수가 가져

136 "시간이 많이 지나기 전에 이 성찰을 해야 한다. 왜냐하면 중요한 세부 사항을 잊어버리게 될 것이기 때문이다. **즉시**, 곧바로, 가능한 한 빠르고 즉각적으로 살펴야 한다. 그리고 만일 성찰을 기록할 수 있다면 더욱 좋다. 기록을 하면 자신의 체험을 영적 지도자에게 전하는 데에 도움이 될 것이다." Gil, *Discernimiento*, 345-346. 이어서 힐이 지적하듯 이 성찰의 목적은 도덕적 잘잘못을 헤아리려는 것이 아니고 앞으로의 식별을 위한 영적 체험을 얻는 것이다. Ibid., 346. Toner, *Commentary*, 236도 참조.

다준 선한 생각들의 진행 과정을" 성찰해야 한다. "그 생각들이 어떻게 **시작**되었는지, 어떻게 원수가 자신이 누리던 감미로움과 영적 기쁨에서 **차츰차츰** 끌어내려 자신을 그 사악한 의도로 유인해 왔는지 살펴보는 것이다." **시작**은 선하고 거룩하며 "의로운 영혼에 맞추어져" 있었다(둘째 세트의 규칙 4). 원수의 "은밀한 속임수들"은 **중간**이 "차츰차츰" 점진적으로 진행되는 과정 속에서 베일에 가려져 있었다. 지금 이런 성찰로 바로 이 은밀한 속임수들을 밝혀내려고 시도하는 것이다.

열심한 신앙인은 원수가 자신을 "나쁜 결말"로 이끌었음을 이미 알고 있다. 이 사람이 아직 명확하게 인지하지 못한 것은, "**어떻게** 원수가 자신이 누리던 감미로움과 영적 기쁨에서 차츰차츰 **끌어내려**" 왔는지, 즉 원수가 **어떻게** 자신을 이 나쁜 결말에 이르게 했는지이다.[137] 이냐시오가 둘째 세트의 규칙 6에서 제안하는 성찰은 정확히 바로 이 "차츰차츰"이 **어떻게** 실현되었는지, 다시 말해 거룩한 프란치스코회 수사, 영적으로 열정적인 데이비드, 혹은 그들처럼 아낌없이 헌신하는 열심한 신앙인들 안에서 원수가 **구체적으로** 어떻게 활동했는지 명확하게 하기 위한 규칙이다. 원수가 **각 개인의** 어떤 영적 어려움들spiritual liabilities을 통해서, 어떤 **구체적인** 교묘한 단계들을 이용해서 그들의 영적 **하락**을 가져왔는지 명확하게 해 주는 것이다.[138] **이** 프란치스

137 Gil, *Discernimiento*, 344 참조.

138 이 규칙에 언급된 원수의 활동의 **하향적**descending 특성은 둘째 세트의 규칙 5를 떠오르게 한다. 그 규칙에서 이냐시오는 원수의 나쁜 결말에 대해, 그 사람이 이전에 구상한 것보다 객관적으로 "덜 좋고", 그 사람이 이전에 누리던 평화와 안정과 침착성을 주관적으로 "빼앗는다"고 말한다. 이와 마찬가지로 "자신이 누리던 **감미로움**과 **영적 기쁨**에서" 끌어내린다는 부분은, 원수는 하느님과 그분의 천사들이 열심한 신앙인들에게

코회 수사의 거룩함에 대한 열렬한 추구 속에서 무언가가, 설교에 대한 **데이비드**의 사랑에서 무언가가 선을 가장한 원수의 속임수를 위한 기회를 제공했다. 이들을 비롯하여 이들과 비슷한 사람들은 둘째 세트의 규칙 6에서 제안된 성찰을 통해서, 선하고 거룩한 생각들이 진행하는 동안에는 미처 지니지 못했던, 이 영적 어려움들에 관한 명료한 인식을 추구한다.[139]

두 번째 영적 상황에 있는 사람들에게 그런 명료한 인식이 엄청나게 소중한 가치가 있음은 분명하다. "이렇게 알게 되어 유의하게 된 경험을 바탕으로 장차 원수의 상투적인 속임수에서 자신을 지킬 수 있기" 때문이다. 열심한 신앙인들이 원수가 "차츰차츰" 작업하는 "은밀한 속임수들"의 가면을 벗기고 정체를 확실히 확인했다면, 다시 말해 열심한 신자들이 자신의 개별적 사안에서 원수의 속임수 전술을 이제 **알게 되어 유의하게 되면**, 장차 그들은 더욱 효과적으로 그런 속임수에 대비할 수 있을 것이다. 이런 속임수들을 이제 그들이 **알게** 되었을 뿐 아니라 **유의하게** 되었다. 이들은 영적 지도자의 도움을 받고 성심껏 노력하여 속임수들에 대해 **명쾌하고** 구체적인 인식을 얻은 것이다.[140]

주는 "즐거움과 영적 위로를 거슬러 싸우는 특징이 있다"고 말하는 둘째 세트의 규칙 1을 환기시킨다. 둘째 세트의 규칙 3에서 이냐시오는 선한 영의 활동의 상향적ascending 특성을 언급한다. 선한 영은 "영혼의 유익을 위해서, 영혼이 선에서 더 큰 선으로 **향상**되게" 하려고 위로한다는 것이다. Gil, *Discernimiento*, 356-357 참조.

139 우리가 여러 번 목격했듯 인간적·심리적 차원에서 자기 인식이 성장하는 것도 이들에게 무척 도움이 될 것이다. 갤러허, 『영의 식별』, 71쪽 참조.

140 이 부분에서 이냐시오는 『영적 일기』에서 증명된 자신 고유의 수련법을 제안하는 것으로 보인다. 그는 자신의 영적 체험을 성찰함(인식함)과 동시에 그것을 자신의 일

원수는 장차 같은 패턴으로 교묘한 속임수를 시도할 가능성이 높다. 이냐시오는 이를 두고 열심한 신앙인들 **고유**의 영적 어려움들에 맞추어 적용된 원수의 "**상투적인** 속임수"라고 말한다. 하지만 이들은 이제 "차츰차츰" 진행되는 속임수들을 인지하고, 또 그렇기에, 원수가 "사악한 의도"를 달성하기 전에 그것들을 배척할 수 있는 유리한 입장에 서 있다. 이러한 사람들은 이냐시오가 둘째 세트의 규칙 6에서 제안한 성찰을 실천함으로써 선을 가장하여 속이려 드는 원수의 특정한 시도에서 **장차 자신들을 지킬** 준비를 더욱 잘 갖추게 된다.

이 규칙 6에서 보여 주는 또 다른 놀라운 점은 이냐시오가 영적 체험에 대한 성찰에 대단히 큰 가치를 두었다는 것이다.[141] 우리는 나쁜

기에 기록한다(주목해 놓음). "**알게 되어 유의하게 된 경험**이라는 구절은 중복된 표현으로 매우 분명한 인식을 의미한다. 이 사람은 여기에 '차츰차츰' 하락하는 경향이 있다는 것을 완전히 파악했을 뿐 아니라 하락하는 단계들의 작용 원리와 상호 관련성을 정확하게 확인한 상태다. … 일단 이 모든 것을 인식했다면 이제 그것, 그 인식을 자기 것으로 만들었음을 표현하고 어느 정도 능숙하게 그것을 되풀이해도 좋은 시기다. 자신만의 인식을 갖추는 것, 이것이 그 체험에 **유의**하는 것이다. 이 성찰적 의식으로 그는 알게 되어 **유의**하게 된 경험을 갖게 된다. 그런 분명한 인식은 장차 어떤 비슷한 상황에서도 그 인식을 적용할 수 있도록 그를 제대로 준비시킨다." Gil, *Discernimiento*, 348-349. 이어서 힐은 이렇게 말한다. "여기서 다시 한번 강조해야 할 점은, 이것을 통달하기 위한 적합한 환경이 영신수련을 주고 규칙을 설명해 주는 사람과의 대화 속에 있다는 것이다. 적절한 관찰과 질문을 통해 지도자는 피정자가 자신의 체험을 드러내어 **이야기**하도록 도울 수 있고 그렇게 함으로써 피정자는 자신의 체험을 완전히 이해하게 된다." Ibid., 349.

141 영신수련에서 이런 성찰이 언급되어 있는 부분은 다음과 같다. 영신수련 24-31번(특별 성찰); 32-43번(일반 성찰); 77번(각 기도 시간에 대한 성찰); 238-248번(첫 번째 기도 방법); 319번(식별 규칙의 첫째 세트); 334번, 336번(식별 규칙의 둘째 세트); 342번(자선금을 줄 때의 규칙). 이냐시오는 『자서전』에서 만레사에서 겪은 체험 하나를 서술한다. 그곳에서 그는 생각들이 다 진행된 후 어떤 단계들을 거쳐 그 끝으로 이끌렸는지 돌아보았다. "기도를 바치고 있노라니 자기의 죄들이 생각나기 시작했다. 그러자 한 가

결말을 식별하는 것으로(둘째 세트의 규칙 5) 규칙들의 목적이 완전히 달성되었다고 생각할 수도 있다. 열심한 신앙인들은 빛의 천사로 가장한 악한 영의 속임수들을 **감지**하고 **파악**하고 **배척**했다. 이 자체로도 은총이지만 이냐시오에게는 그것만으로 충분하지 않다. 이제 그는 악한 영의 속임수가 진행된 과정 **전체**를 되돌아보라고 조언한다. "이렇게 알게 되어 유의하게 된 **경험**을 바탕으로" 장차 비슷한 속임수가 있을 때 그것을 더욱 쉽게 식별할 수 있게 될 것이다. 이 규칙이 가르치는 성찰은, 그것을 충실히 실천한다면, 식별에서 풍요로운 성장을 안겨 줄 것이다. 실생활에서 이런 성장을 보여 주는 사례를 살펴보자.

둘째 세트의 규칙 6: 체험 사례

루스는 50대 초반의 기혼여성으로 늘 신앙을 삶의 중심에 두고 살아왔다. 아이들은 장성하여 독립해서 살고 있다. 루스는 일주일에 3일을 고등학교에 나가 가르친다.

루스는 항상 기도에 마음이 끌렸고, 지난 수년간 사정이 허락하는 만큼 기도에 시간을 할애했다. 10년 전 루스는 본당에서 준비한 피정

지 죄가 다른 죄를 상기시키면서 그는 과거에 지은 죄들을 하나씩 따지게 되었고 그 죄들을 다 고백해야 한다고 생각했다. 그러나 이 생각들 끝에 자기가 살아온 삶에 대해 지친다는 감정이 일었고, 이 삶을 포기하는 데로 마음이 기울었다. 주께서는 이런 방식을 거쳐 그가 마치 잠에서 일어나듯 깨어나기를 원하셨던 것이다. 하느님께서 내리시는 가르침을 통해 이미 그가 영들의 다양성에 관하여 몇 가지 경험을 얻은 적이 있으므로 이 영이 어떤 단계를 거쳐서 왔는지 들여다보기 시작했다. 마침내 그는 과거지사는 더 이상 고백치 않기로 분명한 결심을 세웠다. 이렇게 해서 그가 그날로부터 세심에서 벗어나 자유로워졌다." 『자서전』, 25번.

에 참여했다. 그때 루스는 피정 지도자와 자신의 기도에 대해 이야기했는데, 그때의 대화가 루스에게 영적 전환점이 되었다. 그 대화는 기도에 점점 더 많은 시간을 낼 수 있는 삶의 시점에 있던 루스가 자신이 가진 영적 갈망을 이해하는 데에 도움이 되었다. 그로부터 얼마 지나지 않아 루스와 그의 남편은 함께 평일 미사에 참례하기 시작했다. 그들은 이 습관이 결혼 생활에서 영적인 힘의 원천이 됨을 깨달았고 서서히 그것은 서로의 관계와 하느님과의 관계에서 중요한 부분을 차지하게 되었다.

루스는 정기적으로 피정 지도자를 찾아가 이야기를 나누다가 나중에는 그에게 지속적인 영적 지도를 부탁했다. 자신의 기도를 나누는 기회를 갖고 영적 지도자에게 유익한 조언을 받은 덕분에 루스는 계속해서 영적으로 성장해 나갔다. 그는 본당의 성경 공부 모임에 들어가 매일 성경 말씀으로 기도하기 시작했다.

루스의 영적 풍요와 친화력 때문에 사람들은 종종 그의 도움을 찾았다. 그의 세심한 동반은 힘겨운 시간을 지나는 많은 이에게 축복이 되었다. 루스의 막내가 대학 진학을 위해 집을 떠났을 때 루스의 인간적·영적 자질을 알아보았던 그의 영적 지도자가 그에게 앞으로 영적 지도자로 봉사하는 것을 생각해 보지 않겠냐고 물었다. 루스는 이 제안에 끌렸고 이에 대해 남편과 상의했다. 루스는 남편의 따뜻한 격려를 받으며 영적 지도자 훈련 프로그램에 등록했다.

5년 동안의 프로그램에서 하던 주간 모임, 독서 과제, 교육 덕분에 영성 생활에 대한 루스의 지식과 사랑은 점점 깊어졌다. 그의 매일의 기도는 사랑하는 하느님을 감지하면서 받는 위로로 축복받곤 했고,

다른 이들을 영적으로 돕는 능력이 향상되어 루스에게 기쁨의 원천이 되었다. 사람들이 그에게 한 달에 한 번 영적 지도를 청하기 시작했고 루스는 다섯 사람의 요청을 받아들였다.

성경 공부 모임의 대표가 다른 도시로 이사를 가게 되자 회원들은 루스에게 새 대표가 되어 달라고 부탁했다. 루스도 승낙했다. 그는 하느님의 말씀을 배우는 데에 자극이 되는 이 새로운 역할이 마음에 들었다. 성경으로 하는 매일의 기도가 더 풍성해졌고 그에 따라 하느님 사랑에 대한 감지도 깊어졌다. 그의 내면에서 서서히 일어나는 영적 변화는 루스의 결혼 생활과 아이들과의 관계에도 축복이 되었다.

어느 날, 기도하는 중에 루스는 여러 해 동안 자신이 다른 이들에게서 받았던 영적 도움을 떠올리며 그 도움이 자신의 영적 성장에 얼마나 큰 기여를 했는지 감사한 마음으로 회상했다. 그가 성찰하는 동안 하느님의 한결같은 사랑이 따뜻하게 느껴지며 마음을 가득 채웠고, 루스는 그런 도움이 본당의 다른 사람들에게도 제공될 수 있지 않을까 하는 생각이 들었다. 생각은 더 구체화되어 루스는 본당 신부와 이야기하여 본당에 영성 계발 위원회를 조직하자고 제안해야 할지에 관해 스스로 묻게 되었다. 이런 계획에 대해 곰곰이 생각하는 동안 루스는 깊은 영적 평화를 느꼈다. 이런 위원회의 활동은 본당의 많은 신자에게 축복이 될 것이었다. 그리고 이 같은 방식으로 다른 이들에게 봉사한다고 생각하자 하느님 안에서 느끼는 기쁨이 마음에 차올랐다.

루스는 이런 생각들을 남편과 영적 지도자에게 나누었고 두 사람 모두 본당 신부에게 이야기해 보라고 격려해 주었다. 루스가 본당 신부와 만났을 때 그는 루스의 구상을 환영하며 그에게 새로운 위원회를 이끌어 달라고 요청했다. 루스도 기쁘게 승낙했다.

그해 여름 루스는 영성 계발 위원회를 조직하는 것을 도와달라고 몇몇 사람에게 부탁했다. 9월이 되었을 때 그들은 첫 번째 회의를 가졌다. 위원회는 여러 가지 프로젝트를 논의했고 활동을 시작했다. 위원회 회의와 거기에서 선택된 프로젝트들은 루스에게 영적 활력이 되고 있었다.

위원회는 그해 대림 시기에 저녁 특강 시리즈를 계획했고 이듬해 3월에는 사순 시기 신자 재교육을 구상했다. 루스는 대림 특강 시리즈의 연사들을 찾고 특강을 홍보하느라 열심히 일했다. 하루하루의 일정이 꽉 차게 되었지만 루스는 본당에 대한 이 새로운 봉사를 사랑했다. 저녁 특강에는 많은 사람이 참석했고 참석자들은 풍요로운 영적 결실을 얻었다. 이 특강 시리즈는 루스에게 기쁨의 원천이 되었다.

3월 사순 시기 신자 재교육을 준비하는 데에는 상당한 시간과 수고가 필요했다. 강연자와 연락하고 홍보를 계획하고 전례를 준비하고 봉사자를 조직하는 등 세부적인 일들이 수없이 많았다. 루스는 수개월의 준비 과정 동안 전에 없이 자신의 에너지를 있는 대로 썼다. 전처럼 매일 기도를 계속했지만 일이 기다리고 있어서 산만해지기 일쑤였다. 안 그랬으면 좋았겠지만 피곤에 지친 채로 기도에 들어가는 일이 잦았다.

사순 시기 프로그램은 거기에 참석한 본당 신자들에게 크나큰 축복이 되었다. 루스가 본당에서 새로이 조성하는 영성 생활에 대해 많은 이가 루스에게 감사를 표했다. 본당 신부도 루스와 위원회에 감사하며 이듬해에도 이런 프로그램을 기획해 달라고 부탁했다. 이 일 덕분에 본당에는 자모회, 아침 기도회, 성체조배 등 더 많은 영성 프로그램에 대한 열망이 깨어났다. 그해 봄 회의에서 위원회는 앞으로 수개월 동안 이런 요청에 어떻게 응답해야 할지 논의했다.

루스는 본당의 새로운 영적 에너지를 환영했고 위원회가 시도한 계획들이 결실을 맺게 되어 하느님께 감사드렸다. 그는 다른 이들과 함께 다음 해의 활동을 계획했다. 하지만 동시에 루스 자신의 하느님과의 관계에서는 이전에 누리던 풍요로움 가운데 어떤 것이 사라진 것 같았다. 이제는 하느님이 전보다 멀게 느껴졌고 가끔은 너무나 지친 나머지 성경으로 하는 기도를 할 수가 없었다. 남편과의 나눔도 전보다 뜸해졌고 풍요롭지도 않았다. 아이들 중 하나가 이것을 눈치채고 지적했을 때 루스가 아이의 의견을 기꺼이 받아들이지 않았고 대화에는 긴장이 생겼다. 그날 이후 두 사람은 자신들의 관계가 전보다 자유롭지 않음을 느꼈다.

수개월이 지나면서 루스는 기도 시간을 미루거나 아예 모두 생략해 버리기 시작했다. 이제는 기도에 대한 열망도 덜 느껴졌다. 기도는 이미 메마르고 산만해진 상태였다. 게다가 루스는 자신의 시간과 도움에 대한 요구가 끝도 없는 것처럼 밀려들어와 자신이 지쳐버렸다는 것을 깨닫고는 곤혹스러워했다. 전에 기도 안에서 느꼈던 즐거움과 사도직에 관여하면서 느꼈던 기쁨을 어쩌다가 잃어버리게 되었는지 의아했다. 매주 빽빽한 일정이 계속되면서 루스가 느끼는 내적 부담도 깊어졌다.

여름이 다가오고 새로운 전례력의 시작이 이제 단 몇 달 앞에 와 있었다. 루스는 이런 심적 부담을 가진 채로 새로운 해를 맞을 수 없음을 알고 영적 지도자와 자신의 영적 상태를 상의하기로 결심했다. 그는 영적 지도자를 만나서 자신이 느끼는 영적 공허함과 혼돈을 설명했다. 영적 지도자는 루스가 지난해에 겪은 영적 체험을 돌아보도록 도와주었다. 영적 지도자와 이야기를 나누면서 루스는 처음에 자신에게 그토록 활력을 불어넣어 주었던 영성 계발 위원회의 리더 역할이 이제는 사실상 그녀를 영적으로 약화시키고 있다는 사실을 깨달았다. 루스의 영적 지도자는 조용한 시간을 택해서 이렇게 통찰한 바를 더 성찰해 보라고 권했다.

다음 토요일 아침 루스는 집에 혼자 있게 되었다. 그는 거실에 앉아 자신의 성찰을 도와달라고 주님께 청했다. 루스는 일기를 손에 들고 자신의 영적 체험을 돌아보기 시작했다.

그렇게 하면서 루스는 지난해 9월까지는 자신이 영적으로 생기 있고 하느님과 친밀했음을 알아냈다. 그 전까지 그가 밟았던 단계들은 모두 그를 영적으로 성장시켰다. 그 피정의 첫날, 남편과 참례하던 매일 미사, 영적 지도, 성경 공부 모임, 성경으로 하는 기도, 영적 지도 사목을 위한 훈련, 영적 지도자로서 다른 이들에게 봉사했던 것, 이 모든 것이 하느님과의 관계를 깊게 만들었고 부부 관계와 아이들과의 관계를 돈독히 해 주었으며 자신이 돕던 모든 이들을 축복해 주었다.

이제 루스는 자신이 영성 계발 위원회의 리더십를 맡았을 때 변화가 일어났음을, 몇 달 동안이나 깨닫지 못하고 있던 그 사실을 알아차렸다. 돌이켜 생각해 보면, 결혼한 여성이 가정을 돌보며 교사로 일하고 영적 지도 사목까지 광범위하게 수행하며 성경 공부 모임을 이미 책임지고 있는데 본당에서 활발히 일하는 신설 위원회의 리더라는 어려운 역할까지 맡아야 한다면, 상당한 정도의 스트레스가 불가피하게 생기리라는 것은 자명해 보였다. 그다음은 인간적·영적 에너지의 피폐가 뒤따를 수 있었고 실제로 그렇게 되었다. 이제 루스는 새 위원회를 이끈다는 생각을 할 때 느꼈던 영적 기쁨에 관한 모든 것이 진정 하느님에게서 온 것인지 자문하기 시작했다. 그 생각이 이끈 해로운 결과로써 판단했을 때, 그 생각이 하느님에게서 왔는지 의심이 들기 시작했다(둘째 세트의 규칙 5).

그때 루스는 이 영적 진행 과정 전체(둘째 세트의 규칙 6), 즉 위원회와 일을 시작한 때부터 현재까지 약 10개월의 시간을 되돌아보기로 했다. 그는 맨 처음 위원회를 조직하고 이끌어야겠다는 생각이 자신에게 영적 기쁨을 일으킨 날을 떠올렸다. 가을 몇 달과 대림 특강 시리즈를 준비했던 일들도 다시 생각해 보았다. 루스는 그 당시 명확하게 보지 못했던 다음과 같은 사실을 이제 알아차렸다. 이미 그때 그의 생활은 예전 어느 때보다도 바빠진 상태였다. 강의의 풍요로운 결실로 일깨워진 영적 에너지가 점점 증가하고 있었던 스트레스를 자신의 시야에서 어느 정도 가려 버렸다.

성찰을 계속하는 동안 루스는 이 영적 약화 상태에서 다음 단계가 무엇이었는지 찾아냈다. 3월에 있을 사순 시기 신자 재교육을 수개월 동안 치열하게 준비한 것이다. 역시 그 당시에는 인식하지 못했지만 일의 압박이 높았던 그 몇 주 동안 그는 더욱 약해졌다. 하느님과의 관계는 예전의 풍요로움 중의 어떤 것을 잃었고, 피곤에 지친 나머지 기도를 빼먹기 시작했으며, 남편과의 나눔도 질이 떨어졌다. 이 모든 것이 영적 불안을 야기하고, 가족과의 관계에서 긴장감을 형성하고, 그리고 가장 최근에는 사도적 노력에 대한 열정을 저하시켰음이 이제 루스에게도 보였다.

루스는 자신의 성찰을 일기에 기록하였고 다음 면담에서 영적 지도자와 함께 그에 대해 상의하기로 다짐했다. 그는 또 영적 지도자와 함께, 자신이 꾀해야 하는 변화에 대해 살펴보며, 지난 수개월에 대한 새로운 통찰을 도움 삼아 장차 비슷한 문제를 어떻게 더 확실히 피할 수 있을지 자세히 생각해 보기로 했다. 루스는 새로운 명확성과 가벼워진 마음으로 기도 같은 이 성찰을 마쳤다.

둘째 세트의 규칙 6의 실천적 적용

이제 루스의 체험에 비추어 둘째 세트의 규칙 6을 다시 살펴보자. 우리가 여기에서 만나는 루스는 두 번째 영적 상황에 있는 사람일 가능성이 매우 높다. 그는 인간적으로 성숙한 사람으로, 진정한 사랑을 할 능력이 충분하고, 자신의 임무에 충실하며, 전문가적 역량을 갖춘 데다, 세심하게 듣는 사람이자 좋은 친구이다. 또 그는 영적으로도 성숙하다. 지금 현재 루스와 하느님과의 관계는 오랜 세월에 걸쳐 매일 기도에 매진하고, 영적 지도, 공부, 다른 이들에 대한 사랑의 봉사를 통해서 발전해 왔다. 따라서 루스와 그의 영적 지도자는 원수가 선을 가장하여 속임수를 쓰려는 시도가 있는지 차분하게 주의를 기울이는 게 현명할 것이다.

실제로 여기에서 이야기되고 있는 체험에서도 그런 시도가 일어나는 것으로 보인다. 루스는 자신의 영성 생활 안에서 확고한 진전을 이루고 있었다. 개인 기도와 남편과 함께 하는 기도에 흔들림이 없고, 영적 지도 봉사도 축복받았고, 성경 공부 모임에서의 지도도 열매를 많이 맺었으며, 가족 관계도 주님 안에서 점점 더 단단해져 가고 있다. 그런데 어느 날 기도 중에 선하고 거룩한 생각들이 새로이 떠오른다. 루스는 자신의 영적 여정에서 다른 이들의 도움으로 커다란 혜택들을 입었다. 본당에서 다른 이들에게 비슷한 도움을 주면 어떨까? 영성 계발 위원회를 조직하자고 제안해 보면 어떨까? 그리고 그 위원회의 지도자로 봉사하면 어떨까? 이런 생각들로 그의 "하느님 안에서 느끼는 기쁨이 마음에 차올랐다." 앞선 원인이 있는 영적 위로(루스는 하느님께서 다른 이들을 통해 자신에게 주신 영적 도움을 성찰하면서 위로를 느낀다), 새 프로젝트에 대한 선하고 거룩한 생각들, 두 번째 영적 상황에 있는 사람. 이런 것들로 보아 확실히 영의 식별 규칙의 둘째 세트에 해당하는 영적 영역에 있음을 알 수 있다. 이런 생각들은 어느 영에서 온 것일까? 따라야 하는 것일까?

루스의 이야기에는 선하고 거룩한 생각들이 진행된 **시작**과 **중간**과 **끝**이 명확하게 나타나 있다. **시작**은 루스가 기도하며 방금 설명한 영적 위로와 선하고 거룩한 생각들을 받은 "어느 날" 발생한다.

중간이 차츰차츰 전개되는 것은 9월부터 이듬해 여름까지 열 달에 걸친 기간이다. 이 중간은 여러 단계를 거쳐 진행된다. 할 일이 많았던 대림 시기 특강 시리즈, 그것보다 더 고되었던 사순 시기 신자 재교육, 그리고 더 많은 기획을 해 달라는 연이은 요청들. 각 단계마다 루스의 에너지는 점점 더 무리해서 쓰였다. 점진적으로 그는 더 녹초가 되었고 기도 안에서는 더 의기소침해졌으며 가족 관계에는 긴장이 더 생기고, 그리고 마침내 사도적 책무에 더 지쳐 버렸다.

끝에 도달하는 때는 인간적·영적 스트레스가 누적되어 루스에게 영적 상황의 심각성에 대해 경고를 보내고 그 결과 루스가 영적 지도자와 숨김없이 이야기하기로 결심하는 때이다.[142] 원수의 표지들이 이 끝에서 환히 보인다. "이전에 누리던 평화와 안정과 침착성을 빼앗아 **심약해지게** 하거나 **마음을 요동치게** 한다면 이는 우리의 유익과 영원한 구원의 원수인 악한 영에서 나왔다는 분명한 표지이다"(둘째 세트의 규칙 5). 이 모든 퇴보의 객관적 표지들이 다음과 같이 루스에게서 분명히 보인다. 그의 영적 에너지는 **약해졌고** 그는 영적으로 **요동치고** 있다. 전에 그가 가졌던 "평화와 안정과 침착성"은 확실히 **빼앗겼다**. 이 선하고 거룩한 생각들이 전개되는 과정의 **끝**과 이 과정이 **시작되기 전** 루스의 영적 상태를 비교함으로써 루스는 명확한 식별로 안내된다.[143]

루스는 영적 지도자와 만날 때 **끝**과 그 **이전**을 비교함으로써 이미 식별을, 다시 말해 둘째 세트의 규칙 5에 따른 식별을 시작한다. "영적 지도자와 이야기를 나누면서 루스는 **처음에** 자신에게 그토록 **활력을 불어넣어** 주었던 영성 계발 위원회의 리더 역할이 **이제는** 사실상 그녀를 영적으로 **약화시키고** 있다는 사실을 깨달았다." 둘째 세트의 규

---

142 이것이 **사실상** 영적 진행 과정spiritual progression의 끝이다. 루스가 영적 지도자의 도움으로 자신의 상황을 식별하지 않았다면 원수의 "사악한 **의도**" 속에서 훨씬 더 심각한 끝을 맞았을 것임이 분명하다.

143 이것은 본당에서 영성 계발 위원회를 조직하는 것이 시의적절한지에 대한 식별도, 또 그런 계획에 대해 루스가 가진 열정의 진정성과 계획을 이끌 역량에 대한 식별도 아님을 우리는 알 수 있을 것이다. 이것은 명확하다. 오히려 이 식별은 **루스의 특정한 상황에서** 그가 이 위원회의 **리더십**을 맡도록 부르심 받았는지에 관한 것이다.

칙 5에 따른 루스의 식별은 다음 토요일 아침에 한층 더 확인된다. 그는 "새 위원회를 이끈다는 생각을 할 때 느꼈던 영적 기쁨에 관한 모든 것이 진정 하느님에게서 온 것인지" 성찰하고, "그 생각이 이끈 **해로운 결과**로써" 이 영적 기쁨을 판단하면서 이제 자신의 경우가 사실 여기에 해당하는지 의심한다.

이어서 루스는 이 지점에서 둘째 세트의 규칙 6에서 이냐시오가 조언한 추가적인 성찰을 실행한다. "그때 루스는 **이 영적 진행 과정 전체**, 즉 위원회와 일을 시작한 때부터 현재까지 약 10개월의 시간을 되돌아보기로 했다." 그는 기도 중에 선하고 거룩한 생각들이 처음 올라온 날인 이 과정의 **시작**을 회상한다. 그러고 나서 점차적으로 차츰차츰 전개되는 **중간**과 이에 조응하는 예전의 "감미로움과 영적 기쁨"의 "하락"을 깊이 살펴본다. 루스는 이 중간 단계들을 **성찰**하고 일기에 **기록**하고 이에 대해 영적 지도자와 **이야기**할 계획을 세운다.[144] 이제 이 10개월 동안의 체험을 **알게 되어 유의하게** 되었으니 루스는 장차 원수의 "**상투적인** 속임수"에 넘어가지 않을 유리한 위치에 있다. 이런 방식으로 원수가 다시 루스를 속이려 시도할 경우 그는 차츰차츰 진행되는 "하락" 속에서 속임수를 더욱 빨리 알아보게 될 가능성이 높다. 속임수가 상당한 해를 끼치기 전에 그렇게 할 수 있을 것이다. 둘째 세트의 규칙 6을 실천적으로 적용함으로써 루스는 자신의 식별 역량에서

144 루스와 그의 영적 지도자는 루스가 영적으로 어떤 건강한 변화를 꾀해야 할지 살펴보게 될 것이다. 영성 계발 위원회의 리더가 아니라 위원으로 봉사하면 어떨까? 루스는 더 유익한 다른 선택을 찾게 될까?

진보한 것이다.[145]

루스가 그랬듯 앞서 언급한 프란치스코회 수사가 공동체로 돌아온 후 자신의 체험 전체를 돌아본다면 어떨까? 본당 사도직에서 더욱 건강한 균형을 회복한 후 데이비드도 루스처럼 자신의 체험 전체를 돌아본다면 어떨까? 두 번째 영적 상황에 있는 열심한 신앙인들 모두 자신의 선하고 거룩한 생각들의 해로운 결과를 식별하면서 루스처럼 체험 전체를 돌아본다면 어떨까?[146] 끝으로 이끈 시작과 중간을 성찰한 이 사람들이 각자의 사안에서 원수의 상투적인 속임수를 명확하게 인지한다면 어떨까? 둘째 세트의 규칙 6이 이들의 식별 역량에 풍부한 성장을 가져온다는 점은 명백하다.

이냐시오는 이제 두 번째 영적 상황에 있는 열심한 신앙인들이 선하고 거룩한 생각들의 **끝**에서 원수의 속임수를 식별할 수 있도록 준비시켰다(둘째 세트의 규칙 5). 아울러 그 생각들이 전개되는 **중간**에 열심한 신앙인들이 원수의 은밀한 속임수를 파악할 수 있도록 가르쳤다(둘째 세트의 규칙 6). 그래도 질문이 하나 남는다. 선하고 거룩한 생각들이 **시작**될 때 이런 속임수를 식별하는 법을 배울 수 있을까? 이것이 이냐시오가 둘째 세트의 규칙 7에서 다루는 문제다.

---

145 힐은 다음에 주목한다. 식별에서 진정한 성장의 표지는 복된 겸손인데, 이것은 우리가 영들의 활동을 파악하는 데에 얼마나 빈번히 실패하는지 점점 더 잘 의식하게 됨으로써 생긴다. 아마 이 이야기 속 루스도 별로 다르지 않을 것이다. *Discernimiento,* 351 참조. 그런 복음적 겸손은 식별하는 이들로 하여금 "겸손한 이들에게는 은총을 베푸[시는]"(1베드 5,5) 하느님께 은총을 받을 마음의 자세를 갖추게 한다.

146 흔히 이런 성찰을 제안하는 것이 영적 지도자의 임무이다. 이것은 그들이 영적으로 동반하는 열심한 신앙인들에게 해 주는 중요한 봉사다.

7장

조화인가 부조화인가?(규칙 7)

성령께서는 부드럽게 오시어 당신 향기로 당신임을 알게 하신다. 그분은 짐으로 느껴지지 않는다. 그분이 가볍기 때문, 아주 가볍기 때문이다. 그분이 다가오시면 빛과 지식의 햇살이 그 앞에서 흐른다.

—예루살렘의 성 치릴로

영들이 건드릴 때의 양상

과연 **시작** 단계에서 그런 식별이 정말로 가능할까? 두 번째 영적 상황에 있는 사람들은 선을 가장한 원수의 속임수가 **시작**되는 바로 그 지점에서 그것을 식별할 수 있을까? 예를 들어 루스는 영성 계발 위원회의 리더십에 관한 선하고 거룩한 생각들이 **처음 떠오를 때** 원수의 "은밀한 속임수"가 이 생각들 속에서 활동하고 있음을 식별할 수 있을까? 데이비드는 설교에 열성을 다해 헌신하려는 선하고 거룩한 생각들이 **처음 떠오를 때** 원수의 "은밀한 속임수"가 이 생각들 속에서 활동하고 있음을 식별할 수 있을까? 이 사람들을 비롯하여 비슷한 처지의 모든 열심한 신앙인들이 그런 속임수들을 아예 시작부터 **식별할**

수 있다면 그에 따른 영적 선익은 분명히 대단히 클 것이다. 왜냐하면 중간과 끝이라는 과정이 아예 발생하지 않을 것이기 때문이다. 시작 단계에서 그런 식별을 하게 된다면 시작에 뒤이어 생겼을 개인적·사도적 난관은 결코 없을 것이고, 해당 상황에서 하느님께서 진정으로 바라시는 바를 퇴보시키지 않은 채 무사히 완수할 수 있을 것이다.

시작 단계에서 식별하는 것이 실제로 가능하다면, 그것은 매우 정교한 식별이 될 것임도 자명하다. 끝(둘째 세트의 규칙 5)에서의 식별과 중간(둘째 세트의 규칙 6)에서의 식별을 가능하도록 해 주는 표지가 아직 전혀 존재하지 않기 때문이다. 그렇다면 "의로운 영혼에 맞추어진"(둘째 세트의 규칙 4) 선하고 거룩한 생각들이 영적으로 위로를 주며 시작될 때, 루스와 데이비드 같은 사람들은 원수의 속임수를 식별할 수 있을까?

이냐시오는 일곱째 규칙에서 이런 식별로 향하는 길을 가리키고 있다.

[335] 규칙 7. 선에서 더 큰 선으로 나아가는 이들에게 선한 천사는 마치 스펀지에 물방울이 스며들듯이 감미롭고 가볍고 부드럽게 그 영혼을 건드리고 악한 천사는 마치 돌 위에 물방울이 튀듯이 거칠고 요란하고 불안스럽게 건드린다. 악에서 더 큰 악으로 나아가는 이들에게는 이 영들이 정반대의 방법으로 건드린다. 이는 영혼의 내적 태도가 위에 말한 천사들과 상반되는지 아니면 비슷한지에 따른 것이다. 즉, 서로 상반될 때에는 소란하고 표가 나게 요동치며 알아챌 수 있게 들어가지만 서로 비슷할 때에는 열려 있는 문으로 자기 집에

들어가듯이 조용히 들어간다.

이 텍스트를 어떻게 이해해야 할까? "선에서 더 큰 선으로 나아가는" 이들과 "악에서 더 큰 악으로 나아가는 이들"이란 정확히 누구를 말하는 것일까? 구체적으로 어떤 면에서 그들이 선에서 더 큰 선으로 또는 악에서 더 큰 악으로 나아간다는 것인가?[147] 선한 영 혹은 악한

---

147 이 질문들이 둘째 세트의 규칙 7을 해석하는 데 기초가 된다. 여기에서 이냐시오가 쓰는 표현은 첫째 세트의 규칙 1과 2를 상기시킨다. 그 규칙에서 이냐시오는 "대죄에서 대죄로 나아가는 사람들"(첫째 세트의 규칙 1)과 "자기 죄를 깊이 정화하고, 우리 주 하느님을 섬기는 데 선에서 더 큰 선으로 나아가는 사람들"(첫째 세트의 규칙 2)에 대해 말했다. 첫째 세트의 규칙 1과 2와 둘째 세트의 규칙 7에서 보이는 유사성을 어떻게 이해해야 할까? 이 규칙들에서 언급하는 사람들은 같은 사람들인가 다른 사람들인가? 둘째 세트의 규칙 7은 첫째 세트의 규칙 1과 2의 내용에 미묘한 뉘앙스가 더해진 반복인가? 아니면 첫째 세트의 규칙 1과 2와 뚜렷이 다른 영적 현실을 이야기하는 것일까? 해석가들은 이 질문에 다양한 답을 내놓는다. 힐이 보기에, 먼저 첫 번째 해석 방식은 둘째 세트의 규칙 7이 영들이 들어가는 요란한 혹은 조용한 양상을 묘사했다는 것이다. 이 양상은 첫 번째 영적 상황에서의 영들의 활동과 두 번째 영적 상황에서의 영들의 활동에 동일하게 적용된다. 이 해석에서는 주로 둘째 세트의 규칙 7의 **텍스트**에 초점을 맞춘다. 힐이 보는 두 번째 해석 방식은, 주로 둘째 세트의 규칙 7의 정확한 **맥락**, 즉 영의 식별 규칙의 첫째 세트와는 다른 영적 상황을 상정해 숙고하는 둘째 세트의 배경에 더 초점을 맞추며 그만큼 식별의 다른 쟁점을 둘째 세트의 규칙 7이 다루는 것으로 본다. 이 두 번째 해석에서는, 첫째 세트의 규칙 1과 2와 둘째 세트의 규칙 7 사이에 언어의 (완전하지는 않지만) 어떤 유사성이 존재하지만, 두 규칙 세트의 서로 다른 영적 맥락에서 보았을 때, 거기에 사용된 단어들은 비슷해 보여도 다른 의미를 갖는다. 예를 들어 첫째 세트의 규칙 2에서 말하는 "우리 주 하느님을 섬기는 데 **선에서 더 큰 선으로** 나아가는" 이들은 둘째 세트의 규칙 7에서 말하는 "**선에서 더 큰 선으로** 나아가는" 이들과 다르다. 두 규칙의 맥락이 다른 만큼 다른 것이다. 첫째 세트의 규칙 2는 **첫 번째** 영적 상황에 해당한다. 이것은 원수가 "정화의 생활"을 하고 있는 이들을 "우리 주 하느님을 섬기기 위해 더 나아가는 데 장애물들로 **확연하게 그리고 드러나게**" 유혹하는 경우이다(영신수련 9번). 둘째 세트의 규칙 7은 **두 번째** 영적 상황에 해당하는 경우로, "조명의 생활"을 하고 있는 이들에게 원수가 "**선을 가장하여**" 유혹해 오는 경우

영이 "건드린다"는 것은 무엇을 의미하는가? 체험 속에서 이 "부드럽게" 혹은 "거칠게" 다가오는 건드림을 알아볼 수 있고 그 정체를 확인할 수 있을까? 만일 그렇다면 어떻게 하는 것일까? 이냐시오는 이 규칙에서 스펀지에 물방울이 스며든다든가, 돌 위에 물방울이 튄다든가,

---

(영신수련 10번)이다. *Discernimiento*, 353-355 참조. 나도 힐처럼 기본적으로 이 두 번째 해석의 관점에서 둘째 세트의 규칙 7을 이해한다. 어려움 중 일부는 다음과 같은 점에서 생긴다. 첫째 세트의 규칙 1과 2에서는 이냐시오가 자신이 생각하고 있는 사람들을 "대죄에서 대죄로 나아가는 사람들" 혹은 "자기 죄를 깊이 정화하고, 우리 주 하느님을 섬기는 데 선에서 더 큰 선으로 나아가는 사람들"이라는 말로 꽤 상세하게 특정하고 있지만, 그에 반해 둘째 세트의 규칙 7에서는 그렇지 않은 편이기 때문이다. 둘째 세트의 규칙 7에서 이냐시오는 "선에서 더 큰 선으로 나아가는" 혹은 "악에서 더 큰 악으로 나아가는" 이들에 대해 비교적 간략히 이야기할 뿐, 정확히 어떤 맥락에서 이들이 날로 더욱 향상되거나 날로 타락하는지 규칙 본문에 더 이상 구체적으로 명시하지 않는다. 그런 구체성을 찾으려면 둘째 세트의 규칙 7을 **그것의 맥락 안에서** 해석해야 함이 분명해 보인다. 다시 말해 규칙 7은 **영의 식별 규칙의 둘째 세트**에 속해 있고, 그 규칙 세트가 고려하는 영적 상황에 속해 있다는 점(영신수련 10번에서 단언한 것처럼, 원수가 선을 가장하여 아낌없이 헌신하는 열심한 신앙인들을 속이려 시도하는 상황), 그리고 이 둘째 세트의 규칙 중 특히 **일곱째라는** 점을 염두에 두어야 한다. 규칙 7에 앞서 이냐시오는 먼저 둘째 세트의 규칙 4에서 원수의 기만적인 선하고 거룩한 생각들에 대해 **시작**과 **중간**과 **끝**으로 윤곽을 잡고, 둘째 세트의 규칙 5에서는 이 생각들의 **끝**을 식별하는 데에 집중하며, 둘째 세트의 규칙 6에 가서는 이 생각들의 **중간**을 식별하는 데에 초점을 맞춘다. 그렇다면 둘째 세트의 규칙 7을 둘째 세트의 규칙 4-6 바로 다음에 배치한 것은, 이 규칙에서 선하고 거룩한 생각들의 **시작** 단계에 대한 식별을 다루고자 하는 이냐시오의 의도가 나타난 것으로 보인다. 따라서 이 규칙에 묘사된 영들이 맨 처음 **건드리고 들어가는** 모습은 선하고 거룩한 생각들의 **시작**을 의미한다고 할 수 있다. 둘째 세트의 규칙 7과 첫째 세트의 규칙 1과 2의 맥락이 매우 다르다는 것을 고려해 볼 때, 그 두 규칙 사이의 차이는 명백해 보인다. Gil, *Discernimiento*, 368-369. 첫째 세트의 규칙 1과 2의 해석은 갤러허, 『영의 식별』, 78-118쪽 참조. 힐은 미묘하게 다른 방식으로 이 문제를 다룬 핏 페닝 더프리스Piet Penning de Vries,, S.J.도 인용한다. 그도 자신의 저서 *Discernment of Spirits According to the Life and Teachings of St. Ignatius of Loyola* (New York: Exposition Press, 1973), 214, note 33에서 같은 결론에 이른다. *Discernimiento*, 355, note 1 참조.

시끄럽게 혹은 조용히 집에 들어간다고 표현하는데, 그가 이런 이미지로 의도하는 바는 무엇인가?

이 질문들에 답을 찾으려면 둘째 세트의 규칙 7의 텍스트와 맥락context 모두를 주의 깊게 생각해 봐야 할 것이다.[148] 이 규칙을 완전히 이해하는 데에는 아마 다른 규칙들에서보다 더 신중하고 끈기 있는 성찰이 필요할 것이다. 그리고 그 성찰의 내용은 풍요로운 보답을 줄 것이다. 앞선 장들에서처럼 우리는 우선 규칙 자체에 대해 논의하고 나서 구체적인 사례에 비추어 규칙의 의미를 더 깊이 살펴볼 것이다.

영혼의 내적 자세는 어떠한가?

이냐시오가 이 일곱째 규칙에서 묘사하는 사람들은 규칙의 맥락context에서도 분명히 드러나듯, 우리가 그동안의 규칙들에서 본 이들처럼 아낌없이 헌신하는 열심한 신앙인들, 즉 퍼트리샤, 찰스, 바버라, 데이비드, 프란치스코회 수사, 루스 그리고 그들처럼 열렬히 주님을 사랑하는 모든 이라 할 수 있다. 이들은 원수가 영적 위로와 선하고 거룩한 생각들을 통해 속이려고 하는 사람들로, 그들이 그 생각들을

---

148 이런 질문들은 둘째 세트의 규칙 7의 해석에 따르는 난해함을 입증한다. 힐은 "수수께끼 같은 일곱째 규칙"(*Discernimiento*, 266)이라고 말하면서 "이 규칙은 사실상 해석가들의 십자가다"라고 쓰고 있다. Ibid., 353. 토너도 이 규칙을 다룰 때 비슷한 방식으로 시작한다. "규칙 II:7[둘째 세트의 규칙 7]이 알쏭달쏭하다는 점을 인정해야 한다." *Commentary*, 237, note 19. 주석가들 사이에서 갈리는 해석들은 규칙 7 텍스트가 실제로 복잡함을 증명한다. 이 장에서 나는 힐의 해석(*Discernimiento*, 352-371)을 따르고 있다. 그의 해석은 규칙 7의 텍스트text와 맥락context 모두에 면밀히 주의를 기울인 산물이다.

따른다면 자기 자신과 자신이 봉사하는 사람들에게 영적으로 해를 입히게 될 것이다.

이냐시오는 이 열심한 신앙인들을 두고 “선에서 더 큰 선으로” 혹은 “악에서 더 큰 악으로” 나아가는 이들이라고 말한다. 그들이 좇고 있는 선하고 거룩한 생각들이 하느님께서 그들에게 진정으로 바라시는 바에 부합한다면, 다시 말해 그런 생각들이 “모두 선하고 모두 선으로 기울어 있다면”(둘째 세트의 규칙 5), 이들은 **선에서 더 큰 선으로** 나아가고 있는 것이다. 그런데 진상을 인식하지 못하고 그래서 도덕적 책임은 없더라도, 이들이 하느님께서 자신에게 진정으로 바라시는 바에 부합하지 않고 원수의 기만에서 오는 선하고 거룩한 생각들을 좇고 있다면, 그리고 그 결과 그것이 객관적으로나 주관적으로나 그들이 이전에 구상한 것보다 덜 좋은 것으로 귀결된다면(둘째 세트의 규칙 5), 그들은 **악에서 더 큰 악으로** 나아가고 있는 것이다.

따라서 설교에만 그토록 열정적이고 전적으로 집중하기 시작하기 전의 데이비드는 **선에서 더 큰 선으로** 나아가고 있었다. 영성 생활과 사도적 봉사가 하느님의 진정한 바람에 일치하여 점점 풍요롭게 성장하고 있고, 객관적으로나 (사도적 직무에서) 주관적으로 (영적 에너지에서) 어떤 퇴보의 표지도 보이지 않는다. 그리고 루스도 이와 마찬가지로 영성 계발 위원회의 리더를 맡기 전에는 **선에서 더 큰 선으로** 나아가고 있었다. 사랑과 봉사의 보람찬 생활 속에서 영적 퇴보 없이 진보하고 있는 것이다. 두 사람 모두 선을 가장한 원수의 속임수를 식별하여 배척하고 났을 때 다시 한 번 선에서 더 큰 선으로 나아간다.

반면에 이 사람들이 선으로 가장한 원수에게 속고 있다면 그들은 둘째 세트의 규칙 7에 따른 의미에서 악에서 더 큰 악으로 나아가고 있는 것이다. 데이비드는 지나치게 열정적으로 설교에 투신하여 본당, 동료 사제들과의 관계, 데이비드 자신의 영적 에너지까지 시련을 겪는 상황이 되는데 그는 당시에는 인지하지 못하지만 **악에서 더 큰 악으로** 나아가고 있는 것이다. 그리고 루스가 맡은 영성 계발 위원회의 리더 역할이 사도로서의 에너지를 점진적으로 퇴보시키고 기도 생활을 약화한다면, 루스 역시 인지하지 못한 채 **악에서 더 큰 악으로** 나아가는 것이다.

이냐시오에 따르면, 열심한 신앙인들이 앞서 설명한 의미로 선에서 더 큰 선으로 나아가고 있다면(선하고 거룩하지만 기만적인 생각들을 따르기 전, 영적으로 성장하고 있을 때의 데이비드와 루스), 그들 **영혼의 내적 자세**는 그들이 "성장하고 선에서 더 큰 선으로 **향상**되게"(둘째 세트의 규칙 3) 돕는 **선한** 영의 내적 자세와 같다. 그리고 이 열심한 신앙인들이 앞서 설명한 의미에서 악에서 더 큰 악으로 나아가고 있다면(선하고 거룩하지만 기만적인 생각들을 좇을 때의 데이비드와 루스), 그들 영혼의 내적 자세는 "그와 반대로" 활동하는(둘째 세트의 규칙 3), 즉 그들이 전에 가졌던 영적 힘에서 **끌어내리는**(둘째 세트의 규칙 6) **악한** 영의 내적 자세와 같다.

영적 조화

열심한 신앙인들이 **선에서 더 큰 선으로** 나아가고, **선한** 영이 영적 위로를 주는 선하고 거룩한 생각들을 불어넣으며 접근하는 경우, 이 생각은 “마치 스펀지에 물방울이 스며들듯이 감미롭고 가볍고 부드럽게” 그 영혼을 **건드려** 마치 “자기 집에 들어가”듯이 그 영혼 속으로 “조용히”, 차분하고 평화롭게 **들어갈** 것이다. 선하고 거룩한 생각들은 **진실로** (그리고 겉보기에만 그런 것이 아니라) “모두 선하고 모두 선으로 기울어” 있기 때문에 그 생각들은 선에서 더 큰 선으로 나아가고 있는 사람들의 영적 태도와 **조화**를 이룬다. 따라서 이런 생각들이 처음 생길 때, 즉 그것들이 **시작**하는 순간에 그 생각들은 “**감미롭고 가볍고 부드럽게**” 그리고 영적으로 평화롭고 “**조용히**” 이 열심한 신앙인들에게 들어갈 것이다.

예를 들어 데이비드가 설교 사목에 지나친 애착을 갖기 시작하기 전, 그가 아직 선에서 더 큰 선으로 나아가고 있을 때 그는 기도와 사도적 헌신의 새로운 단계에 관한 선하고 거룩한 생각들이 들면서 선한 영에 의해 고무된다. 데이비드가 맨 처음 이런 생각들에서 받은 영적 영향을 기억한다면 그 생각들이 처음에도 “감미롭고 가볍고 부드럽게” 들어왔음을 알 것이다. 루스 역시 영성 계발 위원회에 관여하기 전, 그가 아직 선에서 더 큰 선으로 나아가고 있을 때 성경 공부 모임과 영적 지도 사목에 관한 선하고 거룩한 생각들이 들면서 선한 영에 의해 고무된다. 루스 역시 이런 생각들이 초기에 끼친 영적 영향을 기억한다면 그 생각들이 처음에도 “감미롭고 가볍고 부드럽게” 들어왔음을 알 것이다. 두 경우 모두, **선에서 더 큰 선으로** 나아가는 열심한 신앙인들과 선한 영이 일으킨 선하고 거룩한 생각들 사이에는 영적 **조화**가 있었다.

영적 부조화

하지만 **악한** 영이 선하고 거룩하지만 기만적인 생각들을 불어넣으며 **선에서 더 큰 선으로** 나아가는 이에게 접근할 경우, 이런 생각들은 "마치 돌 위에 물방울이 튀듯이 거칠고 요란하고 불안스럽게" 그 영혼을 **건드리고** 자기 집이 아닌 곳을 강제로 들어가듯 "소란하고 표가 나게 요동치며 알아챌 수 있게" **들어갈** 것이라고 이냐시오는 말한다. 이 선하고 거룩한 생각들은 **겉보기에만** (그리고 진실로 그런 것이 아니라) "모두 선하고 모두 선으로 기울어" 있을 뿐이므로 선에서 더 큰 선으로 나아가는 사람들의 영적 자세와는 **부조화**하다. 따라서 이런 생각들이 맨 처음 떠오를 때, 즉 그것들이 **시작**하는 순간에 그 사람들에게 "**거칠고 요란하고 불안스럽게**" 그리고 "**알아차릴 수 있게**" 영적으로 "**소란하고**" "**표가 나게 요동치며**" 들어갈 것이다.

따라서 예를 들어 데이비드가 이 정교한 식별에 대한 연습이 충분히 된 사람이고, 설교에 과도하게 헌신하라고 제안하는 생각들이 자신 안에 **맨 처음 생겨난 순간**이 언제인지 알아낼 수 있다면, 그는 바로 그 순간 자신에게 설교 사목에 대한 열정적인 열망이 생김과 함께 자신이 미세한 영적 불안을 느꼈음이 생각날 것이다. 둘째 세트의 규칙 7에서의 의미로 이 생각은 "거칠고 요란하고 불안스럽게" 들어갔다. 이와 마찬가지로 루스가 이 정교한 식별에 대한 연습이 충분히 된 상태이고, 영성 계발 위원회의 리더십을 맡으라고 제안하는 생각들이 자신 안에 **맨 처음 생겨난 순간**이 언제인지 알아낼 수 있다면, 루스 역시 바로 그 순간 자신이 그 임무에 대한 열정적인 열망을 가지게 됨과 함께 미세한 영적 불안을 느꼈음이 생각날 것이다. 이 생각 역시 둘째 세트의 규칙 7에서의 의미로 "거칠고 요란하고 불안스럽게" 들어갔다. 두 경우 모두, **선에서 더 큰 선으로** 나아가는 열심한 신앙인들과 **악한** 영이 일으킨 선하고 거룩한 생각들 사이에는 영적 부조화가 있었다.[149]

---

149 여기에서 해석 문제가 하나 더 생긴다. 만일 이냐시오가 말한 것처럼 이 선하고 거룩한 생각들이 "의로운 영혼에 **맞추어**"졌고(둘째 세트의 규칙 4), 거기에 진짜 영적 위로가 동반되었다면(둘째 세트의 규칙 3), 어째서 그는 이제 와서 그런 생각들이 열심한 신앙인들에게 "거칠고 요란하고 불안스럽게" 그리고 "소란하고 표가 나게 요동치며 알아챌 수 있게" 들어간다고 말할 수 있나? 그 열심한 신앙인들에게 그렇게 딱 **맞추어진** 선하고 거룩한 생각들이 어떻게 영적 **부조화**를 일으키면서 그들에게 들어갈(시작할) 수 있나? 실제로 둘째 세트의 규칙 7의 해석 중 하나에서는, 선을 가장한 원수의 속임수가 시작될 때는 그 속임수를 식별할 수 있는 아무런 표지가 없다고 단언한다. 이 시작이 그러한 사람들에게 맞추어졌다고 이냐시오가 말했다는 것이 바로 그 이유이다. 이 해석에서 그런 표지는 생각들이 진행하면서 나중에 가서야 드러난다. 그럼에도, 선한 영과 악한 영에 의해 주어진 선하고 거룩한 생각들의 **시작**을 거론하지 않고 둘째 세트의 규칙 7을 읽는 것은 어렵다. 이 규칙의 모든 초점은, 이 영들이 처음에 **건드리고 들어갈** 때의 특성에(둘째 세트의 규칙 4: "악한 천사는 … 열심한 영혼에 맞추어 **들어가서** … **선하고 거룩한 생각을 불어넣**[는 특징이 있다.]") 집중되어 있다. 또 이냐시오는 이 최초의 접근이 **알아차릴 수 있는 것**으로 자신이 이해하고 있음을 이 규칙에서 분명히 명시한다. "소란하고 표가 나게 요동치며 알아챌 수 있게." 다음과 같이 이야기해도 무리가 아닐 것 같다. 이런 선하고 거룩한 생각들이 열심한 신앙인들에게 맞추어져 있기는 하지만, 그 생각들이 선에서 더 큰 선으로 나아가는 이에게 악한 영에 의해서 주어진 것이라면, 숙련되고 주의 깊은 사람들은 알아차릴 수 있는 미세한 **정감적 부조화**를 일으키면서 들어갈(시작될) 것이다. 이냐시오가 이 규칙에서 가르쳐 주는 것처럼, 이런 생각들은 그 자체로 선하고 거룩한 것이긴 하지만, 실제로는 하느님을 향해 나아가기만을 원하는 그 사람을 궁극적으로 하느님에게서 멀어지게 인도할 것이라는 점에서 그의 **영혼의 내적 자세**와 **정반대**이기 때문이다. 사실상 이냐시오가 둘째 세트의 규칙 7에서 가르치는 식별은 둘째 세트의 규칙 5와 6과는 달리 생각들의 전개에 따른 식별이 아니고(아직 생각들이 전개되지 않은 상태이므로), 이 **생각들**에 의한 최초의 **정감적 공명**에 따른 식별이다. 실질적으로 말하면, 이 선하고 거룩한 생각들에 대한 식별의 성장은, 생각들이 시작되는 순간이든 시작된 이후 되도록 빠른 순간이든, 그 시작점에 **더욱더 가까운** 데서 생각들의 영적 기원을 식별하는 능력에 달렸다.

데이비드, 루스를 비롯하여 그들처럼 열심한 신앙인들이 스스로 인지하지 못한 채로, 원수의 속임수인 선하고 거룩한 생각들을 따르기 시작할 때 이 모든 것이 뒤바뀐다. 이 시점은 데이비드가 지나치게 열성적으로 설교에 전념하고 루스가 영성 계발 위원회의 리더십을 맡은 때이다. 이 지점에서 그들은 귀책사유는 될 수 없어도 영적으로 해를 입을 수 있는 매우 실재적인 위험을 안은 채, 둘째 세트의 규칙 7에서의 의미로 **악에서 더 큰 악으로** 나아가고 있다. 이제는 **선한** 영의 선하고 거룩한 생각들이 **거칠고 요란하게** 들어가고, **악한** 영이 불어넣는 선하고 거룩한 생각들은 **부드럽고 조용히** 들어가게 될 것이다.[150]

위 상황은 다음과 같이 요약할 수 있다. 두 번째 영적 상황에 있는 열심한 신앙인들이 하느님께서 자신에게 바라시는 바를 인식하고 그대로 따를 때 그들은 **선에서 더 큰 선으로** 나아간다. 설교에 더욱 열중하게 된 데이비드의 경우와 영성 계발 위원회의 리더십을 맡게 된 루스의 경우처럼 선하고 거룩한 생각들이 올라와 자신의 영적 에너지의 어떤 새로운 관여를 넌지시 권할 때, 만일 식별 경험이 풍부하고 주

150 영신수련 피정을 할 때 선에서 더 큰 선으로 또는 악에서 더 큰 악으로 나아가는 움직임은, 피정자가 자신의 생각이나 정감 안에서 하느님께서 진정 원하시는 선택에 가까워지거나 선택에서 멀어지는 움직임과 관련이 있을 것이다. "규칙의 맥락에만 한정하여 이야기하자면, 피정자가 악에서 더 큰 악으로 나아갈 때란, 빛의 천사로 가장한 악한 영이 일으키는 생각과 감정에 굴복하거나 그것들을 수용할 때이다. 예컨대 이런 식으로 가장한 악한 영에게서 주어진 생각과 위로의 진행에 의해 피정자가 움직이는 경우, 그는 악에서 더 큰 악으로 나아가고 있는 것이다. 이는 도덕상의 죄과를 뜻하는 것이 아니고 단지 그 피정자가 차츰차츰 속임을 당하고 있음을 나타낸다." Gil, *Discernimiento*, 361. 피정자가 속임수를 알아차리고 이 생각과 감정을 배척하고 하느님께서 원하시는 선택 쪽으로 나아갈 때, 그는 둘째 세트의 규칙 7의 의미에서 선에서 더 큰 선으로 나아가고 있다.

의를 기울이는 사람이라면, 그들은 이 생각들이 처음 모습을 드러낼 때 최초의 정감적 공명이 부드러운지 거친지를 감지할 수도 있다. 최초의 정감적 공명이 **부드럽다면** 이 생각이 **선한** 영에서 온다고 믿을 만한 이유가 된다. 최초의 정감적 공명이 **거칠다면** 이 생각들이 **악한** 영에서 온다고 의심할 만한 이유가 된다.[151] 열심한 신앙인들이 하느님께서 자신에게 바라시는 것이 아닌 선하고 거룩한 생각을 좇는 경우라면 이와는 정반대가 될 것이다.[152]

시작에서의 미세한 정감적 공명을 알아차림으로써 이 선하고 거룩한 생각들의 시작을 식별하는 것은 고도로 정교한 영적 수련임에 틀림없다.[153] 이 작업은 식별하는 사람이 이미 **끝**에서의 표지로 그런 생각들을 식별하는 데에 숙련되었고(둘째 세트의 규칙 5) 차츰차츰 진행되는 **중간** 단계들(둘째 세트의 규칙 6)을 알아볼 수 있다고 전제한다. 스펀

---

151 이 식별 노력에는 역량 있는 영적 지도자와의 소통이 전제되어 있다. 둘째 세트의 규칙 7에서 제안하는 식별이 고도로 정교한 식별이라는 점에서 그런 소통은 여기에서 더욱더 중요하다.

152 이 경우 이들의 영혼의 내적 자세는 원수의 그것과 "비슷하다"고 이냐시오는 말한다. 내적 자세에서의 이 유사성은 원수의 악한 **의도**(끝)와의 유사성이 아니고, 단지 그가 일으키는 생각 속 기만적인 **선의 겉모습**과의 유사성이라는 점을 힐은 강조한다. "여기에서 설정된 유사성은 빛의 천사로 가장한 악한 영과의 유사성이지, 그의 사악한 의도와의 유사성이 아니다. 피정자는 이와 관련하여 악한 영과 아주 조금도 비슷하지 않기 때문이다. … 그 유사성은 빛의 천사인 척 활동하는 악한 영의 속임수에서 발견되는 선의 겉모습에 있다." Gil, *Discernimiento*, 365, note 1. 우리는 원수의 속임수를 **알아차리는 것**이 그것을 극복하는 길이라고 이야기한 바 있는데 이것이 바로 그 이유이다.

153 "이 규칙을 읽다 보면 스펀지에 스며드는 물방울과 돌 위에 떨어지는 물방울을 구별하는 것이 매우 쉬워 보인다. 하지만 이것은 아마도 가장 어렵고 가장 정교하고 가장 섬세한 작업일 것이다. … 우리는 우리가 식별의 정점에 있음을 발견하게 된다." Gil, *Discernimiento*, 361.

지와 돌의 이미지에서 암시하듯 문제의 정감적 공명은 부드럽든 거칠든 아주 미세하며 오직 주의 깊고 숙련된 영적 귀로써만 들을 수 있다.[154]

다음 예를 살펴보며 둘째 세트의 규칙 7을 더욱 깊이 이해해 보자. 이 이야기에서 어느 열심한 신앙인이 두 가지 선하고 거룩한 일 중 하나를 선택해야 하는 상황에 직면해 있다. 둘 다 영적 위로를 불러일으킨다. 이 이야기는 이런 식별의 복잡성을 보여 주며, 그런 상황에서 규칙 7이 둘째 세트의 다른 규칙들과 함께 어떻게 가치 있는 영적 도움

154 둘째 세트의 규칙 7의 또 다른 어려움은 두 번째 이미지, 문으로 집에 들어간다는 장면에서 이냐시오가 사용하는 표현에서 발생한다. 이 이미지에서 이냐시오는 영들이 알아차릴 수 있게, **소음**(*estrépito*)을 내고 **표가 나게 요동치며**(*sentidos*) 들어간다고 묘사한다. 둘째 세트의 규칙 7이 실제로 시작에서의 매우 정교한 식별을 다루는 것이라면 어째서 이냐시오는 이 시작이 그렇게 소란하고 표가 나게 요동치며 알아챌 수 있게 발생한다고 이야기할 수 있을까? 물방울이 돌에 닿는 느낌과 소리를 말하는 첫 번째 이미지의 어휘보다 이 두 번째 이미지의 어휘가 더 강하다. 이 점에 대해 힐은 이냐시오가 두 가지 다른 규칙 세트에서 채택한 어휘의 수위가 다르다는 점을 지적한다. 두 가지 다른 규칙 세트에서 같은 단어가 사용되었지만 같은 단어라도 서로 다른 두 가지 영적 상황을 나타내며, 따라서 다른 의미를 지닌다는 것이다. 예를 들어 우리는 첫째 세트의 규칙 1과 2에서 묘사된 악에서 더 큰 악으로, 선에서 더 큰 선으로의 움직임과 둘째 세트의 규칙 7에서 설명된 유사한 움직임이 어휘는 일부 비슷하지만 실제로는 매우 다름을 살펴본 바 있다. 첫 번째 경우에서 이 (영신수련 제1주간의 영적 상황에 있는) 사람들은 대죄에서 대죄로 나아가거나 혹은 자기 죄를 정화하고, 하느님을 섬기는 데 더 나아가고 있다. 두 번째 경우 이 지극히 열심한(영신수련 제2주간의 영적 상황에 있는) 신앙인들은 하느님의 뜻을 향해 나아가고 있거나 혹은 속임수를 아직 알아차리지 못한 채 원수가 일으킨 기만적인 선하고 거룩한 생각들을 따르고 있다. 마찬가지로 첫째 세트의 규칙 4에서 묘사된 영적 실망의 "불안(*inquietud*)"은 둘째 세트의 규칙 7에서 묘사된, 선에서 더 큰 선으로 나아가는 이들에게 원수가 준 선하고 거룩한 생각들이 시작될 때의 훨씬 더 미세한 "불안(*inquietud*)"과 다르다. 같은 방식으로 힐이 이야기하길, 이냐시오가 둘째 세트의 규칙 7의 마지막 이미지에서 언급하는 "소란"은 알아차릴 수 있는 영적 "소란"이지만, 그것은 이 규칙에서 전제하는 지극히 숙련되고 매우 주의 깊은 사람들만 알아챌 수 있다. *Discernimiento*, 359, 366-367 참조.

을 줄 수 있는지 알려 준다.[155]

하느님께서는 이 중에서 어느 것을 원하시는가?

앤은 29살의 미혼 여성이다. 학부에서 경영학을 전공하고 지난 수년간 회계 사무소에서 성공적으로 일해 왔다. 얼마 전 앤은 석사 학위를 받으려고 학교로 돌아가 지금은 학생 신분이다. 2년간의 학위 과정 중 일 년 차 가을학기에 재학 중이다.

아주 어려서부터 신앙은 앤에게 매우 실재적인 것이었다. 고등학교 시절과 대학 초반 얼마 동안 신앙에 소원해진 적이 있었지만 하느님을 향한 갈망을 다시 느꼈고 신앙생활에 새롭게 헌신하기 시작했다. 지난 10년 동안 하느님은 완전히 그의 삶의 중심에 계셨다. 대학 졸업 후 앤은 매일 아침 한 시간 동안 조용한 기도 시간을 갖고 점심시간에는 평일 미사에 참례하기 시작했다. 시간이 지나면서 앤의 기도는 서서히 깊어지고 단순해졌다. 정기적으로 받던 영적 지도도 그의 성장에 큰 도움이 되었다.

같은 기간 동안 앤은 본당에서도 적극적으로 활동하게 되었다. 그는 자신이 사는 도시에 있는 어느 수녀원의 평신도 협력자 모임에 가입하여 가난한 이들을 위한 봉사 활동에 함께 참여하는 데 주말과 여름 시간을 봉헌했다. 앤은 이 여성 수도자들과 점점 가까워졌고 그들과 그들의 활동을 높이 평가하게 되었다.

155 이 예화는 *Discernimiento,* 338-339에 나오는 골자를 바탕으로 만들어진 것이다.

앤은 또한 학교라는 세속적 환경에서 적극적으로 신앙을 사는 방법도 찾고 있었다. 그는 학생 단체를 만들고 매주 모여 신앙 문제들을 토의하였고, 이 모임에 참석하는 사람들이 늘어나는 것에 기뻐했다. 잔잔한 기쁨과 함께 앤은 참석자 중 많은 사람이 새로운 방식으로 하느님을 생각하기 시작한 것을 알아차렸다.

수년 동안의 사회생활 후 학교로 돌아왔을 때 앤은 자신의 소명에 대한 질문이 끈질기게 전면에 떠오르고 있음을 깨달았다. 기도 속에서 앤은 인생에서 어떻게 봉사해야 하는지 명확하게 보여 달라고 하느님께 청했다. 앤은 하느님의 사랑을 깊이 인식하고 있었고, 하느님께 어떤 주저함도 없이 응답하고자 하는 열망이 앤의 마음속에서 자라났다.

하루는 앤이 협력자로서 함께 사목을 했던 수녀와 이야기하고 있었다. 가난한 이들을 위한 봉사에 대한 앤의 분명한 열정을 본 이 수녀는 그런 봉사에 더 깊이 몸담고 싶어 하는 사람들을 위한 자원봉사 프로그램을 자신의 공동체가 운영한다며 그에 대해 알아보라고 앤에게 제안했다. 2년 동안 제3세계에서 가난한 이들과 함께 살고 그들 속에서 일하는 프로그램이라고 했다. 앤은 이 기회에 마음이 끌렸고 하느님께서 이 수녀를 통해 자신에게 이야기하시는 것은 아닌가 생각했다. 앤은 또한 이 프로그램이 자신의 생각 속에서 점점 더 존재감이 커지는 질문, 즉 이 수도 공동체에 입회하여 그 공동체의 사업에 투신하라고 하느님께서 자신을 부르시는 것은 아닌가 하는 질문에 답하는 데에 도움이 될 수 있다고 생각했다.

앤이 이 일을 영적 지도자와 상의하자 그는 앤에게 일상생활 안에서의 영신수련을 해 보지 않겠냐고 제안했다. 이 선택에 대하여 하느님께 통찰을 구하는 데에 영신수련이 앤에게 기도 수단이 될 수도 있었다.[156] 앤도 이를 기꺼이 반겼고 피정을 시작했다.

영신수련 제1주간의 묵상으로 앤은 주님을 그의 구세주이자 치유자로서 더욱 깊이 인식하게 되었다. 영신수련 제2주간의 기도에 들어가면서 그는 영원한 왕의 부르심에 응답하고자 하는 열망을 강하게 느꼈다. 앤의 마음은 그리스도의 가난과 겸손에 심원하게 끌렸고 가난한 이들에 대한 그리스도의 헌신에 동참한다는 생각은 앤에게 기쁨을 주었다.

어느 날 오후 앤은 수업을 끝내고 집으로 걸어가고 있었다. 갑자기 그는 주님의 사랑에 완전히 둘러싸인 것처럼 느껴졌다. 그의 마음은 크나큰 기쁨 속에서 하느님께 들어 올려졌다. 앤은 그분의 친밀함과 사랑을 절절히 느꼈다. 하느님의 무한하신 사랑에 대한 잊지 못할 체험 속에서 앤은 하느님께서 자원봉사 프로그램에 참여하라고 자신을 부르신다는 것을 간단히 그리고 아주 명확하게 알게 되었다. 축복받은 은총 체험의 온기가 며칠 동안 앤에게 남아 있었다. 다음 번 면담에서 그는 영적 지도자에게 이 기쁨과 명확함의 시간에 대해 설명했다. 영적 지도자는 그것이 하느님에게서 온 것임을 확인해 주었다.

며칠 후, 영신수련을 계속하던 앤은 진복팔단의 말씀을 가지고 기도했다. 첫 번째 행복, "행복하여라, 마음이 가난한 사람들! 하늘 나라

---

156 이것은 이냐시오식 영신수련의 한 방식으로, 이 영신수련에서는 수개월에 걸쳐 하루 한 시간씩 꼬박꼬박 묵상·관상 기도mental prayer를 하고 개별적으로 기도를 성찰하며, 정기적으로 지도자와 만나 하느님께서 기도 안에서 어디로 이끄시는지 살펴본다.

가 그들의 것이다"(마태 5,3)를 숙고할 때 앤은 제3세계에서 가난한 이들에게 봉사하는 소명을 생각하며 다시금 기쁨을 느꼈다. 그 뒤로 몇 주 동안의 기도에서 앤은 가난한 이들에게 봉사하고자 하는 기쁨 가득한 열망을 똑같이 거듭 체험했다. 이 체험도 영적 지도자와 나누었다. 새 지원자들을 받는 늦봄에 자원봉사 프로그램에 합류하라고 하느님께서 그를 부르고 계심이 매우 명확해 보였다. 다시 한번 영적 지도자는 앤의 식별을 확인해 주었고 앤은 이 목표를 향해 계획을 세우기 시작했다.

몇 주 후, 앤은 열두 사도를 파견하시는 복음 이야기(마태 10,1-16)로 기도했다. 하느님 백성의 "길 잃은 양들" 속에서 복음을 선포하라는 예수님의 부르심이 그의 마음에 와닿았다. 앤의 생각은 대학에 있는 학생들로 향했다. 그들은 공동체도, 신앙도, 인생에서 명확한 의미도 없이 외롭고 혼란스러워 보이는 때가 너무나 많았다. 앤은 주간 모임에서 점점 더 많은 학생들에게 제공하고 있는 영적 도움과, 그가 이 모임을 계속 이끌어 나갈 경우 성취될 영적 이익에 대해 숙고했다. 이런 것들을 생각할 때 앤은 하느님 안에서 깊은 기쁨과 평화를 느꼈다. 예수님이 말씀하신 복음적 소명을 마음에 품고 이 "길 잃은 양들"을 위해 봉사하고자 하는 따뜻한 열망이 앤의 마음속에 일어났다.

앤은 자원봉사 프로그램을 포기하고, 수도자와 봉사자와 함께하는 삶이 줄 기쁨을 포기하기가 힘들 것이라는 사실을 알고 있었다. 그리고 자신이 그토록 바라던 가난한 이들을 위한 봉사를 연기하거나 어쩌면 완전히 포기하기가 쉽지 않을 것이라는 사실도 알고 있었다. 앤은 제3세계에서 가난한 이들을 돕는 것보다 세속화된 캠퍼스 생활이 여러 면에서 더 많은 노력을 요구하리라는 사실을 인지하고 있었다. 앤의 생각들에 불안감이 약간 섞여 있었지만, 대학생들 속에서 하느님을 섬긴다는 기대에서 느껴지는 기쁨을 바꾸진 못했다. 예수님도 결코 더 쉬운 길을 선택하지 않으셨음을 앤은 알고 있었고, 그의 한 가지 열망은 어떤 희생이 따르더라도 하느님의 부르심에 자신을 온전히 내어 드리는 것이었다. 그 후로 며칠 동안 앤은 영적 지도자와 만나야겠다고 생각하며 하느님께서 학생들을 위한 사목으로 자신을 부르고 계신다는 새로운 확신을 그에게 어떻게 나눌 것인지 고민했다. 또한 그는 앞으로 수개월 동안 이 사목을 준비하기 위해 밟아야 할 구체적인 단계들을 그려 보았다.

시작 단계에서의 식별

그렇다면 하느님께서 앤에게 바라시는 것은 무엇일까? 그가 자원봉사 프로그램에 참여하기로 선택했을 때 그는 올바로 식별한 것이었을까? 아니면 그 이후 대학교 학생들 가운데서 일하기로 한 선택이 하느님의 바람에 대한 더욱 진정한 식별이었을까? 두 가지 생각 모두, 다시 말해 앤을 자원봉사 프로그램으로 끌리게 한 생각과 학생 사목으로 이끈 생각 모두 선하고 거룩하다. 두 가지 생각 모두 영적 위로가 동반된다. 앤과 그의 영적 지도자는 하느님께서 진정 앤을 둘 중 어느 선택으로 부르시는 것인지 어떻게 식별해야 할까?[157]

157 두 가지 선택이 모두 선하고 거룩하기 때문에 앤이 어느 것을 택해도 된다고 말하는 것은 분명 충분하지 않을 것이다. 하느님께서 진정으로 바라시는 선택이 어떤 것

앤은 지난 10년이 말해 주듯, 인간적으로도 영적으로도 단단하고 성숙한 사람이며, 신앙심이 깊고 열렬히 헌신하여 하느님을 섬기는 사람이다. 그러므로 그는 두 번째 영적 상황에 있는 사람일 가능성이 높다. 그렇기 때문에 앤과 그의 영적 지도자는 앤이 하느님의 뜻을 식별하고자 할 때 원수가 선을 가장하여 유혹을 시도할 수도 있다는 점을 염두에 두는 것이 좋다. 이냐시오의 둘째 세트의 규칙들에 담긴 지혜는 정확히 이와 같은 상황에 적용된다.

영신수련 제2주간을 맞은 앤이 하느님의 뜻을 식별할 때(선택의 시기), 그는 앞선 원인이 없는 위로로 추측되는 것을 체험한다. 앤은 그저 집으로 걸어가고 있었을 뿐인데 그때 갑자기 하느님의 사랑에 완전히 둘러싸인 것이다. 그 축복받은 은총 체험에서 앤은 하느님께서 자신을 자원봉사 프로그램으로 부르신다는 것을 아주 명확하게 인식한다. 이것이 진정으로 앞선 원인이 없는 위로라면 둘째 세트의 규칙 2의 관점에서 앤은 하느님께서 바라시는 바를 확실히 알고 있는 것이다.

앤의 피정이 계속되는 동안 앤과 그의 영적 지도자는 이 선택을 확인하면서 하느님께서 무엇을 바라시는지 알려 줄 추가적인 표지를 더 기다린다. 실제로 그런 표지가 나타나는 것처럼 보인다. 앤이 진복팔단 중 첫 번째 행복에 대해 기도할 때 앞선 원인이 있는 위로를 체험하여 자신의 선택에 힘이 실렸고, 그와 비슷한 위로가 그 뒤로도 몇 주 동안 반복해서 생긴다. 이 시점에서 앤과 영적 지도자는 하느님께서 앤으로 하여금 자원봉사 프로그램에 참여하도록 부르신다는 것이 확

인지에 대한 정확한 식별에 이듬해의 계획, 차후의 성소 식별, 하느님께서 그로 하여금 봉사하게 하신 이들 등, 많은 것이 달려 있다. Gil, *Discernimiento*, 339-340 참조.

실하다고 식별할 "충분한 명확성과 인식"(영신수련 176번)을 얻는다.[158] 이제 앤은 자원봉사 프로그램을 위해 구체적으로 준비를 시작한다.

둘째 세트의 규칙 7의 언어로 표현하자면, 이제 우리는 앤이 자원봉사 프로그램을 목표로 할 때 그가 **선에서 더 큰 선으로** 나아가고 있다고 말할 수 있을 것이다. 하느님께서 그에게 진정으로 바라시는 방향으로 앤이 움직이고 있기 때문이다. 따라서 앤과 영적 지도자는 영적으로 조망하기 유리한 지점을 확보한 셈이며 뒤이어 그들에게 이 선택과 관련하여 어떤 선하고 거룩한 생각이 떠올라도 그 지점에서 그것을 식별할 수 있다.[159]

앤이 열두 사도가 하느님 백성의 "길 잃은 양들"에게 파견되는 기도를 할 때 실제로 이러한 생각들이 올라온다. 앤이 이 파견에 대해 숙고할 때 그의 마음속에서 영적 기쁨이 깨어난다. 앞선 원인이 있는 위로다. 대학생들 틈에서의 사목이라는 새로운 선택에 관한 선하고 거룩한 생각이 이제 앤의 마음속에 새롭게 떠오른다. 이것이 이냐시오가

---

158 물론 이런 식별에서는 폭넓고 다양한 요인들(육체적 건강, 정서적 건강, 여타의 책임들과 그런 모든 연관된 사항들)이 고려되어야 한다. 이 이야기에서 나는 앤과 그의 지도자가 이 모든 것을 적절히 고려했다고 가정하고 있다. 여기에서 내 유일한 관심사는 이냐시오의 일곱째 규칙을 예시로 보여 주는 것이다.

159 따라서 둘째 세트의 규칙 7은 열심한 신앙인들이 어느 정도 명확성을 갖고 보기 시작하는 시기나 그보다 더 나아가서, 그들이 특정 상황에서 하느님의 뜻을 명확하게 아는 시기에 적용된다. 영신수련의 어휘로 이 시점이란, 선택이 명확해지기 시작했지만 아직 확인되지는 않은 상태이거나 그보다 더 나아가서, 선택 이후 하느님의 뜻을 명확하게 알아차린 때이다. 그때 이들은 그 선택을 따르면서 자신들이 **선에서 더 큰 선으로** 나아가고 있음을 깨닫고, 그래서 새로 올라오는 선하고 거룩한 생각들의 부드러운 혹은 거친 시작이 각각 선한 영 혹은 악한 영을 나타낸다는 것을 알 수 있다. Gil, *Discernimiento*, 371 참조.

둘째 세트의 규칙 7에서 이야기하는 **시작**이다.

앤은 이 새로운 생각들이 **시작되는 시점에서** 그것들이 선한 영에서 오는지 악한 영에서 오는지 식별할 수 있을까? 여기에서 앤과 영적 지도자는 둘째 세트의 규칙 7의 가르침을 떠올리는 것이 좋다. 처음에 이런 생각들이 앤의 마음을 마치 스펀지에 물방울이 스며들듯 "감미롭고 가볍고 부드럽게" 건드리는가, 아니면 마치 돌 위에 물방울이 튀듯 "거칠고 요란하고 불안스럽게" 건드리는가? 이 이야기는 앤의 마음 속에서 선하고 거룩한 생각들이 일깨운 영적 에너지와 함께 미세하게 불안한 건드림, 즉 물방울이 감미롭고 가볍고 부드럽게 닿는 것이 아니라 돌 위에 물방울이 튀듯 약간 불안스러운 느낌도 있다고 알려 준다. 만일 앤이 영적 지도자의 도움으로 충분히 주의를 기울여 초기의 이 미세한 불안감을 알아차린다면, 또 그가 두 번째 세트의 규칙 7에 비추어 그 미세한 느낌의 영적 의미를 파악한다면, 그는 자원봉사 프로그램을 포기하고 대학에 남는 것이 하느님께서 자신에게 원하시는 진정한 소명인지 의심해야 할 이유를 이미 발견한 것이다. 둘째 세트의 규칙 7에 따른 식별의 정교함과 가치는 명백하다.[160]

---

160 아드리앵 드무스티에Adrien Demoustier는 둘째 세트의 규칙 7에 대해 이렇게 말한다. "정감적 깊이를 지녔기 때문에 그 사람은 적의 움직임에 명확하게 반응하여 배척하는 방법을 배운다. 선을 가장하여 유혹했을 때처럼 적이 자신의 유리한 점을 활용하기도 전에, 그것이 악한 움직임이라고 느끼고 인식함과 동시에 대처할 수 있다. 적의 전술을 경험한 전투원은 이미 훈련이 된 상태다. 자신 존재의 깊은 중심에 더 가까이 있는 그는, 이제 자신의 가장 깊은 정감의 표현으로써 더 빠르게 행동할 수 있고 추론적인 지력의 기능에 덜 의존한다. 지력은 명확성을 얻기까지 시간이 걸리고, 무엇보다 자기 자신의 의지가 개입할 여지를 준다." Adrien Demoustier, S.J., *Le dynamisme consolateur*, 91.

식별 능력의 향상

둘째 세트의 규칙들 중 이 지점에서 두 번째 영적 상황에서 식별하는 사람의 인상적인 모습이 드러난다. 이 사람은 둘째 세트의 규칙 5-7을 완전히 이해했으며 원수가 거는 속임수의 **끝**, **중간**, 그리고 **시작**조차도 식별할 수 있다. 이런 사람은 빛의 천사의 모습으로 위장한 원수의 "은밀한 속임수"의 가면을 벗길 수 있는 준비가 잘 되어 있다.

우리가 살펴본 것처럼, 선을 가장하여 열심한 신앙인들을 속이려는 시도를 할 때 원수는 그들에게 영적으로 위로를 주는(둘째 세트의 규칙 3) 선하고 거룩한 생각들(둘째 세트의 규칙 4)을 불어넣는 전술을 쓴다. 그런 사람들은 **끝**의 표지로 이 은밀한 속임수를 식별하는 방법을 익힌 바 있다. 다시 말해 악한 어떤 것이거나 산만해지거나 이전에 구상한 것보다 덜 좋은 것이 있다면, 혹은 심약해지게 하거나 마음을 요동치게 하는 것이 있다면, 그것이 표지이다(둘째 세트의 규칙 5). 이런 생각들이 차츰차츰 진행되는 과정을 성찰하는 것으로 그들은 바로 그 끝으로 이어지는 **중간**의 점진적 단계들을 알아차리는 법도 배웠다. 그리고 그렇기 때문에 장차 그런 단계들을 더 빨리 알아차릴 것이다(둘째 세트의 규칙 6). 이제 그들은 이런 생각들이 **시작**될 때의 미세한 정감적 공명도 찾아낼 수 있는 준비가 되어 있다. 그리고 그렇기 때문에 그 생각들이 미처 전개되기도 전에 그것들의 영적 기원을 식별할 수 있다(둘째 세트의 규칙 7). 그들이 이렇게 식별을 수련하고, 고요한 영적 경각심을 갖고, 영적 지도자의 도움을 받는다면, 하느님의 진정한 빛이 자신의 영적 발걸음을 충실히 안내해 줄 것임을 겸손하고 확실하게 믿을 수 있을 것이다.

이런 학습은 두 번째 영적 상황에 있는 사람들이 원수의 마지막 한 가지 속임수 전술도 식별할 수 있도록 준비시켜 주었다. 이냐시오는 마지막 규칙에서 이 전술에 대해 논하며 이들이 그것을 어떻게 알아차릴 수 있는지 살펴본다.

8장

명백한 위로 뒤의 모호한 시기(규칙 8)

시간에는 오직 하나의 노래가 있다. 온 영혼을 다하여 소리에 주의를 기울이고 집중한다면 하느님의 아름다운 뜻이 노래되는 것이 들릴 것이다. 부드러운 음, 깊이 공명하는 음색은 시간이 지나면서 천둥처럼 울린다.

—제시카 파워즈

"더욱 깨어 주의 깊게"

앞선 원인이 **있는** 위로가 중심이었던 일련의 규칙들을 제시한 다음, 둘째 세트의 규칙 8에서 이냐시오는 앞선 원인이 **없는** 위로로 다시 한번 돌아온다. 퍼트리샤, 찰스, 데이비드, 앤, 그리고 그들처럼 열심한 신앙인들은 규칙들 가운데 이 지점에서, 앞선 원인이 **있는** 위로가 선한 영에서 오는지 악한 영에서 오는지 식별할 준비가 되어 있다. 이제 이냐시오는 그들이 원수의 속임수 전술을 한 가지 더 식별할 수 있도록 준비시킨다. 이번에는 앞선 원인이 **없는** 위로와 관련된 속임수 전술이다. (앞선 원인이 없는) 위로가 있는 **동안**에는 원수가 그들을 속일 수 없지만(둘째 세트의 규칙 2) 이 복된 선물에 **뒤따라오는** 시기에는 사실상 속임수가 들어갈 수 있다. 규칙 8에서 이냐시오는 열심한 신앙인들에게 그런 속임수에 관하여 알려 주고 어떻게 그것을 물리칠 수 있는지 가르쳐 준다.

> [336] 규칙 8. 앞선 원인 없는 위로가 있을 때는, 이미 말했듯이 그것은 오직 우리 주 하느님에게서 오는 것이기 때문에 그 안에는 속임수가 없다. 그렇지만, 하느님께서 그런 위로를 주신 영적인 사람은 실제 위로의 시기와 그에 뒤따라오는 시기, 즉 이미 지나간 그 위로의 효과와 자취 덕택에 누리는 따스한 여운이 아직 남아 있는 시기를 더욱 깨어 주의 깊게 살펴보며 구별해야 한다. 왜냐하면 이 두 번째 시기에 우리는 흔히 자신의 습관적인 추론 방식과 자신의 관념과 판단에서 이끌어 낸 결론을 통해서, 혹은 선한 영이나 악한 영의 영향에 의해서, 우리 주 하느님에게서 직접 오지 않은 여러 가지 구상들과 생각들을 갖게 되기 때문이다. 그러므로 그것들을 전적으로 신뢰하여 행동에 옮기기 전에 미리 충분히 신중하게 성찰해야 한다.

이전의 장들에서처럼 이번에도 우리는 우선 규칙의 텍스트를 검토한 후 사례에 비추어 그것을 더 깊이 살펴볼 것이다.[161]

---

161 이 규칙에 대한 내 분석은 힐의 분석(*Discernimiento*, 372-383)에 근거한다.

"실제 위로의 시기"와 "뒤따라오는 시기"

이냐시오는 둘째 세트의 규칙 8을 시작하면서 "앞선 원인 없는 위로가 있을 때는, **이미 말했듯이** 그것은 오직 우리 주 하느님에게서 오는 것이기 때문에 그 안에는 속임수가 없다"고 하면서 두 번째 세트의 규칙 2를 재차 명시적으로 언급한다. 둘째 세트의 규칙 2에서 이미 밝힌 진리, 다시 말해 앞선 원인이 없는 위로가 주어지는 **동안**에는 악한 영이 속일 수 없음을 "**그 안에는** 속임수가 없다"고 둘째 세트의 규칙 8을 시작하는 말에서 재확인한다. 어째서 그런 위로에 속임수가 있을 수 없는지 이냐시오는 그 이유도 다시 제시한다. "**오직 우리 주 하느님에게서 오는 것이기 때문**"이다. 예를 들어 앤이 수업을 마치고 집으로 걸어가면서 앞선 원인이 없는 위로를 체험할 때, 그리고 그 위로를 느끼는 **동안** 그는 "아주 명확하게" 하느님께서 "자신을 자원봉사 프로그램으로 부르신다는 것"을 감지한다. 거기에 속임수란 있을 수 없다. 그런 위로와 위로에 담긴 내용은 "오직 우리 주 하느님에게서 오는" 것이다.

이냐시오는 둘째 세트의 규칙 8이 "하느님께서 그런 위로를 주신 영적인 사람"에 대한 것이라고 이야기한다. 이 규칙은 "**영적인** 사람", 즉 앤처럼 두 번째 영적 상황에 있으면서 방금 그처럼 앞선 원인이 없는 위로라는 선물을 받은 사람을 향한다. 다시 말해 "하느님께서 **그런 위로를 주신**" 사람이다. 따라서 둘째 세트의 규칙 8은 매우 구체적으로 특정된 영적 상황에서 효력을 갖는다. 그 상황이란 **두 번째 영적 상황**

에 있는 사람이 앞선 원인이 **없는** 위로를 **방금 받은** 경우를 말한다.[162]

자신이 이 특정한 영적 상황에 있음을 발견하는 열심한 신앙인들은 "**실제** 위로의 시기와 그에 **뒤따라오는** 시기, 즉 지나간 그 위로의 효과와 자취 덕택에 누리는 따스한 여운이 아직 남아 있는 시기를 더욱 깨어 주의 깊게 살펴보고 구별해야 한다."[163] 이 어휘들은 이렇게 영적으로 동요되는 상황에서 식별할 때 요구되는 높은 수준의 영적 자각을 강조한다. **깨어 주의 깊게** 하되, **더욱** 깨어 주의 깊게, 별개의 두 시기, 즉 앞선 원인이 없는 위로가 실재하는 **실제** 위로의 시기와 앞선 원인이 없는 위로가 이제는 **지나간**, 그에 **뒤따라오는** 시기를 **살펴보**

---

162 이런 상황이 얼마나 빈번하게 생길까? 분명히 그 답은 우리가 깊이 논의했던 질문인 앞선 원인이 없는 위로가 얼마나 빈번하게 발생하는지와 연결되어 있다. 이 책의 2장 각주 79번(101쪽) 참조.

163 둘째 세트의 규칙 2에서 이냐시오는 이들에게 앞선 원인이 없는 **실제** 위로의 시기를 바로 그에 **앞선** 시기와 구분하고, 앞선 원인이 있는지 없는지 확실히 규명하라고 했다. 이제 그는 둘째 세트의 규칙 8에서 이들에게 앞선 원인이 없는 **실제** 위로의 시기와 그에 바로 **뒤따라오는** 시기를 구분하라고 주문한다. 그런 위로 **동안에** (오직 하느님에게서) 온 구상들과 생각들, 그리고 위로가 종결된 **이후** (이 사람들 자신의 습관적인 추론 방식을 통해, 혹은 선한 영이나 악한 영을 통해) 생긴 구상들과 생각들의 차이를 구별하기 위함이다. 힐은 이렇게 말한다. "따라서 피정자에게는 이 위로의 시작과 끝에 주목하는 능력이 있어야 한다. 다시 말해, 시작을 알아차려서 거기에 앞선 원인이 있었는지 아는 능력과, [둘째 세트의 규칙 5에서처럼] **위로 중 생긴 생각들의 끝이 아니라 위로 자체의 끝**을 알아차리는 능력이 있어야 하는 것이다. 후자의 이유는 다음과 같다. 앞선 원인이 없는 위로는 그 위로에서 직접 생겨난 생각들에 하느님께서 위로의 원천이시라는 절대적이며 양도할 수 없는 표지를 부여하는데, 그 위로가 끝난 후에 생긴 생각들은 이 표지를 더 이상 지니고 있지 않기 때문이다. 영신수련에는 이 능력이 미리 가정되어 있다. 그리고 수련 속에서 계속되는 성찰에는 다른 목적들도 있지만, 피정자들에게 시작과 끝에 주목하는 훈련을 시키려는 목적도 포함되어 있다." *La consolación sin causa precedente*, 39. 원문을 따라 강조하였음. Gil, *Discernimiento*, 376-377도 참조.

고 구별해야 한다.[164]

이 **뒤따라오는 시기**는 앞선 원인이 없는 위로가 끝나자마자 시작된다. 위로가 **실재**하기를 멈추고 **과거**가 되는 순간 시작되는 것이다. 이냐시오에 따르면 이 위로를 받은 사람은 "지나간 그 위로의 **효과**와 **자취** 덕택에 누리는 **따스한 여운**이 아직 남아" 있게 된다.[165] 앤이 학교에

---

164 이냐시오는 앞선 원인이 없는 **실제** 위로의 시기와 **뒤따라오는 시기**를 구별할 때 "더욱 깨어 주의 깊게" 살펴볼 필요성을 언급하는데 이는 두 시기를 뚜렷이 구분하기가 언제나 쉽지는 않음을 시사한다. 앞서 이 책의 2장에서 우리는 만레사에서의 이냐시오의 체험을 앞선 원인이 없는 위로일 가능성이 있는 사례로 인용했다. 구베르네르는 이 체험을 살펴보고, 이 경우에 있어서 **실제** 위로의 시기와 **뒤따라오는 시기**를 구분하는 문제를 다룬다. 이냐시오의 체험과 그에 대한 구베르네르의 견해는 각각 다음과 같다. "하루는 수도원 층계에 앉아 성무일도를 바치고 있노라니 그의 오성이 승화되더니 지극히 거룩하신 성삼위가 세 개의 건반 형상으로 보이는 것이었다. 그러자 그는 눈물을 감추지 못하고 끝내는 흐느끼며 자제를 잃고 말았다. 그날 아침에 거기서 시작된 행렬에 함께 참여했는데, 눈물을 식사 시간까지 거두지 못했다. 식사를 한 뒤에, 그는 크나큰 희열과 위로를 느끼며 여러 다른 비유를 들어 가면서 지극히 거룩하신 성삼위에 관한 이야기를 계속했다. 이 체험이 그에게 평생 남아서 지극히 거룩하신 성삼위께 기도할 때면 언제나 커다란 신심devotion을 느꼈다." 『자서전』, 28번. 이에 대한 구베르네르의 해석은 이렇다. "이냐시오가 식사 이후 다른 이들과 이야기할 때는 위로 자체가 이미 과거임이 분명하다. 따라서 그때는 '뒤따라오는 시기'이다. 하지만 위로 자체에서 뒤따라오는 시기로 넘어가는 길목은 언제일까? 행렬하는 순간은 아직 위로의 시기에 속하는가? 어쨌든 더 이상 위로의 정점은 아니다. 왜냐하면 그 시점에서 순례자는 다시 자신을 충분히 통제할 수 있게 되어 행렬에 참가했기 때문이다. 하지만 위로는 여전히 그와 매우 가까이 있다. 그런 내적 체험은 원인 없는 위로와 뒤따라오는 시기 사이의 경계를 항상 명백하게 식별할 수는 없음을 보여 준다. 따라서 정신을 바짝 차리고 그 옮겨 감을 고찰해야 한다(영신수련 336번)." Gouvernaire, *Quand Dieu entre à l'improviste*, 43-44. 같은 저자의 *Un discernement plus subtil: Règles de seconde semaine des Exercises Spirituels de Saint Ignace*, Supplément à Vie Chrétienne, n. 339, 20-21도 참조.

165 힐에 따르면 어떤 번역본에서는 "favored with the favor(효과 덕택에)"에서 중복되는 단어를 빼고 "favor(효과)"가 아닌 "fervor(열렬)"로 옮긴다. *Discernimiento*, 378 참조. José Calveras, S.J.는 자신의 저서 *Ejercicios espirituales. Directorio y documentos de S. Ignacio de Loyola: Glosa y vocabulario de los Ejercicios* (Barcelona: Editorial

서 집으로 걸어가면서 "하느님의 무한하신 사랑에 대한 잊지 못할 체험"을 했음을 떠올려 보자. 이제 우리는 그 체험 자체가 종료된 후 "축복받은 체험의 온기"가 (앤은 그 온기 속에서 "주님의 사랑에 완전히 둘러싸였다.") 앤에게 "며칠 동안" 남으리라는 것을 알 수 있다.[166]

앞선 원인이 없는 **실제** 위로의 시기는 하느님께서 그 열심한 신앙

Balmes, 1958), 209에서 이런 변형에 대해 이야기하며, 그 출처로 MHSI, *Monumenta Iganatiana,* I, 51-52에도 언급된 디에고 히메네스Diego Jiménez의 필사본을 지목한다. 결론에서 Calveras는 "자취"(*reliquias*)를 위로가 종결되면서 "[그 위로가] 남기는 선한 영적 영향"으로 설명한다. Ibid., 209.

166 앞선 원인이 없는 위로 후에 남아 있는 따뜻함도 영적 위로의 체험일까? 이 질문이 꽤 중요하다. 그 이유는 그런 따뜻함이 (원인 있는) 영적 위로로 여겨진다면 그것은 앞선 원인이 있는 모든 위로와 같은 방식으로 식별(둘째 세트의 규칙 3-7)되어야 하기 때문이다. 그렇게 여겨지지 않는다면 그것은 완전히 다른 영적 가치를 지닌다. 토너는 이 문제에 대한 논의에서 이 "잔열afterglow"이 영적 위로가 아니라고 결론짓는다. 이냐시오가 규칙 8에서 밝히듯, 앞선 원인이 없는 위로는 지나갔고 이제 더는 실재하지 않는다. 그런 위로를 뒤따르는 시기에는 "**지나간** 그 위로의 효과와 **자취**로 말미암아 누리는 따스한 여운이 **아직 남아**" 있다고 이냐시오는 확언한다. 이 사람이 지금 체험하는 따스한 여운이 실제로 하느님이나 선한 영의 새로운 개입—원인이 있든 없든 모든 영적 위로의 전제 조건—에 의한 것이 아니고, 이미 종결된 어떤 것의 잔열이라는 점이 "지나간", "자취", "아직 남아"라는 표현에서 명확히 드러난다. 토너는 이렇게 말한다. 이 사람이 "지금 체험하는 것은 정확히 이냐시오가 칭한 '자취', 희미해져 가는 영광이다. 그것은 이제는 종결된 하느님의 실제적·직접적 영향에서 비롯한 위로의 정감적 감각 안에서 희미해져 간다. 그렇기 때문에 이 잔열은 [그 자체로] 영들의 식별을 위한 중요한 근거로 볼 만한 것은 아니다. 그리고 그것은 지속되는 동안 머릿속에 떠오르는 여러 구상들과 생각들의 원천에 관한 어떤 지표도 주지 않는다." *Commentary*, 248. 토너는 또 다른 가능성을 덧붙인다. 앞선 원인이 없는 위로가 이제 종결되었어도 그에 대한 기억과 성찰 자체가—앞선 원인이 없는 위로에 뒤따라오는 시기에 성령께서 실제로 더 개입하셔서—앞선 원인이 **있는** 위로를 새롭게 야기할 수 있다는 것이다. 이것은 이미 종결된 앞선 원인이 없는 위로의 "자취"와는 다른 현실이고, 이 경우 앞선 원인이 있는 새 위로는 두 번째 영적 상황 속의 앞선 원인이 있는 모든 위로(둘째 세트의 규칙 3-7)와 같은 방식으로 식별해야 할 것이다. Ibid., 246-247.

인들을 "존엄하신 하느님에 대한 **사랑으로 온전히**" 끌어당기는 시기이다(둘째 세트의 규칙 2). 이 시기 동안 그 사람은 하느님에게서 **지금** 오는 **실제** 위로 때문에 따뜻하다. 그에 **뒤따라오는 시기**는, 이 시점에서 위로가 이미 **지나갔으므로** 더 이상 하느님에게서 지금 오는 앞선 원인이 없는 위로로 그 사람이 따뜻하지 않지만, 방금 종료된 앞선 원인이 없는 위로의 **효과**와 **자취**로 따스한 여운이 아직 **남은** 시기이다. 학교에서 집으로 걸어가던 앤은 앞선 원인이 없는 위로의 **실재**라는 복된 선물을 **체험하는 동안** 영적으로 "따뜻하다." 앤은 계속해서 **지나간** 위로의 기쁨을 떠올리고 성찰하고 또 서서히 희미해지기는 하지만 여전히 그것을 느끼며, 그 후로도 며칠 동안 영적으로 **여전히** "따뜻한" 상태에 있다. 앞선 원인이 없는 위로가 종결된 **후에도** 이 따뜻함이 **여전히** 지속되는데 이냐시오는 둘째 세트의 규칙 8에서 바로 이 따뜻함의 시기 후반으로 열심한 신앙인들의 주의를 돌린다.

쇳조각을 불에서 꺼내면 온도가 점점 내려가면서도 얼마 동안은 계속해서 열기가 있다. 불에서 막 꺼낸 쇳조각은 처음 몇 분간 마치 그것이 실제로 불 속에 있었을 때에 견줄 만큼 여전히 강렬하게 열을 발한다. 전기난로의 열선은 스위치를 꺼도 서서히 식어가면서 얼마 동안 계속해서 열을 낸다. 이 경우에도 스위치가 꺼진 후 처음 몇 분간 열선은 실제로 작동할 때처럼 여전히 강렬하게 열기를 내뿜는다. 핵심으로 더 들어가자면, 사랑하는 이에게 사랑의 표지(방문, 편지, 전화)를 받은 사람은 그 표지를 받고 나서 행복하지만 완만히 줄어드는 기쁨과 함께 얼마 동안 "따뜻한" 상태가 지속된다. 이 상황에서도 역시 사랑의 표시를 받고 난 후 얼마 동안은 그 기쁨에 찬 따뜻함이 그 표지

를 받는 동안 체험했던 따뜻함의 세기만큼 느껴질 것이다.[167]

이냐시오가 말하길, 앞선 원인이 없는 위로를 받으며 "존엄하신 하느님에 대한 사랑으로 온전히" 이끌린 사람에게는 위에서처럼 그 체험이 끝난 후에도 그 체험의 기쁨과 영적 에너지가 남아 따뜻한 상태에 있다. 이 사람은 영적으로 따뜻한 이 **뒤따라오는 시기**를 "**살펴보고**" "실제 위로의 시기"와 "**구별해야**" 한다. 따라서 앤은 영적 지도자의 도움을 받으면서 앞선 원인이 없는 **실제** 위로의 시기(학교에서 집으로 걸어가던 때)와 **뒤따라오는 시기**(그 후로 며칠 동안, 지나간 위로의 영적 "효과와 자취"로 아직 따뜻한 시기)를 "더욱 깨어 주의 깊게" 구별해야 한다.

"충분히 신중하게 성찰해야 한다"

이제 이냐시오는 이 열심한 신앙인이 **실제** 위로의 시기와 **뒤따라오는 시기**를 신중하게 구별해야 하는 **이유**를 설명한다. "왜냐하면 **이 두 번째 시기**에 흔히 자신의 습관적인 추론 방식과 자신의 관념과 판단에서 이끌어 낸 결론을 통해서, 혹은 선한 영이나 악한 영의 영향에 의해서, 우리 주 하느님에게서 직접 오지 않은 여러 가지 구상들과 생각들을 갖게 되기 때문이다." 앞선 원인이 없는 실제 위로의 시기 중에는 하느님께서 "**구상들**과 **생각들**"을 **직접**(어떤 것도 거치지 않고) 주시기도 한다. 다시 말해, 행동으로 옮길 구체적인 단계들(구상들)과 갖가지 현실(생각들)을 인식하는 방법에 대한 견해를 주시기도 하는 것이

167 이 이미지들은 Toner, *Commentary*, 246과 Gil, *Discernimiento*, 378에서 찾을 수 있다.

다. 하지만 뒤따라오는 시기—이냐시오가 이 규칙에서 "**두 번째 시기**"라 부르는 시기—에 그는 **흔히** "우리 주 하느님에게서 **직접 오지 않은 여러 가지** 구상들과 생각들을 갖게" 된다.[168] "흔히"라는 단어에서 우리는 유익한 정보를 얻을 수 있는데, 그것은 이냐시오의 경험에서 나온 확신, 열심한 신앙인들이 앞선 원인이 없는 위로에 뒤따라오는 시기에 자주 그런 "여러 가지 구상들과 생각들"을 갖게 됨을 표현한다.[169]

하느님에게서 직접 온 것과는 다른 이런 새로운 구상들과 생각들이 일어나게 할 수 있는 원천sources은 세 가지라 할 수 있다. 이것들은 열심한 신앙인 **자신의 습관적인 추론 방식**에서 나올 수 있다. 앞선 원인이 없는 위로와, 그 위로의 시기 동안 하느님에게서 직접 주어진 "구상들과 생각들"에 관해 자기 자신의 습관적인 방식으로 추론하는 것이다. 이 복된 위로를 받은 "효과와 자취"로 아직 따뜻한 이 사람은 십중팔구 그 위로의 체험을 회상하고 성찰할 것이다. 이때 이 사람은 자신의 **관념**과 **판단**에서 **이끌어 낸 결론**을 통해서, 하느님에게서 직접 오

---

168 이냐시오가 앞선 원인이 없는 위로에 **뒤따라오는 시기**를 "**두 번째** 시기"라고 표현한다는 것은 "**첫 번째** 시기"가 앞선 원인이 없는 **실제** 위로의 시기임을 나타낸다. 영신수련 15번에서 이냐시오는 창조주께서 피조물과 "직접" 일하시는 것으로 이야기한다.

169 바커Bakker는 둘째 세트의 규칙 8이 예루살렘 성지에서 이냐시오가 했던 직접적인 체험(『자서전』, 45-48번)에서, 그리고 하느님께서 자신이 예루살렘에 남기를 원하신다는 개인적 확신과 결정권자인 교회 당국이 그것을 금지한 것 사이의 대조에서 생겼다고 주장한다. "하나이자 동일한 성령께서 당신 자신과 모순에 빠질 리 없다. 이냐시오가 이 결정을 내리도록 영감을 불어넣은 것은 하느님의 영이 아니었던 것인가? 혹은 더 나아가서, 이 결정을 한 사람은 오히려 거룩한 위로에 여전히 열기를 내뿜던 이냐시오 자신이었던 것인가? 그렇다면, 이 결정은 오직 하느님에게서 온 것이 아니다! 둘째 세트의 여덟째 규칙(영신수련 336번)은 앞선 원인이 없는 위로 이후의 위험한 시기에 관한 것인데, 그 규칙의 기원은 … 이때 받은 빛이었음에 틀림없다." *Freiheit und Erfahrung*, 116.

지 않은 여러 가지 구상들과 생각들을 갖게 될 수 있다.[170]

이런 관점에서 앤의 사례를 살펴보자. 그는 앞선 원인이 없는 **실제 위로의 시기**에 하느님께서 자원봉사 프로그램에 참가하라고 자신을 부르고 계심을 명확하게 깨닫는다. 이것은 하느님에게서 **직접** 온 **구상**이다. 이 위로의 "효과와 자취"로 여전히 앤이 따뜻함을 느끼는 **뒤따라오는 시기**에—위로 다음 며칠 동안—하느님께서 자신으로 하여금 가난한 이들에 대한 자신의 사랑에 뜻을 같이 하는 다른 학생과 이야기하여 그 사람까지 자원봉사 프로그램에 초대하기를 원하신다고 판단할 수도 있다. 혹은 이 뒤따라오는 시기에 느껴지는 따뜻함 속에서 앤은 하느님께서 자신으로 하여금 봄 학기에 들으려고 계획했던 경영학과 수업 대신 앞으로 일하게 될 제3세계의 언어와 문화에 대한 수업을 듣기를 바라신다고 결론 내릴 수도 있다. 그렇게 한다면 하느님께서 자신을 부르신 임무를 더욱 충실히 준비하게 될 터다. 분명히 이런 구상들과 생각들은 하느님께서 직접 주신 것이 **아니라**, 앤 자신의 습관적인 추론 방식이라는 매개를 통해 올라온 것이다. 다시 말해 자신의 관념들과 판단에서 그가 **결론을 이끌어 낸 것**이다.[171]

---

170 이와 조금이라도 유사하다고 할 수 있는 상황에 대해 힐은 이렇게 말한다. "몇몇 사례들을 생각해 보자. 주님께서 성 프란치스코에게 당신 교회를 수리하라고 지시하셨을 때 성 프란치스코는 자신이 알고 있는 여러 성당들을 손수 수리해야 하는 것으로 이해했다. 주님께서 이냐시오에게 로마에서 호의를 베풀겠다고 말씀하셨을 때 성 이냐시오는 아마도 자신과 동료들이 그곳에서 순교하게 되리라고 생각했다. 듣는 사람이 자신이 들은 내용에 무엇인가를 덧붙이는 일은 거의 필연적이다." *Discernimiento*, 380. 사람이 추론 대상으로 삼는 "관념과 판단"이 앞선 원인이 없는 실제 위로의 시기에는 우리 주 하느님에게서 직접 온 "구상들과 생각들"일 수 있다고 힐은 주장한다. Ibid., 380.

171 "앞선 원인이 없는 실제 위로의 시기와 그 위로의 영향 아래에서는, 지금 맞닥뜨

이냐시오는 앞선 원인이 없는 위로에 뒤따라오는 시기에 이런 **여러 가지** 구상들과 생각들이 "**선한 영**이나 **악한 영**을 통해서도" 생길 수 있다고 말한다.[172] 특전과 같은 앞선 원인이 없는 **실제** 위로의 시기에는 오직 하느님만이 활동하신다. 하지만 **뒤따라오는 시기**에는 그 사람 자신의 습관적인 추론 방식과 함께 **선한 영**도 **악한 영**도 끼어들 수 있다. 즉, 그들의 활동도 하느님에게서 직접 오지 않은 "여러 가지 구상들과 생각들"을 생기게 할 수 있다.

이처럼 앞선 원인이 없는 위로에 뒤따라오는 시기에는 속임수가 들어갈 수 있다. 열심한 신앙인들이 **실제** 위로의 시기와 **뒤따라오는 시기**를 구분하는 데에 실패한다면 뒤따라오는 시기의 따뜻함 속에서 올

린 체험이 지시하는 대로 어떤 생각, 계획, 결심이 명확하게 떠오른다. 예를 들어 이 사람과 결혼을 하겠다거나, 직업을 바꾸겠다거나, 이 사람에게 이 말을 하겠다는 등. 이런 생각들, 이런 계획들은 확실히 하느님에게서 온다. 우리가 여기서 논의하는 식별은 이와 관련된 것이 아니다. 하지만 위로 직후, 그가 받은 선물에 의해 여전히 정감이 찰랑이고 있을 때, 그의 정신적 활동도 위로의 에너지로 활성화되어 자기 일을 계속한다. 자신이 받은 빛의 결과들이 어떠할지 궁리해 보고 그것을 행동에 옮길 방법을 탐구하는 것이다. '나는 이 사람과 결혼을 하긴 할 거야. 그런데 지금부터 몇 년 후 내가 공부를 끝내고 그에게 경제적 책임을 다할 수 있다고 확신할 때 하겠어.' '이 새 직업은 내 능력과 내 주변 세상의 요구에 딱 맞는군.' '이 상황에서는 이런 말을 그에게 해야지. 이런 방법으로 말을 꺼내면 되겠네.' 등등." Demoustier, *Le dynamisme consolateur*, 99.

172 이냐시오는 테레사 레하델에게 이렇게 말한다. "하지만 그럼에도 우리는 흔히 속임수에 넘어갈 수 있습니다. 그런 위로 혹은 영감을 받은 후 영혼이 아직 그 기쁨 속에 머무르고 있을 때, 원수는 이 기쁨의 여세 밑에서 우리로 하여금 우리 주 하느님께 받은 것에 악의 없이 무언가를 덧붙이게 만들기 때문입니다. 그의 유일한 목적은 모든 일에서 우리를 방해하고 혼란시키는 것입니다. 어떤 때 그는 우리가 받은 메시지의 중요성을 경시하게 만들고, 장애물과 어려움에 맞닥뜨리게 만들어, 우리가 명백하게 알게 된 일을 완수하지 못하게 막습니다. 바로 여기에 다른 어느 곳보다 더 많은 주의가 필요합니다…. 이와 같이 원수는 우리가 받은 메시지를 확대하거나 축소하려고 합니다." Letter of June 18, 1536 in Young, *Letters of St. Ignatius of Loyola*, 22-23.

라오는 **여러 가지** 구상들과 생각들이, **실제** 위로의 시기 동안 일어난 구상들과 생각들처럼 단순히 하느님에게서 온 것으로 믿을 수 있고 그렇기 때문에 그것을 서슴없이 받아들여도 된다고 여길 수가 있다.

이어서 실천적 규범이 제시된다. "그러므로 그것들[여러 가지 구상들과 생각들]을 전적으로 신뢰하여 행동에 옮기기 전에 미리 충분히 신중하게 성찰해야 한다." 앞선 원인이 없는 위로에 **뒤따라오는 시기**의 따뜻함 속에서 든 구상들과 생각들에는, 실제 위로의 시기에 특전처럼 주어진 것과 동일한 확실성이 존재하지 않는다. 그래서 그 구상들과 생각들을 **성찰**해야 하며 그것도 **신중하게** 성찰하고, **충분히** 신중하게 성찰해야 한다. 그렇게 신중하게 살피고 나서 그것들을 신뢰하고("**전적으로 신뢰**") 그에 따라 조치를 취해야("**행동**에 옮겨야") 한다. 따라서 앤과 그의 영적 지도자는 다른 학생을 자원봉사 프로그램에 초대하고 봄 학기 수업 과목을 변경하려는 앤의 구상을 신뢰할 만한 생각으로 받아들이고 행동에 옮기기 전에 철저하게 성찰해야 할 것이다.

이냐시오가 앞선 원인이 없는 위로에 **뒤따라오는 시기** 중에 생긴 **모든** 구상들과 생각들을 무조건 배척해야 한다고 말하는 것은 **아님**을 우리는 안다.[173] 사실 자신의 습관적인 추론 방식이나 선한 영의 개입을 통해 하느님의 바라심에 진정으로 **부합하는** 구상들과 생각들을 갖는 것도 가능하다. 자신의 습관적인 추론 방식이나 악한 영의 개입을

---

173 "이것은 모든 것[그런 구상들과 생각들]을 '그 편이 안전하다는 이유로' 배척해야 한다는 문제가 아니다. 그것은 이냐시오식 식별을 부정하는 일이 될 것이다. 하지만 이 두 번째 시기에 떠오른 생각들을 믿고 신뢰하기 전에 신중하게 성찰해야 한다." Gil, *Discernimiento*, 382.

통해 하느님의 바라심에 진정으로 **부합하지 않는** 구상들과 생각들을 가질 수 있는 것과 마찬가지다. 앞선 원인이 없는 위로에 **뒤따라오는 시기**에 앤에게 떠오른 구상은, 하느님께서 진정으로 바라시는 것에 부합할 수도 부합하지 않을 수도 있다.

그렇다면 문제는, 신중하게 살펴야 하는 구상들과 생각들은 어떤 것이고 그렇게 하지 않아도 되는 구상들과 생각들은 어떤 것인지 알아내는 일이다. 이냐시오가 둘째 세트의 규칙 8에서 말한 핵심은, 앞선 원인이 없는 **실제** 위로의 시기와 **뒤따라오는 시기**를 주의 깊게 구별해야 한다는 것과, 뒤따라오는 시기에 갖게 된 구상들과 생각들은 그것을 신뢰하고 행동에 옮기기 전에 미리 **충분히 신중하게 성찰**해야 한다는 것이다.[174]

이 신중한 성찰의 결과로 다음과 같은 대단히 가치 있는 영적 이득을 볼 수 있다. 앞선 원인이 없는 **실제** 위로의 시기에 온 구상들과 생각들이 온전하게 그대로 보존되고, 그런 위로에 **뒤따라오는 시기**에 추

---

174 "우리는 그런 성찰은 어떻게 시작하는가? 그것들[구상들과 생각들]이 생기는 잔열의 시기는 우리가 살펴보았듯 어떤 도움도 되지 않는다. 잔열은 속임수를 위한 기회를 제공하기까지 한다. 그렇다면 우리는 하느님께서 우리로 하여금 이 구상들과 생각들에 동의하고 그것들을 실행하기를 원하시는지 여부를 어떻게 알아낼 것인가? 하느님께서 우리에게 권고하시는지 아닌지를 판단하기 위한 규범은 무엇일까? 위로의 잔열에 대해 지금까지 이야기된 것은 다음과 같은 사실을 명확하게 해 준다. 어느 때든, 선택을 해야 하는 어떤 구체적 상황이든, 하느님께서 우리에게 무엇을 원하시는지 알고 싶어도 아직 판단을 내릴 만한 확실한 증거가 없는, 그런 동일한 일반적 상황에 우리가 놓여 있다는 것이다." Toner, *Commentary*, 250. 하느님의 뜻 찾기에 대한 이냐시오의 해설과 관련하여 토너(ibid., 252, note 6)는 독자들에게 다음 문헌들을 참고하게 한다: 영신수련 169-188번과 333번(둘째 세트의 규칙 5) 그리고 영신수련 17-21번에 대한 『영신수련 지침서』 자필본.

가적으로 생길 수 있는, 하느님의 바라심에 진정으로 **부합하는** 구상들과 생각들은 기꺼이 받아들여지는 것이다. 그리고 **뒤따라오는 시기**에 생길 수 있으며 하느님의 진정한 바라심에 **부합하지 않는** 구상들과 생각들은 피하게 된다. 둘째 세트의 규칙 8이 앤을 비롯한 두 번째 영적 상황에 있는 열심한 신앙인들 모두에게 축복이 됨은 명백하다. 다른 사례를 살펴보며 이 규칙이 실생활에서 어떻게 적용되는지 이해를 넓혀 보자.

이것은 진정 하느님께서 바라시는 것일까?

필립은 52살의 기혼 남성으로 그리스도께 지극히 헌신하는 사람이다. 오랫동안 그는 하느님과 가족을 사랑하고, 일터에서 충실하게 주님을 증거하고자 노력해 왔다.[175] 같은 시기 동안 필립은 기도 생활을 깊이 발전시켜 나갔고 하느님과 점점 더 친밀해졌다. 그의 삶은 충만하고, 일상의 많은 우여곡절 속에서도 저 깊은 곳에서 느껴지는 하느님의 사랑을 체험한다.

일 년 전 필립은 자신의 삶 전체에서 자신에게 베푸신 하느님의 크나큰 선하심을 숙고하고 있었다. 기도하는 동안 필립은 감사함이 깊이 느껴져 뭉클해졌고, 더욱 완전히 그 사랑에 응답하고자 하는 열망이 마음속에 올라왔다. 몇 년 동안 필립은 교회에서 부제로 봉사하는 데

175 이 일화는 내가 이 규칙들에 대해 토의할 때 사용했던 교재에 나온 체험에서 발전시킨 것이다. 교재에는 장소, 시기, 저자에 대해 정보가 없었지만 이 저자에게 감사를 표한다.

에 마음이 끌리고 있었다. 그날 기도 안에서 필립은 하느님께서 어쩌면 봉사하는 삶이라는 새로운 선물로 그를 부르시는 것은 아닌지 생각했다. 뒤이어 몇 주 동안 필립은 이 부르심을 아내와 아이들과 상의했고 그들 모두 부제직에 대한 필립의 관심을 지지해 주었다. 그런 다음 필립은 본당 사제와 이야기하였고 그 역시 필립을 격려해 주었다. 본당 사제는 그에게 피정을 하면서 이 소명을 더 충분히 식별하면 어떻겠냐고 제안했다. 필립은 그 제안을 기꺼이 받아들이며 직장 상황이 허락할 때 피정을 하기로 계획을 세웠다.

그해 여름 필립은 바다 근처 피정 집에서 피정을 했다. 그는 지도자가 제안한 성경 구절로 기꺼이 기도하였고 그 며칠을 하느님과의 친밀함이 따뜻하게 느껴지는 복된 시간으로 여겼다.

5일째 되는 날, 필립은 밖에 나가 해변을 걸었다. 한동안 걷다가 바닷가에 앉아 특별한 생각 없이 그냥 갈매기와 파도를 보고 있었다. 갑자기 그는 강렬하고 거의 압도적인 방식으로 하느님의 현존을 느꼈다. 전에는 결코 몰랐던 방식이었다. 필립은 이 체험이 하느님에게서 왔다고 절대적으로 확신했다. 자신의 존재 전체가 그것을 알았다. 확신은 숭고한 경외심을 함께 불러일으켰고 갑자기 눈물이 쏟아졌다. 그토록 완전히 하느님께 사랑받는 느낌이 든 것은 그때가 처음이었다. 이 체험은 너무나 심오하여 그날 내내 종종 눈물이 나왔고 피정 지도자와의 저녁 면담에서 다시 눈물이 흘렀다.

바닷가에서 있었던 은총 충만한 체험의 따뜻한 느낌은 뒤이은 며칠 동안에도 여전히 남아 있었고 필립은 자신이 받은 크나큰 사랑의 선물을 계속해서 성찰했다. 필립은 그 체험으로 새로운 어떤 것이 자신과 하느님과의 관계에 들어왔음을 알아챘다. 필립은 난생처음 체험한 이 하느님 사랑의 현현이 새로운 방식으로 자신의 사랑을 보여 주라는 초대이기도 하다는 것을 감지했다. 그분의 사랑에 대한 새로운 응답이란 마침 그 당시 피정 중에 식별하고 있던 부제직으로의 부르심이 틀림없어 보였다. 마음속에서 기쁨을 느끼며 필립은 자신의 식별이 마무리되었음을 알게 되었다. 이제 부제로 봉사하라고 하느님께서 자신을 확실히 부르고 계심을 알았다. 필립은 자신이 찾은 이 새로운 명확성을 그날 저녁 피정 지도자와 나눌 기대에 부풀었다.

우리는 필립의 식별에 대해 무슨 말을 해야 할까? 그가 진정으로 하느님의 부르심을 이해했을까? 바닷가에서 받은 선물이 과연 하느님께서 필립을 부제직으로 부르신다는 뜻일까? 둘째 세트의 규칙 8이 우리가 이 질문들에 답하도록 도와줄 것이다.

둘째 세트의 규칙 8에 비추어 식별하기

바닷가에서의 필립의 체험은 앞선 원인이 없는 위로로 보인다. 그는 "특별한 생각 없이" 자신 앞에 펼쳐진 전경을 보고 있을 따름이다. 그때 갑자기 "강렬하고 거의 압도적인 방식으로" 하느님의 현존이 느껴진다. "그토록 완전히 하느님께 사랑받는" 느낌이 든 것은 그때가 처음이었다. 하느님과 만난 강렬한 기쁨이 그의 눈물로 표출된다. 이것이 정말로 앞선 원인이 없는 위로라면 필립은 둘째 세트의 규칙 8에서 묘사하는 "하느님께서 **그런 위로**를 주신 **영적인 사람**"이다.

당연하게도 "은총 충만한 체험의 따뜻한 느낌"은 뒤이은 며칠 동안 필립에게 여전히 남아 있다. 이 시점에서 필립은 앞선 원인이 없는 **실제** 위로의 시기에서 **뒤따라오는 시기**로 넘어간 듯하다. 정확히 언제 그 변화가 일어났을까? 필립이 여전히 바닷가에 앉아 있을 때인가? 그 후 피정 집으로 돌아올 때인가? 필립이 영적 지도자의 도움으로 둘째 세트의 규칙 8을 알게 된다면 "더욱 깨어 주의 깊게 살펴보고" "**실제** 위로의 시기와 그에 **뒤따라오는 시기**"를 구별하는 것이 중요하다는 것을 이해할 것이다. 그는 개인적으로 자신의 체험을 돌아보고 그렇게 성찰한 내용을 영적 지도자와 나누면서 두 시기를 구별하려고 노력할 것이다.

피정은 계속되고 **뒤따라오는 시기** 동안에도 필립에게는 "**지나간** 그 위로의 **효과**와 **자취** 덕택에 누리는 **따스한 여운이 아직 남아** 있다." 그 잔열afterglow의 따뜻함 속에서 필립은 이 경이로운 사랑의 선물을 숙고한다. 그리고 "**자신의 습관적인 추론 방식**과 자신의 관념과 판단에서 **이끌어 낸 결론**"으로 보이는 것을 통해 "**여러 가지** 구상들과 생각들"을 실제로 갖게 되는데, 그 구상들과 생각들은 **실제** 위로의 시기 동안에 "우리 주 하느님에게서 직접 온 것이 **아니다**." 필립이 추론하기에, 하느님께서 자신에게 그토록 큰 사랑의 선물을 주셨다면 그것은 자신도 새로운 사랑의 선물로 당신께 응답하라고 하느님께서 초대하시는 것임에 틀림없다. 더 나아가 필립은 자신이 피정에 들어간 것이 부제 소명을 식별하기 위해서였으므로, 하느님께서 진정 그에게 이 새로운 행보를 요청하시는 것이 분명하다고 추론한다. 앞선 원인이 없는 위로에 **뒤따라오는 시기**에 자신의 관념과 판단에서 **이끌어 낸 결론**을 통해서, 결국 우리 주 하느님에게서 **직접 오지 않은 여러 가지** 구상들과 생각들이 생기는 상황. 정확하게 이것이 이냐시오가 둘째 세트의 규칙 8에서 묘사하는 상황이다.

필립은 하느님께서 바라시는 바를 정확하게 식별했을까? 필립이 지금 믿고 있듯이 하느님께서 진정 그를 부제직으로 부르고 계실까? 둘째 세트의 규칙 8은 필립과 영적 지도자에게 식별이 아직 명확하지 않음을 알려 준다. 필립이 부제 소명을 인식한 것은 앞선 원인이 없는 위로에 **뒤따라오는 시기**에 일어난 일이지 **실제** 위로의 시기 중에 일어난 일이 아니다. 그렇기 때문에 필립의 인식이 하느님에게서 온 것이 명백하다고 볼 수 없다. 앞선 원인이 없는 위로에 **뒤따라오는 시기**에는 사실 자신의 **습관적인 추론 방식** 혹은 **선한 영**이나 **악한 영**이 활동할 수 있다. 따라서 필립의 부제 소명에 대한 인식은 그것을 **전적으로 신뢰**하거나 **행동**에 옮기기 전에 미리 **충분히 신중하게 성찰**해야 한다. 이것이 필립과 영적 지도자의 앞에 놓인 임무이다.

둘째 세트의 규칙 8에서 이냐시오는 열심한 신앙인들이 앞선 원인이 없는 위로라는 선물을 받을 때 필립의 체험과 같은 일들이 **흔히** 발생한다고 우리에게 알려 준다. 그런 때에 둘째 세트의 규칙 8은 그들에게 값을 매길 수 없는 귀중한 도움을 준다. 이 규칙의 지혜를 활용함으로써 그들은 속임수를 피하고 사랑하는 하느님을 향해서 확실히 나아갈 것이다.

결론

식별은 모든 덕의 어머니이다.

—캔터베리의 주교 볼드윈Baldwin of Canterbury[176]

폴리뇨의 성녀 안젤라의 생애에서 우리는 이 독실한 사람이 기도에 깊이 침잠했던 어느 때를 볼 수 있다. 인생의 그 시점에서 안젤라의 크나큰 열망은 주님을 사랑하고 섬기는 것이었다. 그럼에도 바로 그날,

> 안젤라는 하느님의 어떤 것도 느껴지지 않는 것 같았고 그래서 다음과 같은 말로 기도하며 한탄했다. "주님, 제가 무슨 일을 하든, 저는 오직 당신을 찾기 위해 합니다. 제가 시작한 일을 끝낸 후에는 당신을 발견하게 될까요?" 이 밖에도 그는 기도 안에서 많은 것을 물었다. 응답은 이러했다. "무엇을 원하느냐?" 이 질문에 안젤라는 이렇게 답했다. "저는 금도 은도 원하지 않습니다. 당신이 우주 전부를 제게 주신다 한들 저는 만족할 수 없을 것입니다. 저는 오직 당신만을 원합니다." 그러자 그분은 답하셨다. "서둘러라. 네가 하기로 했던 일을 마치는 대로 성삼위께서 모두 네게 오실 것이다."

176 볼드윈은 잉글랜드 포드Forde의 시토회 수도원장 출신 대주교로 1185년부터 1190년까지 켄터베리의 교구장을 지냈다. 이때는 성공회가 생기기 전이었으므로 현재 성공회의 수장으로 불리고 있는 캔터베리 대주교와는 다르다(**편집자 주**).

안젤라 자신의 목소리로 이 일화는 계속된다.

> 바로 그때, 하느님께서는 내게 훨씬 많은 것을 약속해 주셨다. 그분께서는 또한 모든 시련에서 나를 꺼내 주시고 매우 온화하게 내게서 떠나셨다. 그때부터 나는 그분께서 약속하신 것이 실현되기를 간절히 기다렸다.[177]

아시시의 성 프란치스코의 생애에서도 자신의 일이 될 사도적 사명을 깨닫는 순간이 있었다. 바로 그날 프란치스코는 아시시 밑에 포르치운쿨라라는 작은 경당에서 미사에 참례하고 있었다. 초기 전기에서는 그 사건을 이렇게 이야기한다.

> 주님께서 설교를 위해 사도들을 어떻게 파견하셨는지에 대한 복음이 봉독된 어느 날이었다. 하느님의 거룩하신 분께서는 그곳에 계셨는데 그 복음 말씀을 전부 이해하지는 못하셨다. 미사가 끝난 후 그분께서는 복음을 더 자세히 설명해 달라고 사제에게 겸손하게 청하셨다. 사제가 그분께 모든 것을 차근차근 설명하길, 그리스도의 제자들은 금도 은도 돈도 소유해서는 안 되고, 전대도 지갑도 빵도 지팡이도 지니고 다녀서는 안 되며, 신발도 여벌 옷도 가져서는 안 되고, 하느님 왕국을 선포하고 속죄해야 한다고 하자, 거룩한 프란치

177 Paul Lachance, O.F.M., trans., *Angela of Foligno: Complete Works* (New York: Paulist Press, 1993), 132. 안젤라는 1248년 이탈리아 폴리뇨에서 태어나 1309년에 선종했다. 2013년 10월 11일 교황 프란치스코에 의해 시성되었다.

스코께서는 이 말씀을 듣고 즉시 크게 기뻐하며 외치셨다. "이것이야말로 내가 바라고 찾고 온 마음을 다해 하려는 일이다." 그런 다음 거룩한 사부께서는 기쁨에 넘쳐 당신께서 들은 유익한 말씀을 완수하고자 서두르셨다.[178]

그리고 시에나의 가타리나의 『대화』는 일렁이는 자신의 마음을 묘사하는 것으로 시작한다.

영혼이 고양되며 하느님의 영광과 영혼의 구원을 위한 어마어마한 열망에 들떠 있다. 얼마 동안 그는 덕을 수련해 왔다. 그를 향한 하느님의 선하심을 더 잘 알기 위해 자기 인식이라는 방에 머무는 것에도 익숙해졌다. 안 다음에야 사랑이 뒤따라오기 때문이다. 그리고 사랑하는 그는 진리를 좇고 진리로 옷 입기를 간구한다.[179]

~ 열렬한 신앙심을 가진 한 여성이 주님께 소리 높이 외친다. "저는 오직 당신만을 원합니다." 그리고 하느님의 온화하심을 아는 그는 그분을 간절히 기다린다.

---

178 Thomas of Celano, *First Life*, 22, in *St. Francis of Assisi, Writings and Early Biographies*, ed. Marion Habig, 246-247. 마티아 사도의 축일이었던 이 날의 복음 말씀은 열두 사도를 파견하시는 부분이었다(마태오 복음 10장 및 병행 구절들).

179 *Catherine of Siena: The Dialogue*, trans. Suzanne Noffke, O.P. (New York: Paulist Press, 1980), 25. "가타리나는 『대화』에서 자신을 3인칭으로 부른다." Ibid., 25. n. 2.

~ 열정적인 신앙심을 가진 한 남성이 사명으로의 부르심을 복음에서 듣고 기뻐하며 응답한다. "이것이야말로 내가 바라고 찾고 온 마음을 다해 하려는 일이다."

~ 열성적인 신앙심을 가진 한 여성이 상처받은 세상에 구세주의 사랑을 전하고자 간절히 염원한다. 그의 마음은 "하느님의 영광과 영혼의 구원을 위한 어마어마한 열망에 들떠 있다."

이렇게 지극히 열심한 이들과 그들과 비슷한 사람들, 이들의 마음은 같은 신앙의 불길로 조용히 타오르며 오직 주님의 부르심을 듣고 주저 없이 따르려는 생각뿐이다.

그들은 왕의 부르심에 "신속하고 부지런히" 답하고 싶어 한다(영신수련 91번). 그리스도의 깃발 아래 받아들여질 수 있도록 복음적 단순함과 겸손을 갖고자 한다(영신수련 146번). 그들은 삶 속에서 선택을 할 때 하느님께서 자신들을 쓰실 수 있게 완전히 내어 드리고자 몹시 노력한다(영신수련 155번). 세상으로부터의 거부를 바로 그 세상에 대한 구원으로 변환시키신 가난하고 겸손한 그리스도를 닮고자 염원한다(영신수련 167번). 이런 사람들은 "하느님의 영광과 영혼의 구원을 위한 어마어마한 열망에 들떠 있다." 바로 그들이 이 책의 초점이었던 두 번째 영적 상황에 있는 사람들이다.

그런 사람들의 마음은 그들이 사랑하는 주님의 말씀에 공명한다. 그분은 아버지께 이렇게 말씀하신다. "저는 당신의 뜻을 즐겨 이룹니다"(시편 40,9; 히브 10,5-7). 하느님의 부르심을 명확하게 듣고, 더함도 덜

함도 없이 그 부르심을 충실히 따르고, 하느님께서 진정으로 바라시는 곳에서 그분이 원하시는 방식으로 사랑하고 섬기는 것. 이것이야말로 두 번째 영적 상황에 있는 사람들이 "즐겨" 하는 것이다.

그들이 귀중한 도움을 얻는 곳이 바로 우리가 살펴본 여덟 가지 규칙들이다. 이미 그들은 첫 번째 영적 상황에서 영적 **실망**의 공격을 알아보고 배척하는 법을 배웠다. 첫째 세트의 14개 규칙에서 그것에 필요한 지침이 제공되었다. 하지만 이 열심한 신앙인들이 느끼는 영적 **위로**가 참으로 하느님에게서 온 것일 때와 그들의 선하고 거룩한 생각들이 "모두 선하고 모두 선으로 기울어"지는 때를 그들은 어떻게 식별해야 할까? 이냐시오는 이것이 "더 진전된 영의 식별"에 해당하는 문제라고 말한다. 영의 식별 규칙의 둘째 세트에서 이냐시오는 이 사람들과 그들의 영적 지도자들에게 더욱 정교한 식별에 대한 새롭고 효과적인 지침을 준다.[180]

우리가 살펴보았듯 **규칙 1**에서 이냐시오는 하느님과 그분의 천사들의 특징("진정한 즐거움과 영적 기쁨을 주며")과 원수의 특징("그럴싸한 이유

180 영적인 일에 대한 에너지를 통한 속임수가 모두 이냐시오의 영의 식별 규칙의 둘째 세트를 적용하기에 적합한 것은 아니다. 사실 그런 속임수 중 많은 부분이 이냐시오가 영의 식별 규칙의 둘째 세트에서 조망하는 것과 닮았을 뿐이다. 일례로 이냐시오는 그런 가능성에 대해 영신수련 14번(불안정한 성격 탓에 위로의 시기 중 경솔하게 취한 행동들), 323번(위로의 시기 중 순진하게 드는 안전하다는 느낌), 324번(위로의 시기 중의 자신감)에서 언급한다. 이는 위로의 체험이 영적이지 않을 때도 마찬가지다. 예를 들어 어떤 사람이 본당 활동을 주도하는 데에 심리적 만족감을 느껴서 그에 지나치게 열성을 기울여 헌신하다가 마침내 자신을 해하는 경우가 그렇다. 이때에도 둘째 세트의 규칙들은 **영적** 위로를 통한 속임수를 다루므로 단지 유추적으로만 적용된다. 존 벨트리는 *Orientations*, 1998, vol. 2., Part B, 428-430에서 이냐시오의 둘째 세트의 규칙들이 "유추적인 방식으로만" 적용되는 다른 상황들도 설명해 놓았다.

들과 교묘하고 끈덕진 거짓들"로써 이런 즐거움과 영적 위로를 거슬러 싸운다)을 설명한다. **규칙 2와 3**에서 이냐시오는 명확히 하느님에게서 오는 영적 위로(앞선 원인이 **없는** 위로)와 선한 영이나 악한 영에게서 오는 것일 수 있는 영적 위로(앞선 원인이 **있는** 위로)를 구분한다. 이제 두 번째 영적 상황에 있는 열심한 신앙인들에게는 그들이 체험하는 영적 위로를 식별할 첫 번째 수단이 생겼다. 위로에 (앞선) 원인이 **없을** 경우, 그것은 확실히 하느님에게서 온 것이다. 그들은 또한, 어떤 위로의 체험에 추가적인 식별이 필요한지 알고 있다. 앞선 원인이 **있는** 위로가 그것이다. 앞선 원인이 **있는** 위로와 그 위로에 동반하는 선하고 거룩한 생각들은 선한 영에게서 올 수도 있고 악한 영에게서 올 수도 있다.

규칙 4-7에서 이냐시오는 이런 사람들이 앞선 원인이 있는 위로를 식별할 수 있도록 준비를 시킨다. **규칙 4**에서 이냐시오는 어떻게 원수가 "선을 가장"하여 그들을 속이려 시도하는지 설명한다. 원수는 "의로운 영혼에 맞추어 선하고 거룩한 생각들을 불어넣고서" 그런 뒤에 "차츰차츰" 이 사람들을 자신의 "사악한 의도"로 이끈다는 것이다. 이제 핵심적인 구분인 시작과 중간과 끝이 정립된다.

규칙 5에서 이냐시오는 **끝**의 표지를 통해 식별하도록 이들을 돕는다. **규칙 6**에서는 **중간** 단계가 차츰차츰 진행될 때 원수의 "상투적인" 속임수를 알아볼 수 있게 가르쳐 준다. 그리고 **규칙 7**에서는 그들을 이런 식별의 정점으로 안내한다. 즉, 맨 처음 **시작** 단계에서 어느 영이 활동하는지 드러내 주는 영적 조화나 부조화를 감지하는 능력을 갖도록 안내하는 것이다. 마지막으로 **규칙 8**에서 이냐시오는 이 사람들이 앞선 원인이 없는 **실제** 위로의 시기와 **뒤따라오는 시기**를 명확하게 구별할 수 있도록 준비시킨다. 그리하여 이 두 번째 시기에 올라온 생각들을 행동에 옮기기 전에 미리 신중하게 성찰하게 하는 것이다.

두 번째 영적 상황에 있는 사람들에게는 원수가 선을 가장하여 속이려 들 수도 있음을 **그저 아는 것**만으로도 이미 엄청난 선물이다. 자신들의 영적 **에너지** 안에서조차 속임수가 가능하다는 것을 의식하고 있는 그들은 이냐시오가 이 규칙들에서 가르치는 "더 진전된 식별"의 가치를 잘 알고 있다. 그리고 계속해서 영적으로 감지하고, 영적 안내자의 도움을 받으며, 이 여덟 가지 규칙을 실생활에서 완전히 자신의 것으로 만들었다면, 그들은 사실상 원수의 "은밀한 속임수"의 가면을 벗기고 그것을 배척할 준비가 된 것이다. 기쁨에 찬 고요한 확신과 함께 그들은 사랑하는 주님을 섬기는 데에 "선에서 더욱 선으로" 나아갈 것이다.

하느님은 우리에게 말씀하신다. "하늘이 땅 위에 드높이 있듯이 내 길은 너희 길 위에, 내 생각은 너희 생각 위에 드높이 있다"(이사 55,9). "불고 싶은 데로 부는" 신비로운 바람처럼(요한 3,8), 성령께서는 완전히 새롭고, 끝없이 창조적인 방식으로 멈추지 않고 우리를 인도하신다. 그렇다면 사실 이 책을 읽은 것은 끝이라기보다는 시작이다. 그다음이자 더욱 중요한 단계는 식별 그 자체다. 그 식별을 통해서 두 번째 영적 상황에 있는 사람들은 영적 지도자의 도움을 받으며 현실에서 규칙을 적용하고, 또 그렇게 함으로써 그 규칙들을 새롭고 축복받은 차원의 깊이로 배우게 된다. 그때 "모든 덕의 어머니"인 식별은 그들을 확실하게 인도할 것이고 그들의 마음은 성령 안에서 즐거워할 것이며(루카 10,21), 신앙으로 가득한 그들의 삶은 자신이 봉사하는 세상을 축복할 것이다.

영의 식별 규칙의 첫째 세트

[313] 영혼 안에 일어나는 여러 움직임을 어떤 식으로든지 감지하고 파악하여 선한 것들은 받아들이고 악한 것들은 배척하기 위한 규칙들이다. 제1주간에 더 적합하다.

[314] 규칙 1. 대죄에서 대죄로 나아가는 사람들에게 원수는 노골적인 쾌락을 제시하고 감각적인 쾌락과 즐거움을 상상하도록 하여서 악덕과 죄들을 유지하고 더욱 키워 가게 한다. 이런 사람들에게 선한 영은 이성의 분별력으로써 양심을 자극하고 가책을 일으키는 등 정반대의 방법을 쓴다.

[315] 규칙 2. 자기 죄를 깊이 정화하고, 우리 주 하느님을 섬기는 데 선에서 더 큰 선으로 나아가는 사람들에게는 첫째 규칙과는 정반대의 방법을 쓴다. 이 경우에 악한 영은 슬픔에 빠져 애타게 하며 진보하지 못하도록 장애물을 두고 거짓 이유로 마음을 혼란스럽게

한다. 그리고 선한 영은 용기와 힘, 위로와 눈물, 좋은 영감들을 주고 침착하게 하며 선행에 있어서 쉽게 진보하도록 해 주고 장애가 되는 모든 것을 제거한다.

[316] 규칙 3. 영적 위로에 대하여. 위로란 내적 움직임이 일어나서 그것으로 말미암아 영혼이 창조주 주님에 대한 사랑으로 불타올라 세상의 어떤 피조물도 그 자체로서만 사랑할 수가 없고 그 모든 것을 창조주 안에서 사랑하게 되는 때를 말한다. 또한, 자기 죄에 대한 아픔이나, 우리 주 그리스도의 수난 때문이든, 혹은 하느님을 위한 봉사와 찬미에서 바르게 질서 잡혀 있는 어떤 것들 때문이든, 주님에 대한 사랑으로 이끄는 눈물이 쏟아지는 경우이다. 결국, 믿음, 희망, 사랑을 키우는 모든 것과 창조주 주님 안에서 영혼을 침잠시키고 평온하게 하면서 천상적인 것으로 부르고 영혼의 구원으로 이끄는 모든 내적인 기쁨을 위로라고 한다.

[317] 규칙 4. 영적 실망에 대하여. 실망은 규칙 3과 정반대되는 것으로서, 영혼이 어둡고 혼란스럽고 현세적이고 비속한 것으로 기울어지고, 또한 여러 가지 심적인 동요와 유혹에서 오는 불안감 등으로 불신으로 기울고 희망도 사랑도 사라지며, 게으르고 냉담하고 슬픔에 빠져서 마치 스스로가 창조주 주님으로부터 멀리 떨어져 있는 것처럼 생각되는 상태이다. 위로가 실망에 반대되는 것과 같이 위로에서 나오는 생각들도 실망에서 나오는 생각들과 반대가 된다.

[318] 규칙 5. 실망에 빠졌을 때는 결코 변경을 해서는 안 되며 그런 실망에 빠지기 전에 의도하였던 것들이나 결정한 것, 또는 전에 위로 중에 있을 때 결정한 것에 변함없이 항구하여야 한다. 왜냐하면 위로 중에 주로 선한 영이 우리를 인도하고 권고하는 것과 같이 실망 중에는 악한 영이 똑같이 하는데, 악한 영의 권고를 따라서는 우리가 올바른 길을 택할 수 없기 때문이다.

[319] 규칙 6. 실망 중에는 처음에 세운 목적들을 바꾸지 말아야 하지만 실망에 거슬러서 힘껏 대응하는 것은 크게 도움이 되므로, 기도와 묵상에 더욱 노력하고 더 많이 성찰하고 적당한 형태의 고행을 더 늘리도록 한다.

[320] 규칙 7. 실망 중에 있는 사람은, 주님이 어떻게 그를 본성의 능력만 지닌 채 시련에 처하게 놔두시어 원수의 여러 가지 책동과 유혹에 저항하도록 하시는지를 생각한다. 이 경우에 비록 그가 분명하게 느끼지 못할지라도, 그에게 항상 남아 있는 하느님의 도우심에 힘입어 대처해 낼 수 있다. 왜냐하면 주님은 그에게서 큰 열성과 넘치는 사랑과 열렬한 은총을 거두었지만 영원한 구원을 위해서 필요한 은총을 충분히 남겨 두었기 때문이다.

[321] 규칙 8. 실망 중에 있는 이는 자기가 당하고 있는 괴로움에 상반된 인내를 유지하도록 노력하고, 규칙 6에서 말한 것과 같이 이런 실망에 상반된 노력을 한다면 머지않아 위로를 받을 것으로 생각해

야 한다.

[322] 규칙 9. 우리가 실망에 빠지는 데에는 세 가지 중요한 이유가 있다. 첫째는 우리가 영적인 수련들에 대해 미온적이거나 게으르거나 소홀하기 때문인데, 이런 경우는 우리 탓으로 영적 위로가 떠나간 것이다. 둘째는 우리가 얼마만 한 존재인지, 즉 위로와 넘치는 은총의 상급이 없이 우리가 봉사와 찬미에 있어서 얼마나 나아갈 수 있는지를 시험하기 위해서다. 셋째는 우리에게 참된 지식과 인식을 주어서 우리가 큰 열심과 뜨거운 사랑, 눈물이나 다른 어떤 영적 위로를 일으키거나 갖는 것은 우리 힘으로 되는 것이 아니며, 이 모든 것이 우리 주 하느님의 선물이고 은총임을 마음속 깊이 느끼게 하기 위함이다. 그리고 어떤 교만이나 허영심에서 그러한 신심이나 다른 영적 위로가 우리 자신의 것인 양 생각하며 거기에 우리 마음을 빼앗기는 일이 없게 하려는 것이다.

[323] 규칙 10. 위로 중에 있는 이는 다음에 실망이 올 때에 어떻게 처신할 것인지를 생각하고 그때를 위해서 새로운 힘을 마련하도록 해야 한다.

[324] 규칙 11. 아울러 위로 중인 이는 그런 은총이나 위로가 없는 실망 중에 있을 때 자신이 얼마나 보잘것없었는지를 생각하며 되도록 자신을 겸손하게 낮추도록 애쓸 일이다. 이와 반대로 실망 중에 있는 이는 자신이 원수들에 대항하기에 충분한 은총을 받고 있으며

창조주 주님께 힘을 얻어 많은 것을 할 수 있음을 생각해야 한다.

[325] 규칙 12. 원수는 강한 자에게 약하고 약한 자에게 한껏 강한 것이 마치 여자와 같이 행동한다. 다시 말해서 여자가 어떤 남자와 다툴 때에 남자가 단호한 모습을 보이면 기가 죽어서 피하지만, 반대로 남자가 기가 꺾여 피하기 시작하면 성내고 사납게 달려드는 기세가 더 심해지고 걷잡을 수 없이 되는 것과 같다. 원수도 영적인 수련을 하는 이가 유혹들에 저항하여 정반대의 행동과 단호한 태도를 취하면 기력을 잃어 유혹을 거두며 도망가고, 반대로 수련을 하는 이가 겁을 먹고 유혹을 견디지 못하여 기가 꺾이기 시작하면 인간 본성의 원수는 이 세상에 둘도 없는 사나운 짐승이 되어 온갖 교활한 방법으로 자신의 사악한 의도를 추진한다.

[326] 규칙 13. 또한 원수는 비밀에 부쳐져 발각되지 않으려고 하는 점에서 마치 연애 사기꾼과 같이 행동한다. 마치 사기꾼이 못된 속임수를 써서 훌륭한 아버지의 딸이나 선량한 남편의 부인을 유혹하면서 자기의 말과 거짓 약속들이 비밀에 부쳐지기를 바라는 것과 같다. 반대로 원수는 딸이 아버지에게, 혹은 부인이 남편에게 자기의 허황된 말과 사악한 의도를 밝히는 것을 대단히 불쾌하게 여긴다. 그렇게 되면 자기가 시작한 일이 제대로 되지 않을 것이 뻔하기 때문이다. 이와 마찬가지로 인간 본성의 원수가 자신의 흉계와 거짓 약속들을 올바른 사람에게 제시할 때에는 이것들이 받아들여져서 비밀리에 간직되기를 원하고 바란다. 그러나 이들이 훌륭한 고

해 사제, 또는 원수의 속임수와 사악함을 아는 다른 영적인 사람에게 그것들을 밝히면 무척 원통해 한다. 이로써 그의 명백한 속임수들이 드러나게 되어 자신의 흉계대로 이루어지지 않을 것이기 때문이다.

[327] 규칙 14. 또한 원수는 적을 쳐부수어 자기가 원하는 것을 약탈하고자 하는 적장처럼 행동한다. 즉, 전쟁터의 최고 사령관이 진을 치고 상대방의 병력과 성의 배치를 살핀 다음 가장 취약한 부분을 공격하는 것과 같이 인간 본성의 원수도 우리 주변을 맴돌며 향주덕과 사추덕 및 윤리덕을 살펴보아 가장 취약한 곳, 우리의 영원한 구원에 가장 필요한 곳을 틈타서 우리를 공략하고 정복하려 한다.

참고 문헌

영의 식별 규칙의 둘째 세트와 직접 관련된 저술들만을 소개한다. 쪽번호를 언급하는 경우는 둘째 세트의 규칙들을 다룬 부분임을 의미한다.

Aschenbrenner, George, S.J. *Stretched for Greater Glory: What to Expect from the Spiritual Exercises*. Chicago: Loyola Press, 2004, 189–199.

Bakker, Leo. *Freiheit und Erfahrung: Redaktionsgeschichtliche Untersuchungen über die Unterscheidung der Geister bei Ignatius von Loyola*. Wüzburg: Echter Verlag, 1970.

——. *Libertad y experiencia: Historia de la redacción de las reglas de discreción de espíritus en Ignacio de Loyola*. Trans. Fausto Palacios. Bilbao: Ediciones Mensajero, 1995 (translation of the above work).

Brackley, Dean, S.J. *The Call to Discernment in Troubled Times: New Perspectives on the Transformative Wisdom of Ignatius of Loyola*. New York: Crossroad, 2004, 133–142.

Buckley, Michael, S.J. "The Structure of the Rules for Discernment of Spirits," *The Way Supplement* 20 (1973): 19–37.

Chapelle, Albert, et al. *Les Exercices Spirituels d'Ignace de Loyola: Un *commentaire littéral et théologique*. Bruxelles: Editions de l'Institut d'Etudes Théologiques, 1990, 253–282.

Coathalem, Hervé, S.J. *Ignatian Insights: A Guide to the Complete Spiritual Exercises*. Taichung: Kuangchi Press, 1971, 268–277.

Conroy, Maureen, R.S.M. *The Discerning Heart: Discovering a Personal God*. Chicago: Loyola University Press, 1993, 35–57, 143–157.

Cowan, Marian, C.S.J., and John Futrell, S.J. *Companions in Grace: A Handbook for Directors of the Spiritual Exercises of St. Ignatius of Loyola*. Kansas City, Mo.: Sheed and Ward, 1993, 156–166.

De Castro Valdés, José García, S.J. *El Dios emergente: Sobre la "consolación sin causa."* Bilbao: Ediciones Mensajero, Sal Terrae, 2001.

Demoustier, Adrien, S.J. *Le dynamisme consolateur: La consolation et le discernement des esprits selon les régles de la deuxième semaine des Exercices Spirituels d'Ignace de Loyola*. Paris: Médiasèvres, 1989.

Egan, Harvey, S.J. *The Spiritual Exercises and the Ignatian Mystical Horizon*. St. Louis: Institute of Jesuit Sources, 1976, 8–65.

——. *Ignatius Loyola the Mystic*. Wilmington, Del.: Michael Glazier, 1987, 159–62.

Endean, Philip, S.J. "Discerning behind the Rules: Ignatius's First Letter to Teresa Rejadell," *The Way Supplement* 64 (1989): 37–50.

——. *Karl Rahner and Ignatian Spirituality*. Oxford: Oxford University Press, 2001, 130–131, 157–163, 179–180.

English, John, S.J. *Spiritual Freedom: From an Experiencing of the Igna-*

tian Exercises to the Art of Spiritual Guidance. Chicago: Loyola Press, 1995, 175–194.

Fessard, Gaston, S.J. *La dialectique des Exercises Spirituels de Saint Ignace de Loyola*. Aubier: Éditions Montaigne, 1956, 255–304.

Fiorito, Miguel Angel, S.J. *Buscar y hallar la voluntad de Dios: Comentario práctico de los Ejercicios Espirituales de San Ignacio de Loyola*. Buenos Aires: Ediciones Diego de Torres, 1989, 2:119–132.

Gagliardi, Achilles, S.J. *S.P. Ignatii de Loyola: De discretione spirituum regulae explanatae*. Naples: Pasquale Ambrosi, 1851, 76–124.

Gallagher, Timothy, O.M.V. *The Discernment of Spirits: An Ignatian Guide for Everyday Living*. New York: Crossroad, 2005, 5, 200, 204–205.

Gil, Daniel, S.J. *Discernimiento según San Ignacio: Exposición y comentario práctico de las dos series de reglas de discernimiento de espíritus contenidas en el libro de los Ejercicios Espirituales de San Ignacio de Loyola (EE 313–336)*. Rome: Centrum Ignatianum Spiritualitatis, 1983.

——. *La consolación sin causa precedente*. Rome: Centrum Ignatianum Spiritualitatis, 1971.

——. "Algunas reflexiones sobre la consolación sin causa," *Manresa* 41 (1969): 39–64.

——. "Algunas reflexiones sobre la consolación sin causa (II)," *Manresa* 41 (1969): 121–140.

Gouvernaire, Jean, S.J. *Quand Dieu entre à l'improviste: L'Énigme ignatienne de la "Consolation sans Cause."* Paris: Desclée de Brouwer, 1980.

——. *Un discernement plus subtil: Règles de seconde semaine des Exercises Spirituels de Saint Ignace.* Supplément à Vie Chrétienne, n. 339.

Green, Thomas, S.J. *Weeds among the Wheat. Discernment: Where Prayer and Action Meet.* Notre Dame, Ind.: Ave Maria Press, 1986, 126–139.

Hernandez, Eusebio, S.J. "La discreción de espíritus en los Ejercicios de S. Ignacio," *Manresa* 28 (1956): 233–252.

Ignatius of Loyola. *The Autobiography of St. Ignatius of Loyola with Related Documents,* Trans. Joseph O'Callaghan. New York: Harper Torchbooks, 1974.

——. *Ejercicios Espirituales, Directorio y Documentos de S. Ignacio de Loyola: Glosa y vocabulario de los Ejercicios.* Ed. José Calveras, S.J. Barcelona: Editorial Balmes, 1958.

——. *La intimidad del peregrino: Diario espiritual de San Ignacio de Loyola.* Trans. Santiago Thió de Pol, S.J. Bilbao: Ediciones Mensajero, Sal Terrae, 1990.

——. *Letters of St. Ignatius of Loyola.* Trans. William Young, S.J. Chicago: Loyola University Press, 1959.

——. *Sancti Ignatii de Loyola Exercitia Spiritualia: textuum antiquissimorum nova editio lexicon textus hispani.* Ed. José Calveras, S.J., and

Candido de Dalmases, S.J. Rome: Institutum Historicum Societatis Jesu, 1969.

——. *San Ignacio de Loyola: Obras completas*. Ed. Ignacio Iparraguirre, S.J., and Candido de Dalmases, S.J. Madrid: Biblioteca de Autores Cristianos, 1982.

——. *The Spiritual Exercises of St. Ignatius: Based on Studies in the Language of the Autograph*. Trans. Louis Puhl, S.J. Chicago: Loyola University Press, 1951.

——. *The Spiritual Exercises of St. Ignatius of Loyola: Translated from the Autograph*. Trans. Elder Mullan, S.J. New York: P. J. Kenedy & Sons, 1914.

——. *The Spiritual Exercises of Saint Ignatius of Loyola Translated from the Spanish with a Commentary and a Translation of the Directorium in Exercitia*. Trans. W. H. Longridge, S.J. London: A. R. Mowbray, 1955, 13–14, 190–193, 265–267.

Ivens, Michael, S.J. *Understanding the Spiritual Exercises: Text and Commentary. A Handbook for Retreat Directors*. Leominster: Gracewing, 1998, 226–237.

Kyne, Michael, S.J. "Discernment of Spirits and Christian Growth," *The Way Supplement* 6 (1968): 20–26.

Lonsdale, David, S.J. "The Serpent's Tail," *The Way Supplement* 52 (1985): 64–73.

López Tejada, Darío, S.J. *Los Ejercicios Espirituales de San Ignacio de*

Loyola: Comentario y textos afines. Madrid: Edibesa, 2002, 888–920.

Meissner, William, S.J. *Ignatius of Loyola: The Psychology of a Saint*. New Haven: Yale University Press, 1992, 346–358.

——. *To the Greater Glory: A Psychological Study of Ignatian Spirituality*. Milwaukee: Marquette University Press, 1999, 270–286.

Orlandis, Ramón, S.J. "El doble discernimiento de espíritus," *Manresa* 11 (1935): 3–30.

Pousset, Edouard, S.J. *Life in Faith and Freedom: An Essay Presenting Gaston Fessard's Analysis of the Dialectic of the Spiritual Exercises of St. Ignatius*. Trans. Eugene Donahue, S.J. St. Louis: Institute of Jesuit Sources, 1980, 222–238.

Rahner, Karl, S.J. "The Logic of Concrete Individual Knowledge in Ignatius Loyola," in *The Dynamic Element in the Church*. New York: Herder and Herder, 1964, 84–170.

Ruiz Jurado, Manuel, S.J. *El discernimiento espiritual: Teología, historia, práctica*. Madrid: Biblioteca de Autores Cristianos, 1994, 239–259.

Suarez, Francisco, S.J. "De religione Societatis Jesu in particulari," in *Opera Omnia*. Paris: Vivès, 1877, vol. 16/2, 1028–1033.

Teixidor, Luis, S.J. "La primera de las reglas de discreción de espíritus más propias de la segunda semana," *Manresa* 8 (1932): 28–44.

Toner, Jules, S.J. *A Commentary on Saint Ignatius' Rules for the Discernment of Spirits: A Guide to the Principles and Practice*. St. Louis: Institute of Jesuit Sources, 1982.

——. *Discerning God's Will: Ignatius of Loyola's Teaching on Christian Decision Making*. St. Louis: Institute of Jesuit Sources, 1991, 114–118.
——. *Spirit of Light or Darkness: A Casebook for Studying Discernment of Spirits*. St. Louis: Institute of Jesuit Sources, 1995.
Veltri, John, S.J. *Orientations*. Guelph, Ontario: Guelph Centre of Spirituality, 1998, vol. 2, Part B, 428–456.

영적 위로
성 이냐시오가 안내하는 더 진전된 영의 식별

교회 인가 2024년 5월 27일 서울대교구
1판 1쇄 발행 2024년 8월 31일

지은이 티모시 갤러허
옮긴이 김영의
감수 이냐시오영성연구소
발행인 강언덕
발행처 도서출판 이냐시오영성연구소
편집인 강언덕 서정화
디자인 유나의숲
주소 04111 서울특별시 마포구 서강대길 11-8(신수동)
전화 02-3276-7799
이메일 iispress12@gmail.com
홈페이지 inigopress.kr

ISBN 978-89-97108-45-9 03230

이냐시오영성연구소의 책들

영신수련 텍스트

로욜라의 성 이냐시오 영신수련	로욜라의 성 이냐시오 지음 | 정제천 옮김 | 144쪽 | 10,000원
당신 벗으로 삼아 주소서—영신수련의 현대적 해석	데이빗 L. 플레밍 지음 | 김용운·손어진·정제천 옮김 | 166쪽 | 7,000원

영신수련 응용

새롭게 상상하는 이냐시오 양심성찰	마크 티보도 지음 | 심종혁 옮김 | 164쪽 | 10,000원
세상 속에서 그리스도를 발견하기—이냐시오식 12주 일상 피정	요셉 테틀로우·캐럴 애트웰 애클스 지음 | 정제천·서정화 옮김 | 270쪽 | 15,000원
성령의 숨을 받아—일상의 삶 안에서 하느님을 만나기 위하여	하나후사 류이치로 지음 | 이냐시오영성연구소 옮김 | 108쪽 | 7,000원
일곱 고개 옮거니—영신수련, 삶을 향한 길	빌리 람베르트 지음 | 김수배 옮김 | 212쪽 | 5,000원
이냐시오와 함께 걷기	아르투로 소사·다리오 메노르 지음 | 윤성희 옮김 | 278쪽 | 20,000원
정규한 신부의 19번 영신수련 입문 안내서	정규한 지음 | 160쪽 | 10,000원

영신수련 해설

영신수련의 신학적 이해	심종혁 지음 | 256쪽 | 10,000원
여울지는 강물을 따라—영신수련의 해설과 적용	류해욱 지음 | 414쪽 | 15,000원
사랑의 발걸음—영신수련 주제별 해설	조셉 테틀로 지음 | 성은숙·이훈 옮김 | 188쪽 | 8,000원

이냐시오 전기

로욜라의 성 이냐시오 자서전	로욜라의 성 이냐시오 지음 | 예수회 한국관구 옮김 | 168쪽 | 8,000원
홀로 걸어서	브라이언 그로간 지음 | 오영민 옮김 | 342쪽 | 15,000원

이냐시오 영성

이냐시오 영성이란 무엇인가?	데이비드 플레밍 지음 | 민윤혜경 옮김 | 김용수 감수 | 120쪽 | 9,000원
영의 식별—성 이냐시오가 안내하는 매일의 삶	티모시 갤러허 지음 | 김두진 옮김 | 392쪽 | 15,000원
하느님께 마음을 모아—기도 안에서의 식별	윌리엄 배리 지음 | 권영목 옮김 | 170쪽 | 10,000원
결정—이냐시오 영성에 따른 식별	슈테판 키흘레 지음 | 황미하 옮김 | 128쪽 | 7,000원
실패—이냐시오 영성으로 비추어 본 실패의 의미와 대처 방법	헤르만 퀴글러 지음 | 황미하 옮김 | 112쪽 | 7,000원
영신수련에서 배우는 책임—영신수련의 정신과 교육학	클라우스 메르테스 지음 | 이미호 옮김 | 100쪽 | 8,000원
예수회 회헌에 나타난 오늘날 이냐시오의 영성	류해욱 편역 | 118쪽 | 3,500원